Storia Di Como...

Maurizio Monti

STORIA DI COMO

SCRITTA

DA MAURIZIO MONTI

PROFESSORE

NEL LICEO DIOCESANO

DELLA STESSA CITTÀ.

VOLUME II.

IN COMO

CO' TORCHI DI C. PIETRO OSTINELLI

1831.

LIBRO SETTIMO

Sommario.

Vicende di Como sotto i Visconti. Giangaleazzo fonda il ducato di Milano, e ambisce di essere re d'Italia. Muore. Franchino secondo Rusca acquista il dominio di Como. Gli succede il figlio Lotterio, che lo rassegna al duca Filippo Maria. Guerre cogli Svizzeri pel possesso della valle Leventina. I Veneziani invadono la Valtellina e sono sconfitti a Delebbio. Buona Lombarda e sua virtù. Morte di Filippo Maria, ultimo duca della stirpe Visconti. In Como si ristabilisce per un triennio la repubblica. Francesco Sforza la distrugge e si fa duca di Milano. Calata de' Francesi in Italia e principio de' nostri mali. Combattimento in Como tra frati e monache. Lodovico Sforza perde il ducato, invaso dai Francesi. Bellinzona è usurpata dagli Svizzeri. Sconfitte dei Francesi, per cui Massimiliano Sforza è rifatto duca di Milano. I Grigioni s'impossessano della Valtellina e dei contadi di Bormio e di Chiavenna. Gli altri Svizzeri occupano le giurisdizioni di Locarno, Valmaggia, Lugano e Mendrisio. Francesco primo re di Francia rinnova la guerra in Lombardia. A qual patto si rappacifica colla nazione elvetica a lui nemica. Abbruciamenti numerosi di streghe e di eretici in Como. Gli Spagnuoli discacciano i Francesi dalla Lombardia, e contro la fede data saccheggiano Como. Francesco secondo Sforza riceve dagli Spagnuoli il ducato. Stupendo coraggio dei Tornaschi. Distruzione del loro villaggio e loro esiglio. Stratagemma di Giangiacomo Medici per avere il castello di Musso. Inimicizie tra gli Spagnuoli ed il duca. Stato miserabile di Como in preda agli Spagnuoli. Come finirono le loro vessazioni. Il Medici rompe guerra ai Grigioni ed al duca. Dopo varie fazioni vinto a Mandello da Lodovico Vistarino accetta la pace, e si distrugge il castello di Musso. Morte del duca e fine del ducato di Milano, che diventa provincia della monarchia spagnuola. Como assassinata dagli Spagnuoli e invilita giace nell' oscurità per lunghissima serie di anni. Lodi del cardinale Tolomeo Gallio di Cernobio. I Grigioni si attentano di spargere l'er. ia al di qua delle Alpi. Sommossa de' Valtellinesi, che con un vespro siciliano si liberano di tutti gli eretici. Guerra che ne nasce, ed a quali condizioni si fa la pace. Gli Austriaci tolgono agli Spagnuoli il ducato di Milano. Riforme fatte da Maria Teresa e da Giuseppe secondo. Desiderio de' popoli, chè si cangiassero gli ordini antichi. Invasione della Lombardia da parte dei repubblicani francesi. Repubblica cisalpina. Esaltazione delle menti alle nuove opinioni portate da Francia. Feste celebrate in Como. Controversie tra' Valtellinesi e Grigioni. Scelto arbitro Bonaparte, pronuncia il lodo aggiudicando la Valtellina e i suoi contadi alla repubblica cisalpina. Arti dei galizzanti nei baliaggi italiani. I Luganesi assaliti armata mano, si difendono. Obbligano i novatori a snidare da Bissone e Mendrisio, e con la loro costanza ottengono l' independenza di tutto il paese al di qua delle Alpi già soggetto agli Svizzeri. Origine del cantone Ticino. Piena di genti settentrionali, che distrugge la Cisalpina. Ritorno dei Francesi. Nuova repubblica in Lombardia col nome d' Italiana. Atto di mediazione e costituzione data agli Svizzeri ed al cantone Ticino. Bonaparte si fa re d' Italia. Scontento di alcuni. Fine compassionevole di Bartolomeo Passerini. I Francesi invadono il cantone Ticino. Il regno d' Italia perisce. Ritorno degli Austriaci. I Ticinesi chiedono la riforma della costituzione. Assemblee di Giubiasco e di Bellinzona. Sono sciolte. Si perseguitano i partigiani della riforma. Di che natura fosse il tribunale del zurigano Hirzel. Morte di Gianangelo Stoppani. Effetti della costituzione data per forza. Si riprovano i Ticinesi a domandare la riforma. Questa finalmente ottengono.

La storia nostra, venuta la città di Como in potere dei Visconti e degli altri principi, che tennero poscia il ducato di Milano, non offre più quei fatti egregi, pe' quali merita un popolo di essere alla memoria dei posteri tramandato.

Altri dispose delle sostanze, delle persone e dei diritti nostri, e la vita che menammo non è segnata, che da vassallaggio più o meno grave; del resto, non fia inutile ammaestramento il conoscere le vicende più principali, di cui fummo partecipi nei varj tempi.

Azzone Visconti, quegli che si prese la repubblica comasca, venne rapito da morte immatura correndo l'anno 1339, e non lasciò figli da Catterina di Savoja, che aveva disposata. In giovanissima età chiuso col padre nelle prigioni di Monza apprese a suo costo risparmiare la vita degli uomini; e l'amore dei sudditi, causa di fedeltà, più ebbe in pregio con modesta signoria, che l'odio loro con ampio ed assoluto impero. Nè l'aver egli occupato la città di Como vogliamo che tanto gli noccia, onde non si abbia a celebrare per uno dei principi più benefici, che siano stati al mondo. Ben è a deplorarsi che i successori siansi volti a diverso esempio; signoreggiati non solo dall'ambizione, ma da' vizj più detestandi afflissero la Lombardia, poi guastarono altre parti d'Italia.

Il consiglio generale di Milano, più per serbare le usanze antiche, che per autorità che avesse, scelse a signori Luchino Visconti e Giovanni vescovo di Novara zii di Azzone, i quali erano già in possesso del dominio; ma il primo fu vero principe, e non rimase al secondo, che il titolo. Accorto e severo mantenne Luchino la pace interna, vinse combattendo i nemici, ed alle dieci città acquistate dal nipote aggiunse il dominio di altre sette, tolse ai Rusca Bellinzona, ridusse all'obbedienza Locarno, fatto nido di corsari audacissimi, ministrò a tutti ugualmente giustizia, fossero guelfi o ghibellini, e per disvezzare il popolo dall'uso delle armi e mansuefarlo, lo dispensò dal servizio militare. Si crearono le bande dei soldati mercenarj, che in seguito strinsero di un nodo il principe ed i sudditi, taglieggiarono la Lombardia, non conobbero che il bottino, leste a combattere, purchè stipendiate, contro la patria e quanto vi ha di più sacro. Nocque a Luchino l'essere succeduto a principe ottimo, perchè talvolta fu macchiato da lussurie, da crudeltà e da perfidia.

Giovanni, che da Novara era stato trasmutato all'arcivescovado di Milano, tenne il governo dopo la morte di Luchino, e segnalossi per miti costumi e per osservanza della giustizia. Avido insieme di conquiste ottenne Genova, Bologna, presso che tutta la Lombardia, e per opera sua la bandiera dei Visconti sventolò la prima volta in mezzo a potente armata, contese a' Veneziani il dominio del mare, ed ai sudditi aprì il commercio dell'oriente. I costumi ingentilirono, le arti si accrebbero e si fece più generale l'istruzione, ma d'altra parte sfumarono quegli spiriti d'independenza, onde erano superbe le repubbliche del medio evo. Lo splendore del felice principato soddisfece gli ottimati cupidi di premj e d'onori, accontentò il popolo, che di pane e di ozio va pago.

Morto l'arcivescovo, tre suoi nipoti Matteo secondo, Bernabò e Galeazzo secondo spartirono il principato. Si assegnavano a Galeazzo le città di Como, Pavia, Novara, Vercelli, Asti, Alba, Alessandria e Tortona; si divideva Milano in tre parti, datane a ciascuno una parte; Genova si possedeva in comune. È chiaro che questi smembramenti erano perniciosi alla salvezza dello stato, e fomentavano l'ambizione di un fratello contro dell'altro. In fatti a danno del fratello Matteo s'insignorì Galeazzo della valle di Blegno, che è nelle parti di Bellinzona, e morto quello assai presto, occupò porzione dello stato; l'altra fu presa dalle milizie di Bernabò. Ambiziosi, crudeli e perfidi ingaggiarono lunghe e dispendiose guerre, sicchè le provincie ne furono deserte ed i sudditi oppressi. Queste cagioni e fors'anco gli stimoli del marchese di Monferrato, che aveva rotta la guerra a Galeazzo, concitarono nell'anno 1370 i comaschi a ribellione. Più arditi, che fortunati ne pagarono la pena co'supplizj. Si riscosse anco la Valtellina, Poschiavo chiamò la signoria del vescovo di Coira, Chiavenna dimandò il papa, Bormio si costituì nell'independenza. Galeazzo vinse facilmente gli altri, con più difficoltà i bormiesi. In pena le municipali prerogative, delle quali la città si teneva tuttavia in possesso, furono minorate o casse.

Fulminavano i papi le scomuniche contro i Visconti; moltiplicavano questi le vendette sul clero del loro dominio, e lo gravavano di tributi. Con questo e con altri mezzi ammassato molto denaro, dissipavano poi in illustri parentadi, in fabbriche sontuose quanto avanzava ai grossi dispendj della guerra. Bologna, Asti e Genova scossero alla loro volta l'insopportabile giogo; Pavia vi si provò, e riuscito a mal fine il tentativo, venne con estrema ferocia castigata. Orrendo editto si pubblicò contro i ribelli: prima di ammazzarli si martoriassero per quaranta giorni co' più squisiti tormenti, onde tutta assaggiassero l'amarezza della morte. Tanto bastava, perchè pavesi, comaschi e quanti erano italiani dessero subito di piglio all'armi, e cacciassero sì disumani principi dal mondo. Se Azzone, Luchino e Giovanni si fossero dati a barbarie come Bernabò e Galeazzo, non è a dubitare, che i Lombardi non affatto avviliti si sarebbero potentemente riscossi, ed avrebbero nel suo nascimento abbattuta la signoria dei Visconti; ora i più feroci repubblicani erano periti, i pochi, che restavano, vecchi o divisi, i giovani cresciuti, essendo la patria serva, non si ricordavano di altri tempi.

Galeazzo, mosso più da ambizione che da amore alle lettere, seguendo l'esempio del siracusano

Dionigi, che volle presso di sè Platone, accolse alla sua corte ed onorò il Petrarca, riaprì l'università di Pavia, e con bando indirizzato ai podestà vi chiamò la gioventù agli studj. Vi si insegnavano le leggi civili e canoniche, la logica, la fisica e la medicina; e leggiamo il nome di tre comaschi, che vi sedevano professori, cioè a dire un Pietro da Menaggio, un Giacomino da Como e un Gabriello Paravicino, la qual cosa ci palesa, che gli studj erano già molto diffusi tra i nostri concittadini. Del resto in Pavia si dettavan le leggi, ma il principe pubblicava editti, che trascendevano ogni legge divina ed umana. Colpito da morte nell'agosto del 1378, gli successe il figlio Giangaleazzo, appellato con altro nome il conte di Virtu, da una contea nella Sciampagna, che Isabella di Valois figlia di Giovanni re di Francia gli portò in dote.

Scaltro e d'animo costante condusse a fine in età immatura tale impresa, che gli tornerebbe a somma gloria, se non fosse deturpata dal tradimento. Forse lo zio Bernabò stava in sull'avviso di spodestarlo del suo retaggio, egli l'intese e con arti volpine prevenì il vecchio leone. Finse paura in ogni cosa, e insufficienza al governo. Si dilettava di stare con gli ecclesiastici, frequentava le chiese, taceva insultato, non moveva passo se un manipolo di soldati non gli era scorta. Quindi, come lo stolto, muta consiglio e s'ingolfa negli studj delle lettere; i suoi dubbj e i suoi discorsi lo palesano uomo timido ed inquieto. Bernabò ne rideva, chiamava imbecille il nipote, e disprezzandolo faceva già suo col pensiero tutto il principato. L'infinto nipote simula un voto alla Madonna del monte di Varese, e nel pellegrinaggio passa vicino le mura di Milano, di cui teneva per metà il dominio. Bernabò senza un sospetto al mondo, gli esce incontro col seguito di pochi domestici, ma nell'atto di abbracciarlo è fatto prigione. Il popolo milanese, che detestava il crudelissimo Bernabò, ne fu lieto, ed il consiglio della città trasmise tutto il potere in mano al conte di Virtu: le altre città fecero altrettanto. I figli di Bernabò, in memoria del padre odiati, vissero una vita raminga; Martino, uno di essi, rifuggì a Coira presso Artmanno vescovo, e per benevolenza gli cedette in potestà nei 29 giugno 1404 la Valtellina, i contadi di Bormio e di Chiavenna e la Valle di Poschiavo. Di questa cessione alzarono gran rumore i Grigioni nel decimosesto secolo, vantando tale diritto su i memorati paesi, e non si accorsero, o pure non vollero accorgersi, che dato anche per vero il documento, messo in dubbio da qualcuno, Mastino non potea donare l'altrui, essendo che Como col suo territorio, era signoria ereditaria di Giangaleazzo.

Questi l'animo sollevando ad altre imprese, conquistò parte coll'astuzia, parte con la forza

Verona, Vicenza, Padova e le sue bandiere comparvero in riva al mare Adriatico, s'insignorì di Bologna, prese Spoleti, Perugia, Nocera, Assisi, comperò Pisa, ebbe Siena. E per onestare qualunque usurpazione e fortificarsi nel principato si rivolse, correndo l'anno 1395, all'imperatore Venceslao, che dell'imperiale autorità faceva mercato, ed a suono di danaro ottenne, che Milano con venticinque città, fra le quali sono ricordate Como e Bormio, si erigesse in ducato, scelto esso a primo duca. Le insegne della nuova dignità vestì Giangaleazzo con istraordinaria pompa, sciupò tesori, e da che era caduto l'impero occidentale, non fu veduta in Milano più magnifica festa. I popoli abbagliati da queste pompe confessavano grande il principe, ne seguivano i comandi, ed intanto egli metteva tra loro più profonde radici. Fatto duca volle essere re, e non di Milano o di Lombardia, ma d'Italia. Sito opportuno a cingersi il reale diadema gli parve la città di Firenze e corse ad assaltarla, ma la resistenza incontrata e poi la morte sopravvenutagli, fecero escire a voto le sue speranze.

Fondò Giangaleazzo la certosa di Pavia e il duomo di Milano, opere grandi e le quali, se fossero le sole memorie rimaste di lui, basterebbero a procacciargli gloria durevole nei secoli e senza macchie, ma posseduto da smodata ambizione di allargare il dominio e di trasmettere co' monumenti memoria di sè ai posteri e volendo pur bastare a tante spese, impose grossi tributi ai sudditi, e molti sforzò sloggiare dalla patria ed ire in traccia di vivere più sicuro. In Como fu promulgata legge, che le donne le quali andassero a marito fuori del dominio perdessero ogni diritto a qualunque eredità. Prima, come ci pare, ad Enrico da Sessa nostro vescovo, poscia a Beltramo da Brossano successore di lui concesse nell'anno 1386 che fosse ridonata al culto divino la basilica di S. Maria, chiusa nel castello edificato da Azzone Visconti, e dieci anni non trapassarono, che si diè mano a riedificarla gittando le fondamenta del duomo. Verso questi tempi venuto a Como il duca ed entrato nella chiesa, lodò il lavoro incominciato, e alla fabbrica donò cento scudi d'oro. Visitò la Valtellina e dovunque sforzossi di riconciliare Guelfi e Ghibellini, che con le matte loro discordie travagliavano per anco la patria. Strinse matrimonj tra i contendenti, e quando i consigli amichevoli non giovavano, corse all'armi e li fece posare. Ottimo sarebbe stato, se applicando l'animo a sì belle opere si fosse vergognato delle sue conquiste, che costavano il pianto dei sudditi, dei quali amano i principi, vero o non vero, intitolarsi i padri. Valentina sua figlia sposò a Luigi duca di Turenna e conte di Valois, fratello di Carlo re di Francia, e assegnolle in dote la città di Asti; per ciò i

Francesi, cessata la schiatta Visconti, pretesero di avere diritto su la Lombardia, e alla fine dopo guerre sanguinose, il più forte ebbe ragione.

Mentre le conquiste di Giangaleazzo spaventavano l'Italia, e le stesse armi dei Turchi già potenti in Europa ci minacciavano, nacque la compagnia dei pellegrini bianchi, che prima comparve nelle parti d'oltremonte, poscia si sparse in Italia. Uomini e donne d'ogni età e d'ogni condizione si raccoglievano insieme, e vestiti di bianchi lini, onde lor venne il nome, imprendevano lunghe processioni di chiesa in chiesa, cantando inni, flagellandosi e chiedendo con alte voci misericordia. Luchino da Brossano, succeduto a Beltramo nel vescovado, entrava nel duomo in su l'alba del dì, e celebrata la messa, intuonava lo *Stabat mater* e avviava la processione. Giunti ai bivj delle strade e tutti inginocchiati, gridavasi *misericordia*, e si baciava la terra. Nell'ultima chiesa della visita si celebrava un'altra messa, e all'elevazione dell'ostia ed alla consumazione, di nuovo si gridava *misericordia*. Parecchi giorni durarono le processioni e talora andarono fino a Grandate, a Lucino, a S. Maria presso Lurate, a Chiasso, a Pontegana. Alla fine il vescovo, presenti un diecimila persone, raccomandò la recitazione dell'inno sopraddetto aggiungendovi l'indulgenza di quaranta giorni. In qualche sito d'Italia si vietarono le processioni, poichè movendosi popolazioni intere servivano a fomentare le disonestà e molti abusi; e uomini di pessima indole se ne prevalevano pure per seminare discordie tra città e città. La pestilenza si propagò colle processioni, e nel seguente anno che fu il 1400, fece orribili guasti. Tra noi perirono tredicimila persone, e quasi non vi fu famiglia, che ne andasse illesa. Ai tempi di Benedetto Giovio (1532) si ricordava tuttavia la funesta pestilenza del quattrocento.

Poco appresso nel 1402 venuto improvvisamente a morte il duca Giangaleazzo, mentre, come accennammo, volgeva in mente que' suoi vasti disegni, lasciò gli ampi dominj divisi tra i figli ancora garzoni. A Giovanni Maria primogenito, che contava appena tredici anni di vita, toccarono varie città, fra le quali Como e Milano, con titolo di duca; a Filippo Maria, secondo de' figli pervenne la contea di Pavia con Novara, Vercelli ed altri paesi; anche a Gabriello Maria figlio naturale fu assegnata la signoria di Crema e di Pisa. Affidati ad una reggenza, mancò il loro governo di fermezza e di concordia, proruppero tutti gli umori a mala pena repressi, ed uno stato recente acquistato col danaro, con le usurpazioni, con la perfidia, e mantenuto con la forza, non potè più difendersi contra tutti gli assalti, e si vide cadere brano a brano e suddividersi. I Fiorentini si fecero più vivi, le fazioni guelfe e ghibelline si riaccesero, i capitani di Giangaleazzo vollero diventar principi, e d'altra parte i principi che egli aveva cacciati si accinsero a riguadagnare il perduto. Bologna, Perugia, Assisi riconobbero il papa; i Veneziani ebbero Verona, Vicenza, Feltre e Belluno; Ugo Cavalcabò entrò in Cremona; Giorgio Benzone in Crema; Alberto Sacco conte di Musocco in Bellinzona, e Franchino secondo Rusca in Como. Nell'istessa maniera furono occupate le città di Lodi, Bergamo, Brescia e Piacenza.

Franchino alla morte del duca era governatore di Pisa. Concepita la speranza di rimettere in Como la signoria de' suoi maggiori, non aperse le sue intenzioni ad alcuno, salvo ad Ottavio Rusca suo cugino, che dimorava in Parma capitano di ducento lance. Venuto a Como e giovandosi dell'armi dei Visconti, per abbattere i Vitani, eterni nemici della sua famiglia, i quali si erano resi ribelli abbruciando Lucino e Civello, li assaltò e li vinse; poscia a dì quindici di giugno del 1403 prese possesso della città, e tentò pur di avere il forte della torre ritonda, ma il castellano essendosi accorto delle ambiziose sue voglie, le deluse. L'audace Franchino allorchè si vide scoperto, gittò la maschera e ribellossi. La vecchia duchessa Catterina, che presiedeva alla reggenza instituita in Milano, gli richiese qual diritto vantasse su di Como. *Il diritto della spada*, rispose Franchino, e la strinse alla difesa. Pandolfo Malatesta e Giacomo del Verme capitani ducali s'incamminarono allora con una buona presa di soldati verso Como per punire Franchino, e militavano con loro i Vitani, poco prima rappacificati co'Visconti, non perchè ne bramassero la vittoria, chè avrebbero pur voluta per sè la signoria di Como, ma odiavano a morte Franchino. Le opposte schiere si trovarono a fronte nei piani acquidosi tra Montorfano e Lipomo, ed appiccata la mischia fu sconfitto Franchino, che ricoverossi nella rocca di S. Pietro, posta in su quel di Balerna e chiamata il castello dei Rusconi. I vincitori, entrando pel castello della torre ritonda, che tuttavia si difendeva, s'impadronirono di Como. Le case dei Rusca e dei loro partigiani furono abbandonate in balía alla soldatesca, alla quale è fama si vietasse di violare le case dei Vitani, segnate, onde conoscerle, con grosso chiodo ficcato nell'architrave delle porte, dei quali alcuni si vedevano ancora all'età di Benedetto Giovio. Con tutto ciò finito di rubare i Rusca, nulla lasciò d'intatto la militare licenza confondendo amici e nemici, a tale segno che Como offrì l'immagine di una città presa d'assalto. Narra il Biglia nel secondo delle storie, che « incredibile fosse la preda, per ciò che nobilissimi e ricchissimi negozianti abitavano la città opportunissima, quasi foro pubblico a tutte le alpi, e gran passaggio per Lamagna ». Pandolfo riaggravando la mano volle che i cittadini per cinquanta giorni alloggiassero e nutrissero que' soldati medesimi, che già avevano le loro sostanze depredate. Con sì crudi trattamenti pagava la miseranda città le gare sanguinose tra Vitani e Rusconi, i quali l'avrebbero anche ruinata non una volta, ma cento, purchè avessero potuto sfogare i loro odj particolari. La loro memoria deve ben essere da tutti abbominata. La ducal corte disapprovò l'operato da Pandolfo, soccorse i Vitani che se ne dolevano, e a lui confiscò i beni. Ma non erano finiti i nostri guai; Rusconi e Vitani, come fiere nello steccato, di nuovo si vennero addosso ansiosi di morte, e la guerra degenerò in particolari assassinamenti.

Franchino ed Ottone Rusca si spargevano pel contado saccheggiando ed abbruciando le terre favorevoli ai Vitani, e questi facevano altrettanto ai Rusca. Giovanni Malacrida di Musso, appellato il *Bàio*, conducendo gli aiuti di varie terre del lago chiuse i Rusca in Lugano e Bellinzona. Ottone, rivolto l'animo a più sublime meta, si accozzò con esso i fuorusciti milanesi, e fu a un punto che non s'impossessasse di Milano. Si fermò la pace; ma diffidando gli uni degli altri, tenne sì poco, che il volgo le diede il nome di *pacetta*. Eravi uno scompiglio orrendo. Un Ceruti di Nesso, spiccatosi dalla città, con cinque Tornaschi fedeli ai Vitani veleggiava verso la patria; sbattuto dalla tempesta sul lido di Cernobio è insieme co' compagni ucciso da quegli abitanti, che tenevano co' Rusconi ed erano guidati da un tal Bianchi di Lezzeno. Così coloro, cui aveva rispettato il furore degli elementi, non rispettò la rabbia degli uomini. Molti dei Rusconi, colti all'impensata vicino a Nesso, furono in vendetta trucidati, e i corpi se ne precipitarono dagli scogli nel lago. I tornaschi retti dal Baio assalirono la stessa città, e spogli gli uffiziali del duca, rubate le case dei Rusconi, imposero grosse taglie ai più ricchi, e per dispetto, tanto avevasi a vile la vita di un uomo! ammazzavan coloro, che non potevano pagare. Vivi li buttavano nel lago, o li scannavano per le strade come vitelli alla beccheria. Nè il tempo era sprecato dai Rusconi. Misero in fiamme il sobborgo di Vico, stanza principale dei Vitani, onde questi per rappresaglia fecero lo stesso del sobborgo della piccola Coloniola. Poco da poi per l'immanità delle due fazioni furono dal fuoco consunti i sobborghi di S. Protaso, di porta Torre, di porta Nuova, di S. Vitale e di S. Giuliano. Fumarono di cittadino sangue le piazze e le strade di Lugano, di Chiavenna e di altre grosse terre. Niuno correva al riparo, poichè il novello duca Giovanni Maria, che discacciata la madre, aveva per tempo pigliate le redini del governo, concedeva ogni cosa in preda a cortigiani vilissimi. Rotto alle libidini, avido della vita de' sudditi, pensava soltanto a disbramar le sue voglie, chè non si sarebbe scosso se fosse ruinato il mondo. Pasturava una frotta di cani colle membra di persone vive, e si dilettava di pascere gli occhi in tanto martirio.

Franchino Rusca preparatosi a nuova guerra corruppe il castellano di porta Nuova, ed essendo l'anno 1408, riebbe Como. Saccheggiate, secondo il costume, le case dei Vitani, molti ne uccise. Nè guari tempo passò, che un Matteo Manueli di Bassignano, non curata l'infamia che a lui ne veniva, gli tradì anco il forte della torre ritonda. Non aveva Franchino tutto il danaro per l'iniquo custode, quindi diede in ostaggio i figli dei più ricchi fra i Vitani, e toccò ai padri riscattarli e pagare per lui. Era vuota di abitatori l'infelice città, ed egli invitò i forestieri promettendo l'esenzione da qualunque taglia per un lustro, richiamò gli esuli ghibellini, concesse salvocondotto ai Guelfi, e sgraziato chi non credeva sincero il perdono, chè ne andavano per confisca le sostanze. Mezzo comodissimo per impinguare l'erario. Aveva il pontefice Gregorio duodecimo eletto al vescovado di Como un Guglielmo Pusterla milanese, ma Franchino si oppose, ed invece collocò sulla cattedra comasca un cittadino, che fu Antonio Turcone.

Trapassati quattro anni ed essendo in una congiura perito l'immane duca Giovanni Maria, conchiuse Franchino una tregua con Filippo Maria, che nel ducato era succeduto al fratello, nè potè far altro rapito anch'egli da morte. Fu magnifico il funerale, e Girolamo Perlasca ne disse l'orazion funebre. Diverso da Franchino primo, che morì esule e non potè trasmettere a' suoi la signoria di Como, egli conquistata che l'ebbe, la tenne a malgrado dei Visconti, più potenti, che Azzone non era stato. Gli si dee lode di avere, fatto principe, dato perdono ai Guelfi, ma non si vuole per ciò velare il giudizio. Era barbaro l'editto della confisca dei beni, poichè sono così puniti più che il reo, gl'innocenti. Che poi, siccome è stato scritto nella sua vita, non volesse egli usare mai armi da fuoco, mentre gli altri incominciavano già con vantaggio ad adoprarle, è pur da biasimare. Un prudente capitano, più che al capriccio, deve servire alla perfezione dell'arte.

Lotterio suo figlio, giovine di bella persona e di onesti costumi, ereditato il dominio, ebbe cura di rinnovare la tregua col duca, aiutato a ciò dall'imperatore Sigismondo, che per la via di Bellinzona era venuto a Como. Il borgo e la valle di Lugano avevano già chiamato il duca Filippo Maria, talchè Lotterio per salvare il resto cedette il castello di Carnesino. Il duca non si accordava, che per guadagnar tempo, e le tregue e le paci non erano che un tranello in mezzo a quella continua lotta di ambizione con ambizione. Il castellano di Carnesino, che pur sapeva l'animo del duca, non frappose dimora a molestare i cittadini; impedì per quella parte il trasporto delle vettovaglie alla città, e tormentò, siccome gli parve, coloro che gli capitarono nelle mani. Un altro capitano ducale, Leone Tagliacozzi, stanziato colle sue bande a Casnate, correva da nemico i dintorni, e Francesco Carmagnola uno dei più eccellenti condottieri di esercito in quella età, tentava con un colpo di mano d'impadronirsi di Como. Del pari i Vitani incitati dagli odj antichi e dagli uomini del duca, ribellavano le terre del lago, movendo da Torno e da Molina, dove si erano sempre tenuti forti; Domaso, che volle opporsi, era abbruciata. Lotterio implorò soccorso dall'imperatore Sigismondo, ma le armi ducali essendo più vicine e più potenti, dovette un onesto accordo preferire ad una signoria vacillante, e quello segnò agli undici di settembre del 1416. Rinunciato al duca il dominio di Como, conseguiva in ricompensa sedicimila monete di oro e la valle di Lugano eretta in contea. In tanti rimescolamenti di guerre era diventato squallido il territorio comasco. La Tremezzina, già abitatissima e fiorente di ogni maniera, spoglia allora di abitatori era fatta un deserto. Menaggio, Loveno e Nobiallo non avevano patito minor danno. Per la qual cosa nel 1420 si chiamarono nuove genti dai monti di Chiavenna e dalla Valtellina a ripopolare questa porzione del litorale.

Si proponeva il duca di riconquistare tutto il territorio comasco; quindi ottenuta la città volle far l'impresa di Bellinzona e della valle Leventina, occupate nelle ultime vicende dagli Svizzeri dei cantoni di Uri ed Undervaldo. Ne fu occasione, che ai tempi di Giangaleazzo avevano suoi gabellieri, quistionando dei dazj, sequestrati ai mandriani svizzeri alcuni capi di bestiame, che conducevano al mercato di Varese. Se ne dolsero i mandriani, e nissuno vi badò, come di cosa di piccolo momento. Istizziti i loro compaesani brandirono le armi, e per rappresaglia, invasa la Leventina, ricevettero nell'agosto del 1403 il giuramento di fedeltà da quei valligiani. Ridestati poscia all'armi dai figli di Alberto Sacco, che tenevano Bellinzona, rivalicarono il S. Gottardo nel dicembre del 1406, e non trovatavi resistenza s' impadronirono anco di Bellinzona, in cui posero forte presidio, siccome naturale difesa della valle Leventina contro chi ascende dall'Italia.

Erano le cose in questi termini, quando entrata la primavera dell'anno 1422, i soldati ducali sorpresero Bellinzona, e tutto il paese riebbero che si distende fino alle falde del S. Gottardo, onde che gli Svizzeri in numero di diciottomila si diruparono dalle loro montagne e ricombattendo si posero nei campi di Arbedo propinquo a Bellinzona, speranzosi della vittoria. I capitani del duca Francesco Carmagnola ed Angelo della Pergola, oltre all' esser de' primi nella militare scienza, avevano seco sei mila cavalli e pochi fanti, tenevano il forte di Bellinzona e le circostanti vallate. Era l'ultimo di giugno, ed il nemico fatto un nodo di quattromila valorosissimi, ingaggiò pel primo la battaglia. La cavalleria italiana sostenne di piè fermo la carica, ma quelli riurtarono con indomabil coraggio e, secondo afferma Benedetto Giovio, divenne sanguinosa la mischia, non quale soleva essere tra i venturieri italiani, che talora spiccavansi dal conflitto senza pure aver versata gocciola di sangue. Imperocchè, soggiunge egli, nissuno cedette il posto se non morto, e taluni fra gli Svizzeri, benchè trafitti i visceri da lancia, riassalirono con impeto il feritore; altri non potendo aggiungere gl'italiani combattenti a cavallo, troncate a questo le gambe, uccisero il cavaliere insinuando la punta dei ferri tra le lamine metalliche, che difendevanlo. La morte aveva già diradate le file de'ducali, consumati senza avere rimedio, allorchè il Carmagnola conosciuta la potenza delle armi nemiche, eccellenti per offendere i cavalli, comandò ai cavalieri saltassero a piedi e rinfrescasser la pugna. Le alabarde elvetiche per tal modo si trovarono contro una fanteria coverta di ferro e invulnerabile. Accostavansi i ducali agli Svizzeri, i quali mettevano ben mano alla spada, ma era loro inutile contro un nemico armato da capo a piedi. In questo disavvantaggio tutti fuori che tremila furono ammazzati, e i superstiti ripassarono fuggendo il S. Gottardo. Il Carmagnola seguitando l'aura propizia della fortuna, tenne loro dietro, ed esterminatili affatto dalle terre italiane, non si arrestò, scrive Benedetto Giovio, se non quando pervenuto ad Altorfo vi ebbe fatta mostra delle armi vincitrici. Quindi ritornò in Leventina. La vittoria fu tanto più gloriosa, stante che gli Svizzeri erano per virtù militare celebratissimi. Nelle susseguenti età non fu alcuno de' citramontani, che li potesse domare; discesi in Italia, la corsero a loro appetito, usurparono una notabile parte del territorio comasco, e crebbero in tanta superbia che s' intitolarono il terrore dei re e delle nazioni. Müller, Mallet ed altri storici svizzeri pretendono che fossero più pochi i loro nazionali alla battaglia di Arbedo, ed accrescono enormemente il numero degl' Italiani. È qualche discrepanza anco tra i nostri storici; noi abbiamo seguíto il Machiavelli nel secondo libro dell' arte della guerra.

Dopo quattro anni un abitante di Svitto per nome Peterman Rysig, ripreso Airolo, sforzò il duca, impegnato in altre guerre, a fermare la pace; il che si fece in S. Stefano di Bellinzona. Si accordava per dieci anni agli Svizzeri l'esenzione dei dazj delle loro mercanzie fino a Como ed a Varese, e il privilegio di passare sulle terre ducali con manipoli di sessanta soldati, che andassero mercenari alle guerre. Serbava per sè il duca la Leventina, Bellinzona e Val d'Ossola.

Le vittorie del duca avevano intimoriti i principi d'Italia, e più di tutti i Veneziani, sospettanti che nutrisse gli stessi ambiziosi pensieri del padre Giangaleazzo. Scovertasi perciò la guerra occuparono, essendo l'anno 1432, la Valsassina e la Valtellina, e minacciarono Como. A Nicolò Piccinino, prodissimo capitano, fu affidata l'impresa di scacciarneli, e ne venne a capo con singolare felicità. È tutta lode del duca Filippo, che non amministrando per sè stesso la guerra, sapeva conoscere gli uomini in questa eccellenti e giovarsene. Il Piccinino gittato un ponte nelle vicinanze di Sorico, dove è più ristretto e meno profondo il lago, trapassò senza contrasto in Valtellina ed ingrossato dalle truppe paesane, guidate da Stefano Quadrio di Ponte, sconfisse i Veneti, che si erano attendati nei piani di Delebbio. Settemila furono i prigioni, tra i quali Giorgio Cornaro capo del nemico esercito; qualche migliaio perì di ferite e appena un trecento si salvarono tra le balze delle montagne che mettono sul territorio bergamasco. Una chiesetta, sacra a S. Domenica, che sorgeva nel sito della battaglia, fu splendidamente dotata dal duca con annua rendita per lasciare del fatto memoria ai posteri.

Tra i capitani, che militavan col Piccinino, era Pietro Brunoro. Questi nella terra di Sacco adocchiata una leggiadra contadinella, ne fu sì preso che la rapì, fecela sua concubina, indi sposa.

Spiriti virili animavano Bona lombarda, che tal nome ebbe la contadinella valtellinese, onde vestite le armi pareggiò i più valorosi combattendo a fianco del marito. Nè fu minore la conjugal fede. Sospettato di fellonia è Brunoro posto in ferri dal re di Napoli Alfonso il magnanimo, cui serviva, lasciati gli stipendj del duca di Milano. Si riscuote l'invitta donna, si affaccia ai principi italiani, e passate le Alpi si gitta pure ai piedi del re di Francia e del duca di Borgogna e a tutti domanda s'interponghino alla liberazione del marito. Non vi fu animo tanto sleale, che non ammirasse la virtù di lei, e negasse di entrar mallevadore con buone attestazioni della fede di Brunoro, o non obbligasse la parola di raccomandarlo al re Alfonso, sicchè dopo dieci anni di preghiere, di viaggi e di stenti ottenne fosse sciolto dai ceppi, che altrimenti vi avrebbe consumata la vita. Nè di ciò paga l'amante donna passa insieme agli stipendj dei veneziani, e nelle marziali fatiche mostrando col proprio esempio, quanto si possa anche sopra la debolezza del sesso, era a molti cagione, che riuscissero valorosi soldati. Il duca di Milano aveva da quei tempi a danno dei veneziani espugnato castel Pavone in sul bresciano, fatto prigioniero Brunoro e minaccioso istava sull' oste nemica. Si pianta la Bona in mezzo ai fuggenti, trasfonde in loro il suo coraggio, ne forma un fitto squadrone, lo mena contro i vincitori, riconquista il castello e libera il marito. A Venezia nel 1457 armeggiandosi intorno una fortezza di legno, onde festeggiare l'elezione di Pasquale Malipiero a doge, essa per la prima sforzò gli assediati fortemente pugnanti, e consegui il premio. In testimonio del conto che si faceva di lei, mandata col marito a difesa di Negroponte, si comportarono di sorta, che tennero lontane le armi allora micidiali del Turco. Morto lui, prese Bona il viaggio di Venezia, perchè le fosse raffermo lo stipendio paterno a vantaggio di due figli già educati nell'armi, ma approdata a Modone finì, essendo l'anno 1468, la gloriosa sua vita.

Salvata la Valtellina col combattere, si perdette indi a poco la valle Leventina per essersi lasciate le armi e ricorso a' trattati. Gli Svizzeri di Uri inquieti sempre, ricomparsi su' dirupi del Gottardo, discesero a Bellinzona. Il duca vittorioso in molte guerre, preferì alla sorte delle battaglie una pace vergognosa, e la conchiuse con la mediazione dei cantoni di Undervaldo e di Zurigo a dì quattro di aprile del 1441. È singolare, che della tregua, che precedette la pace si disputò in Milano non nell'aula del principe, bensì nell'osteria delle due spade. Il cantone di Uri ed i confederati furono assolti da ogni gabella, poscia si aggiunse la somma di tremila ducati. Pagatane il duca la metà dava in pegno per l'altra metà la valle Leventina, fermo che intanto la reggessero con buone leggi. Più non pensossi al riscatto, e la valle rimase soggetta al cantone di Uri fino all' anno in cui sorse il cantone Ticino.

Nell' agosto del 1447 venuto a morte, senza lasciar prole legittima, il duca Filippo Maria, molti fra i principi italiani e stranieri ambirono così pingue eredità. Francesco Sforza, egregio capitano, avendo sposata Bianca Maria, figlia naturale del duca, aspirò pure alla successione; usò il tradimento e la forza, e con ambo adempì il suo voto.

Como sotto i Visconti, diventata città di provincia, cadde dall' antico splendore, si vuotò di abitanti, perdette il commercio. I tributi ad arbitrio e grossi; i cittadini tolti alle loro faccende e sforzati a servire di sentinella sulle mura; gli uffizj pubblici venduti all' incanto. Trovate, per far danaro, nuove taglie, noi sempre più impoverimmo. Si scelse anco un capitano dei malefizj, e incominciarono le sentenze contro gli eretici. Nell' anno 1387 è memorato un nuovo magistrato, detto il referendario, che soprastava a gabelle e pedaggi. Due grosse navi appellate le *Scorobiesse*, in cui erano da sessanta grascini, guardavano il lago da' contrabbandi, e le governava il capitano del lago, che aveva sua sedia a Bellagio. Ai tempi dell' italico regno vedemmo invece le barche cannoniere, difficili a muoversi e più a pompa che a vantaggio. Il territorio comasco venne per la massima parte concesso in feudo a potenti signori, i quali formando uno stato quasi independente nello stato, mettevano, secondo il capriccio, a soqquadro ogni cosa; in questa maniera infeudate si disgiunsero da noi grosse terre, fra le quali Lugano, Locarno e Chiavenna. Poschiavo con trattato del 1408 si dava in feudo al vescovo di Coira. Si doleva la città pel diminuito lustro, pei redditi cessati e per le spese sempre eguali; ma l'utile presente prevaleva nella corte del duca. Filippo Maria ristaurate le mura della città, decretò pena il taglio della gamba, se taluno le avesse scalate; punizione che mostra quanto rimanesse tuttavia di barbarie. Era questo duca d'indole sospettosa, amico degli eserciti grossi, onde ne veniva un nuovo genere di oppressione pei militari alloggi e per la servitù crescente. Sposatosi in seconde nozze con Maria figlia del duca di Savoja, munse le borse dei Comaschi, e cavatone quel danaro che volle, fece scrivere nei pubblici libri, che questo era dono offerto per prova della comune allegrezza. Comandò che tra noi avessero stanza gli Ebrei, maestri egregi di usura e di frodi; ed accettati di malissima voglia in città l'anno 1438, si volle che un segnale sull'abito li differenziasse dagli altri cittadini. Non disapproviamo che una patria si concedesse a quegl'infelici, ma, non essendo spente le gare tra Vitani e Rusconi era a temersi di nuove inimicizie. Quanto

Filippo contasse la vita dei sudditi è pur manifesto dalla ruina, che verso il 1433 toccò alla terra di Cernobio, la quale dice Benedetto Giovio, una volta fu nobile e ricco borgo, ebbe suo podestà e si resse saviamente a proprie leggi. Alcuni dei cernobiesi sconficcate le prigioni di Bellagio, avevano liberati certi loro compaesani, che v'erano sostenuti, come debitori al fisco. Vuolsi che tutto il comune vi avesse partecipato, e per ciò meritava un severo castigo; ma Vincenzo Vegio ducal capitano, secondo gli avuti ordini procedendo, mise in preda Cernobio, quasi fra tanti non vi potesse essere un innocente, e avuti in mano i più principali abitanti, che si erano rifuggiti in una torre, li fece morire strangolati. Punizione, che trascende ogni giustizia, ed è degna di perpetuo biasimo.

Del resto dobbiamo confessare che fu verso quest'epoca, che si pensò impedire la propagazione della pestilenza, la quale di tanto in tanto disertava le terre lombarde. Si rilegarono gli appestati a Geno e nella circostante spiaggia, che cammina verso Blevio. I medici ed i chirurgi erano assembrati in collegio, e guai a colui, che non essendovi ascritto, avesse preteso curare gli ammorbati. Gli stessi sacerdoti avevano a denunziarli. Del pari nelle malattie comuni poteva soltanto il medico ministrare i farmachi, la qual provvisione è savia e molto commendevole in tempi, che avevano impero astrologhi e streghe. Sotto lo stesso duca Filippo Maria più notabile passo verso l'incivilimento dei costumi fu fatto nell'anno 1439, memorabile per questo, che si rappacificarono que' perpetui nemici ch' erano i Vitani ed i Rusconi. S. Bernardino da Siena, onorate poco prima di sua presenza le nostre terre, aveva già con fervorose prediche disposti gli animi, allorchè invitato dal podestà e dai savj di Como, venne tra noi frate Silvestro da Siena, minor osservante e lettore di teologia, il quale compì l'opera salutare. I partigiani delle due fazioni si ragunarono nel convento di san Francesco fuori di porta Torre, e giuratasi solennemente pace, perdonate le ingiurie a vicenda, ne rogò l'atto Giorgio da Retegno notajo. I nomi dei caporioni si scrissero ad eterna memoria in un libro, che fu detto il libro della santa unione. Giovarono non mediocremente a fra Silvestro il podestà di Como Simone Vicemala e un Riccardo frate dello stesso suo ordine. Il duca pure con suo editto condannò le sette, qual si fosse nome portassero e desiderò se ne cancellasse perfino la ricordanza. Fermatasi l'unione alli tredici di dicembre si volle ogni anno fosse festivo tal dì, sacro a S. Lucia, e con pubblica processione solennizzato. Popoli e principi inchinavano a migliorare lo stato delle cose, nè l'Italia era più turbata dagli imperatori germanici, che fomentavano le fazioni per dominare sicuri. Estinguevansi gli spiriti municipali e di famiglia, molto era a sperarsi a salvezza nostra, se non che tanto liete speranze svanivano presto per le gelosie dei potentati italiani, per la cieca fidanza negli oltramontani, per nuovo parteggiare di cittadini. Poscia per la lunga sperienza giudicato vano lo studio delle parti, s'ignorava, confondendo le cose, fino allo studio della patria, si poltriva in vile ozio, amavasi servaggio, trasmettevasi eredità ai figli.

Alla morte del duca Filippo Maria si divise il popolo milanese in varie sentenze su la scelta del successore; chi inchinava a un parente, chi ad alcuno dei Visconti. Le antiche glorie della repubblica tornarono pure in mente, e la repubblica venne ristaurata. Si pregarono le convicine città, perchè si confederassero, ma Lodi e Piacenza accettarono i Veneziani, coi quali il duca era tuttavia in guerra; Pavia e Parma fecero da sè; in somma non vi ebbe che Como, Novara ed Alessandria, che si collegassero a Milano. La convenzione fu con noi ratificata alli diciotto di settembre del 1447 sottoscrivendo per una parte i magistrati della illustre comunità di Milano, per l'altra i magistrati della magnifica comunità di Como. Egregi principj di era novella, poichè la pratica delle spente repubbliche aveva insegnato corregger gli abusi, se alla generosa risoluzione dei popoli non avesse infine prevalso l'ambizione di un soldato. Vero è, che i settantasei capitoli (che tanti erano) della nostra alleanza, facevano in su quel principio soggetta più del dovere Como a Milano, non conservandosi alla prima di queste città che qualche lieve prerogativa. Milano concedeva o negava, e le risoluzioni nostre dovevano essere da lei approvate. Fino alla facoltà di poter continuare la fabbrica del duomo fummo costretti d'impetrare. Lugano, le pievi di Riva S. Vitale e di Balerna, finita la signoria feudale, si ricongiunsero a Como. La rocca di porta Nuova e il castello di Azzone Visconti si demolirono, e si vietò di riedificarli, perchè strumenti di schiavitù. Giovanni da Balbiano, colta l'occasione, si creò conte di Chiavenna e di Piuro, terre già tenute in feudo da Antonio padre di lui.

Intanto i Veneziani non restavano di spingere la guerra con più calore: onde che i Milanesi dovettero scegliere un capitano, che li difendesse. Stretti dalla necessità si volsero al conte Francesco Sforza genero del morto duca, e confidatogli il capitanato generale, lo fecero giurare che avrebbe operato solamente a nome e utilità della repubblica. Maneggiò egli la guerra con somma perizia, e dopo varj gloriosi fatti d'arme diede ai Veneziani una spaventevole rotta a Caravaggio. Non è nuovo che le vittorie conseguite a nome altrui si facciano scala alle usurpazioni. I Veneziani conosciuto l'umore dello Sforza, strinsero segretamente con lui una pace vantaggiosa, ed in compenso gli promisero favore a conquistare il ducato dei Visconti. Divulgata in Como ed in Milano la fama del tradimento, sorse tale uno sdegno contro lo Sforza, che nobili e plebei lo maledicevano e imprecavano sul capo di lui la vendetta del cielo: nè l'ira tolse il senno; perchè apprestate nuove difese si giurò di piuttosto perire, che cedere. Anche i Veneziani, ultimata la guerra, inchinavano a ricollegarsi coi Milanesi, stimando sicura la vicinanza della repubblica conforme di governo, e pericolosa la vicinanza dello Sforza, soldato arditissimo che pervenuto al sommo potere avrebbe a loro danno chiesta tutta l'eredità dei Visconti. Impugnate le armi, calarono gli Sforzeschi all'oppugnazione dei sobborghi di Como. Giovanni del-Noce cremasco, qui mandato per assumere il comando delle milizie, ne ributtò con costanza gli assalti. Risorte le scellerate discordie tra Guelfi e Ghibellini, contenne gli uni e gli altri, respinse gli Svizzeri che avevano ripassate le Alpi, e sconfisse i Rusca, che avidi del perduto impero profittavano della comune disgrazia per ricuperarlo.

La lotta diventò presto ineguale. Lo Sforza aveva seco un fioritissimo esercito, alcune terre lo riconoscevano già per padrone, e taluno dei cittadini che sperava onori e ricchezze, sollevava gli animi di chi era fedele all'antico stato. Quasi tutto il litorale del lago si ribellò, e una banda di soldati sforzeschi porgeva aiuto a tutti questi movimenti. Di mano in mano perdemmo tutte le castella, soltanto mantenendosi con maravigliosa fedeltà Bellinzona. I Veneziani avevano a questo tempo fatta comune la causa dei Milanesi, ma alieni dai partiti rischiosi, non mai osarono misurarsi con quel terribile vincitore di Caravaggio. Per la qual cosa potè questi stringere vieppiù l'assedio di Milano, ma quei miserandi e a un tempo forti cittadini abbandonati da tutti, fuorchè dai Comaschi, i quali non che porger loro soccorso, penavano a tener lontano dalle mura il vittorioso nemico, resistettero tuttavia con coraggio indomito, fin a quando la fame, le malattie contagiose, le discordie, pronte a risorgere nei tempi calamitosi, li indussero a darsi in mano di chi li aveva traditi. Francesco Sforza in mezzo agli applausi di quel popolo, che poco prima lo aveva esecrato, fece l'ingresso solenne nella soggiogata città alli ventisei di febbraio del 1450, e non infierì contro i nemici, sanando con la clemenza le ferite solite farsi nelle mutazioni degli stati. Cinque dì durarono le feste, alle quali pure intervennero i deputati comaschi, che donarono lo Sforza di vasi d'argento indorati e lui riconobbero a signore. Taluno di essi venne creato cavaliere; premio della spenta repubblica. I Rusca, che lo aiutarono a conquistarci, furono raffermi negli antichi feudi, cui si aggiunse il villaggio di Osteno con qualche altro sito della valle Intelvi. Si riformarono le leggi municipali, si diminuirono un terzo i tributi imposti dal duca Filippo Maria: e perchè i nostri lanifizj fiorissero, fu ordinato che in Como si comperassero i panni per uso della ducal corte è della soldatesca. Del pari ai tempi dell'italico regno si propose che l'esercito avesse a vestirsi con panni delle fabbriche comasche. È per sè manifesto quanto tornano vantaggiose al commercio interno queste savie leggi; e ci asserisce Benedetto Giovio, che sotto il reggimento dello Sforza trascorsero anni felici. Le lettere, le belle arti, le scienze erano protette, nelle nostre pianure si aprivano canali al commercio, si contenevano i perturbatori dello stato, e insieme miglioravano i costumi. Se lo Sforza non avesse la macchia del tradimento, sarebbe un principe degno in tutto per le sue virtù militari e civili da compararsi ai più grandi. Un contadino di Cotignola in Romagna era suo padre. Dissodava questi un podere, allorchè alcuni soldati venturieri che di là passavano a caso, ammirandone la corporatura ed il piglio guerresco, lo chiesero se voleva farsi soldato. Lancia di un colpo la zappa su la vicina quercia, e risponde: se sta appiccata ai rami, vi seguo; se no, continuo nel mestiere di contadino. Stette appiccata la zappa, ed il padre dello Sforza entrò nella milizia e preparò la fortuna del figlio. Uno de'suoi nipoti, duca di Milano, disse al nostro Paolo Giovio:

tanta pompa che mi circonda, tante schiere che i miei cenni obbediscono, tante città su le quali ho impero, in somma tanta fortuna, la deggio ai rami di una quercia, che trattennero dal cadere la zappa del mio avolo.

Morto il duca Francesco dopo sedici anni di felicissimo principato, ebbe a successore il figlio Galeazzo, che sposò la principessa Bona di Savoia, la cui sorella era maritata al re di Francia. Parentado sì cospicuo, e l'eccellenza del nome paterno contribuirono a confermargli il potere, ma ne usò pessimamente. Lussurioso, crudele a segno di ammazzare per trastullo i sudditi, disprezzator delle leggi, nemico di ogni ordine buono, si concitò contro l'odio di tre giovani nobilissimi, Gianandrea Lampugnano, Carlo Visconti e Girolamo Olgiato, che proponendosi di restituire la repubblica, lo pugnalarono. Il volgo, che non si era prima preparato a consentire alla congiura, gridò all'assassinio e perirono essi di misera morte.

Cico o Francesco Simonetta di nazione calabrese, personaggio delle cose di stato intelligentissimo, e che aveva sempre con molta fedeltà servito nella casa Sforza, fu quegli che seppe principalmente fermare gli umori ingrossati; mantenne tranquilla la città di Milano e trasmise la ducea al figlio primogenito dell'ucciso, per nome Giangaleazzo, che era appena nell'ottavo anno dell'età sua, nominata a tutrice la madre.

Si crearono due consigli l'uno di stato, l'altro di giustizia; il nostro vescovo Branda da Castiglione fece parte del primo. Non dee recar maraviglia che il vescovo abbandonasse il gregge e corresse in cerca degli onori mondani, poichè erasi già messa la brutta usanza di lasciarne il governo ad altre persone e conservare il titolo per goderne le entrate. Un deputato ducale venne tra noi, perdonò il quarto dei dazj, abolì alcune taglie, che più rincrescevano al popolo, e fece sì che gli animi per la violenta morte del principe non vacillassero nella fede. Cico se ne stava vigilantissimo, e non poteva essere trascelto miglior guardiano; chè se gl'intrighi della corte non lo avessero perduto, avrebbe durato nella famiglia Sforza il principato, e l'Italia avrebbe schivate tante calamità, che la travagliarono dappoi.

Si era fatta alleanza co' Fiorentini, onde è che assaliti costoro dal pontefice Sisto quarto e da Ferdinando re di Napoli, si dovette mandare in loro soccorso un piccolo esercito. Tanto bastò per inimicarsi il pontefice, che per mezzo di Guido da Spoleti suo legato sollecitò la bellicosa nazione degli Svizzeri ad invadere lo stato di Milano; loro mandava in dono uno stendardo su cui era S. Pietro vestito degli abiti pontificali, quindi con una bolla li esortava a difendere il papa e santa Chiesa, che avrebbe a loro dischiuse le porte del paradiso. E perchè non si movevano, ripregò e promise il sacco del ducale tesoro custodito nel castello di Pavia. La confederazione, fedele ai trattati, rifiutò la proposta, solo acconsentendovi il cantone di Uri, che voleva pur confermarsi nel dominio della valle Leventina, ed aveva questione pel diritto di un bosco, guasto dai taglialegne lombardi. Il prudente Cico, che temeva di tirarsi addosso una guerra pericolosa, dimandò si finisse civilmente ogni lite e con lui fecero la richiesta i cantoni di Zurigo e di Berna. Si oppose il legato pontificio, e poichè nell'ultima pace avevano gli Svizzeri data fede giurata di non rompere mai guerra al ducato di Milano, gli assolvè dal giuramento. Il cantone di Uri raccolti diecimila soldati, parte suoi e parte della confederazione, uscì in campo verso la metà del novembre 1478. Superato il S. Gottardo discesero quelli a cinger di assedio Bellinzona, in cui si era gittato Marsiglio Torello con forte presidio. L'oppugnazione fu spinta con gagliardia e si prese il primo girone delle mura; ma fosse virtù nei difensori, come sembra, o fosse risoluzione dei capitani svizzeri, cui non patì l'animo dovesse andare a sacco una borgata, ove la loro nazione aveva i magazzini delle merci, fu d'improvviso allargato l'assedio. Calati dal monte Cenere vennero a romoreggiare nei dintorni di Lugano, se non che il verno mettendosi assai freddo, ed i nostri, avuti rinfrescamenti d'uomini e d'armi, facendosi più vivi alle difese, diedero volta e parte ne stette a guardare la Leventina, l'altra parte rivalicò le Alpi.

Cico per opporsi a questa alluvione di forestieri non aveva richiamato l'esercito, che militava in Toscana, ma descritte altre milizie, le aveva affidate a valenti capitani. Francesco Visconti e Giambatista dell'Anguillara soccorsero Bellinzona; Ambrogio da Longhignana si accinse a passare le montagne di S. Jorio sopra Dongo per isbucare alle spalle dei nemici; Federico marchese di Mantova camminò loro di fronte. Ma ritiratisi senza essere sforzati, disegnò il conte Torello, avutone anco espresso comandamento, di disfare quella testa di nemici in Leventina e ricuperare le strette di Giornico. Tolti seco quindicimila soldati combattè prosperamente e tenendosi già la vittoria in pugno, non curò gli ordini della militar disciplina in quei siti angusti, tanto opportuni alle sorprese ed agli stratagemmi. Enrico Troger, guardiano del passo di Giornico, conobbe la temerità dei nostri, e non pose tempo in mezzo a valersene. Fatto prima traboccare il Ticino ricoprì di un leggerissimo velo di acqua i piani di que' dintorni, quinci si ritirò verso il Gottardo; e gl'Italiani, come egli avvisava, gli furono ai fianchi dandogli la caccia. La notturna brezza aggelò quei laghetti artificiali, onde gli Svizzeri agguatati su le soprastanti balze rotolando immani macigni piombarono con furore sui nostri e li investirono alla fronte, ai lati, alle spalle. Guerniti di ramponi i piedi, trasvolavano sul ghiaccio con incredibile sicurezza, pronti alle offese ed alle difese sicuri. Confusi i ducali al nuovo accidente, sdrucciolanti, gli uni precipitanti su gli altri, impediti di distendere le ordinanze si ravvilupparono sempre più e divennero segno di orribile macello. Un migliaio e cinquecento perirono di ferro o nel Ticino annegati; un grosso numero fu fatto prigione. Il bottino di tutta la salmería rese più splendida la vittoria.

Contenti gli Svizzeri della preda e spaventati i ducali della sconfitta, si parlò di pace e scelto arbitro il re di Francia, si conchiuse. Il bosco, pretesto della guerra, fu aggiudicato al cantone di Uri e insieme una grossa somma di danaro; anche della valle Leventina rimase libero possessore, imposto però l'obbligo che ogni anno dovesse presentare la metropolitana di Milano di un cero di tre libbre.

Non satisfatto il pontefice di avere l'inimicizia degli Svizzeri procacciata al giovine duca, si unì al re di Napoli e con lui stimolò a ricombatterlo i fuorusciti milanesi, dei quali si fece capo Lodovico Sforza, più conosciuto col nome di Lodovico il *moro*, zio del duca, tenuto lontano per lo spirito suo inquieto e ambizioso. Onestò la ribellione con belle parole: diceva essere venuta l'ora di liberare la Lombardia, accontentare i popoli, togliere dalla schiavitù di Cico il nipote Giangaleazzo. Ebbe Tortona per tradimento, e di questo passo andando ricevette in un giorno solo le chiavi di quarantadue siti fortificati. Null'ostante un agguerrito e grosso esercito, del quale era capitano il duca di Ferrara, si moveva al riscatto e la repubblica veneta offriva il braccio de' suoi soldati, onde era quasi certa la ruina dei ribelli, se nella stessa ducal corte non fossero nate dissensioni per un donnesco intrigo. Cicò col séguito dei parenti e dei personaggi più segnalati per virtù stava da una parte; nell'altra prevaleva Antonio Tassino ferrarese, che aveva per amica la principessa Bona. Nemicissimo a Cico, di cui non sapeva emulare l'ingegno, osservava se mai vi fosse modo di levarlo di seggio. Strumento opportuno a' suoi disegni gli parve Lodovico; quindi segretamente maneggiandosi tanto fece, che fu ricevuto in grazia, e l'esercito che doveva combatterlo, si disciolse. Cico vedutosi comparire innanzi Lodovico, disse alla duchessa: tu togli il ducato al figlio, la vita a me. Non andò guari che Cico, posto in prigione e incolpato di non veri delitti, fu nell'ottobre del 1480 dato a morte. Cico era amato dai Comaschi. Nel 1472 capitata in Como la moglie, rampollo della famiglia Visconti, ebbe in dono la metà di una pezza di panno finissimo, del valsente di quattro lire al braccio. Venutoci egli tre anni dopo, mentre noi edificavamo la facciata del duomo, scolpimmo in bassorilievo l'effigie sua nel marmo con queste parole: Cichus

Simonetta, e gli offerimmo una pezza di panno e si spesero sedici lire per un dono in cera, zucchero e confetti: larghezze singolari di quella età! Nel 1466 i delegati della città presentarono in Milano al vescovo nostro Scarampi venti paia di polli ed una clamide per vestirsi nel suo ritorno a Como, ma egli finì di vivere in Milano, pieno di debiti, talchè i creditori alla nuova della morte spogliarono a furia il palazzo vescovile. Il pontefice Giulio secondo, mandata in Inghilterra una galeazza di vini, di prosciutti e di somigliante leccume, non solo giunse a guadagnare in suo favore i membri del parlamento, cui fece distribuire il dono, ma presso di loro, che ne furono contentissimi, acquistò anche lode di sommamente generoso.

Le parole di Cico alla duchessa ebbero presto il loro adempimento. Lodovico, presa la tutela del giovine duca, ridusse di mano in mano in suo potere le fortezze, l'esercito, l'erario e tutto lo stato. E perchè la riconoscenza dei popoli è via sicura per addormentarli e pervenire a' proprj fini, distese i limiti del ducato, fermò paci onorate e ributtò gli assalti dei nemici, specialmente dei Grigioni. Spinti da papa Innocenzo ottavo calarono per la valle S. Giacomo sopra Chiavenna, e impadronitisi della terra, la misero in preda, poi vi appiccarono il fuoco, consumando, eccetto il castello, ogni cosa. Dall'Engadina fecero pur impeto improvviso contro

Bormio ed altre terre valtellinesi, da per tutto lasciando segni di estrema ferocia. L'esercito ducale al quale era proposto un Renato Trivulzio, gli arrestò; ma era già tanto l'avvilimento delle milizie italiane, che invece di assalire dando o ricevendo sconfitta, si fece la pace, e per sovrappiù con tali condizioni, che dovevano essere stimolo a nuova invasione. Si convenne che i Grigioni per lo prezzo di quattordici mila lire cedessero il paese occupato; che si togliesse a Bormio e si desse a Chiavenna, e con ciò alla Rezia, il commercio di transito; e si lasciasse Poschiavo alla lega Caddea, una delle tre leghe grigie cui si era unito in alleanza. Lodovico rifece Chiavenna e la munì di difese; ristorò Bormio, Caiolo e Teglio, terre che gli stessi avevano manomesse; fortificò Tirano e innalzò qualche castello qua e là dove più si aveva a temere di nemiche scorrerie. Nell'istesso tempo ridusse il nipote Giangaleazzo, benchè maggiore già di venti anni e impalmato ad Isabella figlia di Alfonso duca di Calabria, a non avere che il nome di duca. Si lamentava la corte napoletana di questo giogo, ma non rimosse Lodovico dalle sue pratiche, anzi più sollecito lo rese a raccogliere i fili della trama.

L'imperatore non aveva ancora concessa l'investitura del ducato alla famiglia Sforza, e Lodovico se ne fece, come fosse devoluto all'impero, segretamente investire da Massimiliano Cesare, e quindi pretese che nessuno de' suoi era stato, tranne lui solo, legittimo duca. Nel diploma era asserito che Massimiliano aveva disprezzate le sue istanze in favore di Giangaleazzo. E per istringersi maggiormente con Massimiliano gli diede in isposa la nipote Bianca Maria con la ricca dote di quattrocentomila ducati in danaro e di quaranta mila in gioie. La novella sposa seguíta da pomposo corteggio passò per Como, incamminandosi alla volta di Germania, onde tra noi furono feste, corse di barche e adulazioni secondo il solito. Dato fine al festeggiare, l'astrologo Ambrogio Rosati descrisse cerchi, tirò linee, esaminò l'aspetto degli astri e poi segnò l'ora della partenza. Lo storico Tristano Calco, che uno era della comitiva, si piglia cura di avvertirci che con questo mezzo fu scelto l'istante veramente propizio, chè il sole già da quindici giorni coperto da nuvole rifulse di bellissima luce, appena la sposa salì nella nave, per cui fu universale al nuovo caso la maraviglia. Più di cento erano le navi ancorate nel porto, ma l'onore di traghettare l'augusta sposa ebbelo una nave dei Tornaschi, tutta verdeggiante di lauro e di preziosi arazzi addobbata. Il corteggio, innanzi di scendere sul lido a Colico, veleggiò attorno il castello di Olonio, ammirandone la posizione e la costruttura. In Valtellina si rinnovarono i festeggiamenti. A Sondrio i Beccaria ed i Castellini offersero vino vecchio di anni cinquanta ed aceto dolce, lodato per medicina e per condimento.

Il sagace Lodovico attinse presto l'animo di Massimiliano, atto a ruinare qualunque buona impresa, e, non confidando nei principi italiani, si rivolse in Francia al re Carlo ottavo e lo animò a fare l'impresa del regno di Napoli. Venne in sì pestifera risoluzione, che incrudelì gli antichi mali d'Italia, perchè il re di Napoli veniva armato contro di lui, deliberato a porre in trono il legittimo duca Giangaleazzo. Accettato il partito, dovette Napoli raccogliere l'esercito a propria difesa. L'Italia allora perseverava in felicissimo stato. « Perchè, dice il Guicciardini, ridotta tutta in somma pace e tranquillità, coltivata non meno nei luoghi più montuosi e più sterili, che nelle pianure e regioni sue più fertili, nè sottoposta ad altro imperio, che de' suoi medesimi, non solo era abbondantissima di abitatori, di mercatanzie e di ricchezze; ma illustrata sommamente dalla magnificenza di molti principi, dallo splendore di nobilissime e bellissime città, dalla sedia e maestà della religione; fioriva di uomini prestantissimi nell'amministrazione delle cose pubbliche, e d'ingegni molto nobili in tutte le dottrine ed in qualunque arte preclara ed industriosa; nè priva, secondo l'uso di quella età, di gloria militare; e ornatissima di tante doti, meritamente appresso tutte le nazioni nome e fama chiarissima riteneva ». Abbiamo voluto citare la descrizione del sommo storico, perchè dalle narrazioni seguenti ognuno conosca in quanta miseria da felicissimo stato fosse caduta Como e tutta la penisola per la smodata ambizione di Lodovico.

Discese in Italia il re di Francia con l'esercito, entrò in Pavia a'dì 15 d'ottobre 1494 per visitarvi il duca Giangaleazzo, che era infermo a morte; poscia riprese il viaggio di Napoli. Lodovico, morto il nipote e non finiti ancora i funerali, propose al consiglio generale di Milano l'esaltazione di Francesco figlio primogenito, e ancora bambino, del defunto.

Risposero i suoi fedeli, che trovandosi in Italia un esercito forestiero e che incerto essendo il destino di essa, egli e non altri volevasi a duca; egli solo capace di conservare lo stato in pericolo, non un fanciullo ancora lattante. Intuonato così, cantarono tutti allo stesso modo e Lodovico fu gridato duca. Mostrò allora l'investitura di Massimiliano, e disse che a questa ed al favore del popolo milanese doveva il ducato. Tacque di sua perfidia.

I Francesi, occupato con incredibile felicità il regno di Napoli, furono cagione che temessero i principi italiani per la propria sicurezza. Luigi duca d'Orleans, che dimorava in Asti, dote della Valentina Visconti da cui discendeva, buttava fuori parole durissime per Lodovico: essere questi un usurpatore, esserlo tutta la famiglia

Sforza; egli, non altri, legittimo successore dei Visconti. Lodovico impauritosi pensò di cacciare i Francesi dalla penisola con quella stessa facilità con cui li aveva chiamati, e fattosi novamente traditore ordì contro di essi una lega, alla quale si accostarono i Veneziani, potentissimi a quell'età, il papa, l'imperatore Massimiliano, Ferdinando d'Aragona e il duca di Ferrara; ma fu dura impresa; e qual frutto ne cogliesse Lodovico è a tutti noto. Veramente questa volta i Francesi ebbero paura, e si ritirarono oltremonti, ma non fecero che protrarre di pochi anni il tempo della vendetta.

Lodovico dovette spendere immense somme per ovviare i tanti casi della calata dei Francesi; riaggravò i sudditi, i quali conducendo felicissima vita e non avvezzi ai disastri della guerra, rimisero del loro amore e lui chiamarono un usurpatore; parola di pessimo suono. Teneva in ogni città stipendiati cinquanta grascini, i quali, senza neppure lasciarne scattare un soldo, riscuotevano le tasse; e chi non avesse pagato entro otto dì aveva quelle arpie in sua casa a vivere a discrezione.

Salito al trono di Francia il duca d'Orleans col nome di Luigi duodecimo prese fra gli altri titoli anche quello di duca di Milano, e senz'altro si accinse per far valere le sue ragioni. Gli era di gran momento l'amicizia dei Veneziani, e la conseguì, promettendo loro nella conquista del ducato, il dono della città di Cremona. Lodovico vide bene questo turbine; ma vile e dappoco nelle avversità, quanto era superbo nella ridente fortuna, si stette neghittoso aspettando che scoppiasse.

Si agitavano queste grandi guerre tra' sommi potentati, allorchè intervenne in Como memorabile caso di una guerra tra monache e frati. Le monache di S. Pietro in *brolio*, poi di S. Chiara fino dal 1492 impetrata licenza dal pontefice Alessandro sesto si erano sottratte alla giurisdizione dei padri conventuali di S. Francesco, e si reggevano col ministero dei padri minori riformati del convento di S. Croce. Increbbe ai primi la preferenza, e nacque discordia tra i due ordini fierissima. I conventuali dichiaravano surrettizio il breve apostolico; i riformati lo difendevano; del pari protestavano le monache essere pronte a morire, piuttosto che prestare ubbidienza ad altri, che al vicario provinciale di S. Croce. Dalle parole si corse ai fatti; ed i padri conventuali, avuto il favore del duca Sforza e dello stesso papa Alessandro che aveva mutata sentenza, si provarono nel 1499 a costringere con l'armi le monache all'antica divozione. È degno sia udito Francesco Muralto cronichista contemporaneo, che candidamente scrisse delle cose nostre dall'anno 1492 al 1520, e da cui abbiamo desunte molte altre pregevoli notizie. « I conventuali, dice egli, nel numero quasi di cento, vestiti di loriche, armati di archibugi e di frombole si ordinarono in battaglia, e seco portando delle travi marciarono verso le porte del monistero delle monache. Era uscito bando per parte del trombetta ducale, che niuno ardisse porgere soccorso alle monache, minacciata pena nella roba e nelle sostanze ai trasgressori. Esse trepidanti, inalberato il vessillo della santa croce, si postarono alla difesa e fecero piovere acqua calda ed una tempesta di sassi addosso agli assalitori; con tutto ciò spaventate dagli archibugi fuggirono nelle celle e quivi supplicarono Dio e S. Francesco, che le salvasse dalla furia dei frati. Questi intanto con travi e con scuri sforzarono le porte; nè osarono levare contro di esse le impudiche mani, perchè i Comaschi avevano disegnato, non curando il divieto ducale, ammazzarli se l'avessero fatto ». Le monache abbandonarono l'espugnato monistero, e ne stettero fuori per due anni, finchè data sentenza contro i conventuali, vi fecero ritorno. Queste non monache, ma Amazoni di S. Chiara, nel 1461 avevano valorosamente ributtati dalla chiesa i frati di S. Abondio, che vi volevano entrare secondo certo loro diritto a celebrarvi la Messa. Sì fatti accidenti ed in ispecie il primo, sembrano quasi incredibili al nostro secolo.

Mosse le armi francesi contro al duca di Milano, andarono impetuosamente in precipizio le cose di costui, che disperato di più difendersi affidò la custodia dei siti più difendevoli a persona di creduta fede e a' dì due di settembre 1499 prese la via di Como per quindi ricoverarsi in Germania presso l'imperadore Massimiliano, e attendervi l'occasione propizia di risorgere. Saputasi tra di noi tale deliberazione si mise a partito nel consiglio se tornava bene accoglierlo in città, oppure vietargli l'ingresso. Prevalse il partito più generoso, ed una mano di cittadini andò incontro all' esule illustre per onorarlo e corteggiarlo. Menava seco una buona scorta di soldati, ma i nostri avevano già appostate le guardie in molti siti, perchè in quel rimescolamento non nascesse tumulto. Ricevuto con grandissima letizia scelse sua stanza nel palazzo del vescovado e volendo ingraziarsi col popolo concedè per un decennio l'esenzione di ogni gravezza, poi invitò ad ascoltarlo pel mattino vegnente i decurioni; i quali all'alba del nuovo dì si presentarono a lui e tenne loro dietro foltissima turba di popolo. Vi accorsero pure i due egregi fratelli Benedetto e Paolo Giovio, dei quali il secondo aveva passato appena il terzo lustro. Il principe fattosi ad un balcone da cui prospettava tutti i circostanti parlò in questa sentenza: « Poichè sono pur ora caduto in questo infortunio, volli qui foste radunati per assicurarvi coll' istessa mia voce, che non per trascuranza od altra mia colpa m'intervennero questi mali, ma per l' ira d' insuperabile destino e per la perfidia de' miei amici. Non perdonai a travaglio di corpo e di mente per ovviarli, ma fu indarno; onde che abborrendo io dal pensiero, che la ostinazione mia abbia per avventura a fruttare la ruina di tutti i sudditi, deliberai cedere per un istante, finchè se ne vada il mal influsso. Milano, tranne il castello, non è rinforzata da sì buone mura, che valga a resistere lungamente al nemico; lasciaila, e di volo mi reco presso al re dei Romani per condurre milizie alla ricuperazione dello stato. E perchè la mia lontananza non vi noccia, vi esorto, come già i Milanesi esortai, a non aspettare l'impeto delle armi francesi, ma darvi prestamente al re, salva però la fede a me giurata. In Milano sono stati eletti de' magistrati, ai quali è confidata la somma delle cose: intendetevi con loro, chè antichi amici vostri sono i Milanesi. Accompagneranno li vostri ambasciadori al re, li istruiranno. Domandate pace, stipulate un accordo mentre siete in tempo. Vorreste forse aspettare il regio araldo? No, mai. Al mio ritorno, che sarà presto coll'aiuto di Dio, vi scongiuro a non giudicarmi nemico; concederete bensì, che siccome vostro natural principe entri in questa città, che sempre ho amata. Mi consolo di questa speranza, che non mi fallirà, essendo voi stati sempre a me fedelissimi, ed avendo voi ieri ed oggi solennemente dichiarato col fatto che tali durerete; di tanta benevolenza vi ringrazio. In contraccambio, mentre dimoro tra voi, chiedete quello che più vi aggrada ». Posto che ebbe fine al suo favellare, si trasse innanzi un Codeo della famiglia Sanbenedetto, uno de' principali cittadini, d'ingegno svegliato e pronto di lingua, ed in nome della patria così rispose: « Quanta sia l'afflizione nostra, illustrissimo principe, al sentire le tue disgrazie, si può più di leggieri immaginare, che esprimere con parole. Non è forse vero, che alla tua partenza cadiamo noi dalla luce nelle tenebre? Padre della patria, come fosse venuta la tua ora mortale, ti piangiamo. Dove ci abbandoni? Cui ci consegni, mentre ti togli alla nostra vista? Se non che per le tue parole qualche filo di speranza in noi germogliò. Deve appunto dalla tua longanimità nascere la vittoria. Non dubitiamo che agli avversi debbano seguitare prosperi casi. Che se tu quando che sia sarai di ritorno, non ci opporremo al corso di tua fortuna. Intanto i tuoi consigli veneriamo quasi di certo oracolo; e te ne rendiamo grazie immortali. Ma poichè ti piacque liberarci per un decennio da ogni gravezza, piacciati ancora raffermare il privilegio con lo scritto. Cari ci sono i doni tuoi. Aggiungi la consegna della rocca della città; questo giova assaissimo alla nostra sicurezza ». Ripigliò il principe, che prima di consegnare la rocca voleva visitarla ed avrebbe acconsentito se l'avesse trovata non difendevole co' proprj soldati. Interrogò poscia i decurioni, perchè domandassero la custodia della rocca: « Temete forse, diceva egli, di qualche sorpresa per parte dei Veneziani? Vana paura. Non sono matti a pigliarsi briga col re di Francia e contrastargli le conquiste. Ben vi persuado a non ricevere il giogo dai Veneziani; ricevetelo piuttosto dai Francesi, dai Tedeschi; i re sono mortali, quella repubblica è immortale. Fossi io falso profeta! Preveggo il dì, allorchè i Veneziani distenderanno il dominio su l'Insubria. Tengono già Cremona ». Esclamarono alcuni: « Te solo vogliamo a principe. Fermati, e non temiamo il nemico. Che se vuoi partirti consegna la rocca. Dipende da questa la libertà nostra o la schiavitù ». L'irresoluto Lodovico soprastette, non sapendo a qual partito appigliarsi; infine cedè alle istanze ed affidò la rocca ai cittadini. L'indole di Lodovico traspare da questi discorsi, che B. Giovio ci ha conservati. Rimette le pubbliche gravezze per un decennio, chiama fedelissimi i Comaschi, poscia contrastando alle prime liberalità, rifiuta quasi la consegna della rocca. Le vie di mezzo nuocono d'ordinario e di queste era vago Lodovico, e furono la sua ruina. Consigliò i nostri, che si dessero anzi ai Tedeschi e Francesi, che ai Veneziani, perchè avrà sperato occasione di poter dai Francesi riavere il proprio stato per la loro naturale leggerezza, e dai Tedeschi con danari e per la parentela; ma dei Veneziani, stati sempre avidi vicini, correva proverbio, che quanto una volta prendevano non lasciavano mai.

I decurioni spedita a Milano un' ambasceria si diedero spontaneamente al re di Francia. Nè Lodovico pensava a partire. Sorto il mattino del giorno quattro di settembre e spalancatesi le porte della città, che si erano sempre tenute chiuse, entrò un sacerdote della famiglia Trivulzio, il quale avvertì Lodovico, che immantinenti fuggisse, appropinquarsi le prime scolte de' Francesi. Salta precipitosamente in barca e dato dei remi in acqua si trasferisce a Bellagio, dove il marchese Stanga, che vi aveva edificato un elegante palazzo, l'ospitava. Ripigliato presto il viaggio ed uscito a Colico s'innoltrò per la Valtellina; pure i Menaggesi ed i Tornaschi di fazione francese appena seppero che si era spiccato dal lido di Como lo inseguirono, e predarono qualcuna delle sue navi. Il fuggiasco, gittato un buon presidio in Tirano, fu colto dalla notte mentre saliva il monte Braulio. Fredda era la stagione, e massime in quegli altissimi gioghi, e dovette addolorato e stanco rifuggirsi fino allo spuntare del dì sotto di una grotta, mentre il séguito errava assiderato nei circostanti siti. Calato nel Tirolo venne umanamente accolto da Massimiliano Cesare, e qui lo giunse l'ingratissima novella, che Bernardino da Corte pavese, custode del castello di Milano, lo aveva tradito ai nemici. Mortificato da grave cordoglio non proferì che queste parole: « non credo che da Giuda a questo tempo sia stato maggior traditore al mondo, che Bernardino da Corte ». Lodovico non si ricordava di sua perfidia verso il nipote Giangaleazzo.

Dopo la partita di Lodovico entrarono in Como i Francesi e si sparsero ad alloggiare nelle case dei cittadini; costumanza altamente detestata da B. Giovio; le sostanze, la vita e non di rado l'onore trovossi in loro balía. Si giurò fedeltà al novello principe; stabiliti alcuni capitoli, che non vennero osservati, si levarono le gabelle, poi si rimisero più gravi di prima; promesse grandi si fecero a tutti gli ordini di persone; pareva avesse per mezzo degli Oltramontani a rinascere l'età dell'oro. Il volgo cupidissimo di novità, volle sollazzarsi. Spezzati i chiavistelli degli archivj, ne trasse le carte dei processi criminali e ne fece un falò. Le terre di Bellinzona, Lugano e Tirano, opposta qualche resistenza cedettero alla fortuna dei vincitori. Governatore e luogotenente regio in Lombardia fu scelto Giangiacomo Trivulzio, trafuggitore milanese; tra i senatori venne annoverato il vescovo nostro Antonio Trivulzio, di cui il cronichista Muralto ci fa questo ritratto. « Antonio Trivulzio vescovo di Como e cardinale della romana chiesa ... comperò dal pontefice Alessandro il cardinalato per la somma di ducati ventimila ... Nulla fece di bene in tempo del suo vescovado, e per venti anni che lo tenne, si mostrò sempre in tutto un uomo furioso... Egli, contro ogni legge divina ed umana, fu causa di molti disgusti alla mia famiglia ed a me; ma li copra il silenzio, chè alla morte deve cessare ogni sdegno ». Ci avvisa pure lo stesso Muralto, che il pontefice Giulio secondo si tenne caro il Trivulzio e spesso lo accolse a mensa, perchè questi non ricevette prezzo, quando gli diede il voto nel conclave, che lo fece papa.

La vittoria inebbriò i Francesi. Taglieggiati erano i vinti, ed ai loro lamenti si rispondeva con gl'insulti; Giangiacomo Trivulzio insolentiva, sfogava sue nimicizie private, perseguitava i Ghibellini a quei tempi potentissimi, i Guelfi esaltava. Si ricordarono i popoli di Lodovico, e benchè fosse già pronto per sè stesso, lo sollecitarono essi pure a riguadagnare il perduto seggio, disposti a difenderlo sino agli estremi. Aveva egli già conosciuto che era vano sperare nel re dei Romani, cui anche prima che fossero andate in ruina le cose sue non aveva potuto movere con la promessa di dargli in compenso per l'aiuto che gli avrebbe prestato non solo Bormio e Tirano, ma la Valtellina tutta e la città di Como; quindi si risolvette di fare l'impresa con le sole forze proprie; assoldò ottomila Svizzeri e cinquecento uomini d'arme borgognoni e venne all'assalto dei Francesi non ancora spirato il quinto mese del suo esiglio. Un tal Bandino di Pavia lo precedè, e sorprese Chiavenna;

Annibale Balbiano conte di questa terra entrò nella torre di Olonio, e per levare comodità al nemico raccolse tutte alla riva del lago di Mezzola le barche dei dintorni. Bellinzona, impaziente del giogo francese, scacciò la guarnigione, gridato il suo nome.

Queste cose presentendo il Trivulzio ingrossò il presidio di Como ed armate quattro navi le fece veleggiare fino a Musso; ma la sollecitudine del cardinale Ascanio Sforza fratello di Lodovico gli ruppe ogni disegno, poichè senza aspettare tutte le genti, che di mano in mano discendevano dalle Alpi costrinse con un'armatetta di Tedeschi alla fuga il presidio di Musso e diede la terra in preda alla rapacità de'soldati. Occupati poscia Bellagio, Nesso, Torno ed altri siti del litorale, si accostò ad armeggiare fin sotto le mura della città. Si sussurrava tra i Comaschi, che Milano aveva discacciato dalle sue mura il Trivulzio, che i Francesi erano manomessi dall'infuriata plebe e che già pensavano ritirarsi al di là delle Alpi; rumori in parte veri, in parte ingranditi dalla fama. Del resto il capitano Luigi de Ligny, veduta la cattiva disposizione dei cittadini, rimise in loro potere il castello della torre ritonda, e nel giorno due febbraio 1500 se ne andò a raggiungere i compagni suoi. Subito si ricevette il cardinale Ascanio. Il volgo, che si piglia parte alle vicende non si ferma mai alle vie di mezzo; ruppe le porte delle carceri, saccheggiò le case dei grascini, abbattè le conserve dei gabellieri; veramente si sarà ricordato che principiava quel decennio, in cui per concessione di Lodovico erano condonate le pubbliche gravezze. Nel seguente giorno comparve l'esule duca ed il suo esercito mercenario. Gli evviva salirono alle stelle: riposatosi una notte partì alla volta di Milano, dove lo aveva preceduto il cardinale Ascanio.

La fortuna gli arrideva in ogni parte, e i Francesi ritirati oltre al Ticino con l'esercito indebolito, più che ad offendere, pensavano a difendersi; confortavanlo gli amici a dar dentro: essere favorevole l'occasione, distruggersi in un solo colpo il nemico, la vittoria essere certa. Pure Lodovico guidato dalla sua naturale timidezza se ne stette lungamente inoperoso, onde i Francesi si rinforzarono e sotto le mura di Novara gli distesero in faccia le loro formidabili ordinanze. Gli Svizzeri, che ai soldi di Lodovico militavano e i quali costituivano il principal nerbo dell'esercito, negano d'improvviso di combattere contro i loro compaesani, che erano tra le schiere del re, e già mettono in assetto le cose loro per dipartirsi d'Italia. Il tradito Lodovico pregò, supplicò, pianse; ora volgendosi ai capi, ora ai soldati, perchè in tanta necessità non lo lasciassero a discrezione del nemico. Fu un cantare ai sordi. Appena gli è concesso si vesta da fantaccino svizzero e si commetta alla sorte di non essere conosciuto dai Francesi, indrappellandosi con loro nella partita. Indicato da un Turman del Cantone d' Uri, fu fatto prigione dai Francesi, che per questo infame tradimento ricuperarono il ducato con quella facilità con cui lo avevano perduto. Menato in Francia l' infelice Lodovico finì la vita nella torre di Locces: « principe certamente eccellentissimo, dice il Guicciardini, per eloquenza, per ingegno e per molti ornamenti dell'animo e della natura, e degno di ottenere nome di mansueto e di clemente, se non avesse imbrattata questa laude l' infamia per la morte del nipote; ma d'altra parte d'ingegno vano e pieno di pensieri inquieti e ambiziosi, e disprezzatore delle sue promesse e della sua fede, e tanto presumendo del sapere di se medesimo, che ricevendo somma molestia, che e' fosse celebrata la prudenza e il consiglio degli altri, si persuadesse di potere con l' industria e arti sue volgere dovunque gli paresse i concetti di ciascuno ». Si può affermare, che in Lodovico il moro terminò la signoria della casa Sforza e l' independenza di Lombardia; i suoi due figli Massimiliano e Francesco, che tennero il ducato fino al 1535, epoca in cui fu occupato dagli Spagnuoli, non furono principi sovrani, ma servi.

I Francesi ricomparvero in Como passati appena due mesi da che ne erano partiti e non usarono aspramente della vittoria, contenti di tassare in danaro i più fervidi partigiani dello Sforza. I decurioni avevano pensato molto sottilmente, finchè si fosse decisa la gran lite, di tenere, come fecero, presso a Luigi de Ligny in qualità di legato il cronichista Muralto. Questi vide seduto su di una mula, e lacrimante avviarsi alla volta di Francia il principe tradito, cui non potè parlare se non avutane licenza. In Lugano furono uccisioni tra Guelfi e Ghibellini, essendo in quella terra, più che altrove, pertinaci le fazioni.

In Como cominciarono le mode nel vestirsi. Chi indossava abiti alla francese, chi alla svizzera; e la smania d'imitare i forestieri giunse a segno di portar abiti non solo fatti a liste di diversi colori, ma ancora di diverse sorta di drappi. Le donne amavano vesti larghissime, e perchè stessero distese attorno la persona, avevano guardinfanti, forse di sottile acciaio, cuciti alla sottana, tal che apparivano così tondeggianti, dice il Muralto, che le avresti assomigliate ad una botte di otto brente. Entro una borsa a colori stringevano i capelli, non lasciandone uscire che la cima, coltivata a ricci; un nastro di oro o di seta, tutto messo a fiori ed a piume si legavano pure intorno al capo, e facevano pompa di mostrar nudo il petto. Gli abiti di velluto, o intessuti a fili d'oro erano massimamente di moda. Non è a dubitarsi dell'opulenza di una città e della gentilezza dei costumi ne' suoi abitanti, quando vi fiorisce un lusso tanto squisito; e ben si vede che sanate già le antiche ferite fino dai tempi del duca Filippo Maria Visconti risorgevamo noi a felicissimo stato. Chi esercitavasi nella mercatura non avevasi a vile, come poi c'insegnarono a fare gli Spagnuoli anch'essi tralignati, chè invece era onorato, e comunemente si davano al mercante i titoli di nobile, di egregio o di magnifico. Compagnie dei nostri ebbero commercio nella Germania e nel Belgio, nelle quali regioni spedivano i pannilani, forniti in gràn parte dalle fabbriche ricchissime di Torno; la Provenza ci somministrava le lane. Nel 1465 pochi mercanti e qualche comune racconciarono a proprie spese la strada che da Dongo pel S. Jorio mette a Bellinzona, imposto un pedaggio a chi vi fosse passato con merci; e nello stesso anno, trovate a Dongo le miniere di ferro, vi si costrussero forni per lavorarlo. Ci è testimonio il Muralto, che un Luigi Muggiasca, mercante di drappi, lasciò morendo nel 1510 una somma di settanta mila ducati; la qual somma è per quei tempi grandissima. Lodovico il moro insegnò primo, come tra di noi allignassero le piante di gelso, e già nel 1507 se ne vedevano bellissime boscaglie; e un Pietro Boldoni di Bellano fabbricò parimenti tra noi il primo filatoio per lavorarvi la seta, e ci dice il Muralto « che molti forestieri pratici in quest'arte qui a sue spese condusse, e che aveva del pari istrutte molte fra le donne nostre ». Per la qual cosa essendo commercio e industria tra gli abitanti, non si pativa di danaro, e fino i cerretani, quantunque si giovassero dell'ignoranza che ancora rimaneva in quella età, potettero co' loro artifizj procacciarsi molte ricchezze. Valga un esempio, che riferiamo con le parole del citato cronichista. « Finalmente per la grazia di Dio quella donna (non n'è scritto il nome) partorì un figlio, massime anche pei medicamenti usati da Francesco Paterio comasco, che li prescriveva da beversi alle donne sterili, le quali per ciò il più delle volte davano alla luce un figlio maschio; ed a quel tempo (1500 - 1509) i di lui medicamenti erano in tanta voga, che è incredibile a dirsi, onde guadagnò grossi stipendj. Lo stesso Paterio col suo danaro eresse dai fondamenti in città un ampio palazzo e spese più di due mila ducati ».

I Bellinzonesi, memori della passata ribellione e forse del perdono non confidando, si diedero nell'aprile del sopra detto anno 1500 liberamente ai tre cantoni di Uri, Svitto e Undervaldo. Non sapevano costoro risolvere, se conveniva accettare il partito e inimicarsi la Francia, o rifiutarlo e tenersi amico quel reame; alla fine uno dei principali di Altorf per nome Andrea Gaman Barlarighem, posposti tutti i rispetti accettò e mise presidio in Bellinzona, scelto tra quegli stessi soldati dei tre Cantoni, che erano agli stipendj del re, cui tradivano. Fatto il primo passo non si vergognarono gli Svizzeri di chiedere, tutti poi d'accordo, il re Luigi, che abbandonasse loro il dominio di Bellinzona. Avuta una ripulsa, colsero il pretesto di soccorrere i Ghibellini luganesi e discesero a mettere a ferro e a fuoco i dintorni di Lugano, e poscia distendendosi verso le montagne di Dongo predarono gli armenti, saccheggiarono Porlezza, diedero alle fiamme Carlazzo e disertarono la valle Cavargna; rammassato così un copioso bottino si ricondussero ai loro nascondigli. Il re Luigi per rappresaglia proibì che dalla Lombardia si trasportassero vettovaglie nel territorio di Bellinzona e con barbara legge concesse l'impunità a qualsifosse persona avesse ucciso un Bellinzonese trovato nei confini regj. Era furia francese, che veniva alle prese con furia svizzera: toccava agl' Italiani pagarne lo scotto. Stimolati gli Svizzeri alla vendetta ripassarono il S. Gottardo, forti di circa diciotto mila combattenti e penetrati nella valle Maggia discacciarono i Francesi; quindi vinta la terra di Locarno si misero ad oppugnarne il castello. Alla riscossa saliva un esercito dalle parti di Varese, e forse si sarebbero in un punto vendicate tante ingiurie, ma temendosi i dubbj casi della guerra ed il re avendo bisogno dei soldati in altre imprese, si venne agli accordi. Avevano già a parlarne cominciato il vescovo di Rennes e l'arcivescovo di Sens, che iti alla dieta di Lucerna ed esposte le ragioni del re sopra

Bellinzona, ciò è a dire che Wenceslao imperatore l'aveva unita al ducato fino dai tempi di Giangaleazzo Visconti, che nel 1426 avendo i tre Cantoni messa in campo qualche pretensione si era redenta Bellinzona al prezzo di un dieci mila fiorini, che un maggiore riscatto si aveva dovuto pagare nel 1480, e che per ultimo essendo ribelli i Bellinzonesi, non si doveva profittarne per istendere su di loro il dominio; avevano avuto in risposta dai tre Cantoni che per opera loro aveva il re occupato il milanese e che volevano in ricompensa Bellinzona, e la difenderebbero col soccorso di Dio e delle loro alabarde. Quindi ben con altri principj ripigliate poco dopo le proposizioni di pace, chè con danno si fa sempre la guerra con chi ha nulla da perdere, si conchiuse quella agli undici aprile 1503 nel borgo di Arona sul lago maggiore tra Luigi re di Francia e i tre Cantoni, e fu poi ratificata a' dì ventiquattro del susseguente maggio. Il re in favore dei tre Cantoni si svestì del dominio di Bellinzona e dei due villaggi d'Isone e di Medeglia posti al di là del monte Cenere, e rinnovò gli antichi trattati di commercio già consentiti co' duchi di Milano. Con Bellinzona rimasero del pari ai tre Cantoni le due valli di Blegno e di Rivera. Alla sanzione della pace si adoperarono assai il vescovo di Sion ed il nostro governatore Antonio de Baissey, balio di Digione, uomo di buona natura, chè nel 1501 sollecitato dai Guelfi comaschi partigiani di Francia a punire i Ghibellini amici della famiglia Sforza, egli congregatili tutti nella piazza del duomo vietò si facesse ingiuria a persona di qualunque fazione si dicesse, dichiarando che non avrebbe castigato che il delitto di fellonia.

Vivevano alla corte di Massimiliano Cesare i figliuoletti dell'infelice duca Lodovico, ed ogni cosa presagiva che cresciuti di età avrebbero tentato riguadagnare il principato dei loro maggiori; onde il re comandò si fortificassero con grandissima celerità i siti più importanti, tra i quali, anche dopo l'uso delle artiglierie, fu creduta la città di Como. Nell'anno 1507 un tal Gruerio, che era nostro governatore, gittò le fondamenta di un baluardo nel luogo, dove adesso è la piazza di porta Torre e distrusse un bellissimo cimiterio pieno di sepolture di marmo, ornate d'oro con iscrizioni; del che i cittadini ricevettero noia inestimabile. Si atterrarono case di borghigiani per riallargarsi, si abbatterono selve e si sforzarono uomini della città e del contado a lavorare col badile e con la zappa; nè questi uomini solo, tanta era la furia francese! ma i ministri stessi, i cortigiani, i nobili, non distinti dagli altri, che pei loro abiti di seta ricamati d'oro. Narra il Muralto che nel cavare le fondamenta si scoprì alla profondità di sette braccia un'ampia strada con un acquedotto. Nè alle case, nè alle robe tolte, nè alle fatiche era compenso per parte dei Francesi. Stanchi di più soffrire mandammo un'ambasceria al re per lamentarci di tante vessazioni; un Luigi Corticella mercante, che volle usare di libera loquela, corse grave rischio; pure fu ordinato che si pagassero i danni recati. Del resto ci fu ancora nemica la fortuna, perchè il Gruerio, dottor sottile, trovò il pretesto per levare a proprio vantaggio la quarta parte del danaro, che a noi si doveva. Benedetto Giovio, che sdegnando vide co' suoi proprj occhi le calamità della patria, ci avvisa che il baluardo non giovò poscia ai Francesi subito discacciati d'Italia, non al Gruerio fatto prigione presso di Como. E deve essere nell'indole di quella nazione consumarsi nel munir di fortezze i siti conquistati e trasandare le provvisioni proprie di un buon governo, che voglia assicurarsi la conquista. Nel passato secolo così fece rispetto al Canadà, ed il Canadà pieno di fortini e di bastioni venne facilmente occupato dagl'Inglesi, i quali più scaltri s'ingegnarono con savie leggi, con privilegi, con libertà del viver civile e con l'efficace protezione di consolidare la loro potenza.

Soldati francesi stanziati in Como e sparsi anche pel contado attendevano di continuo a intrighi amorosi, a far ingiuria alle donne, e ne era macchiato l'onore e turbata la pace delle famiglie. Seguivano anche rubamenti, uccisioni e ingiustizie non poche. Quei di Sacco in Valtellina tolti dalle mani di lascivi soldati due innocenti fanciulli, e uccisi i rapitori, piansero la loro terra e qualche altra castigate a ferro e fuoco. Una banda di Guasconi devastò in tal modo la pieve di Balerna, che peggio non potevano farle micidiali nemici in tempo di guerra. Un Marconato francese imperversava nella valle di Lugano, e un Malerba metteva sossopra tutto il paese che è tra Ponte e Tirano. I Comaschi intanto invitavano a splendidi banchetti il Gruerio; e l'oppressore della loro città, tanto era temerario, che vi andava. Quattro Francesi, grida il Muralto, divorano quanto ci vorrebbe per quindici Italiani.

In questa ruina della patria, quasi si volesse dimenticarne i mali ingolfandosi nei piaceri, si formarono campagnie di venti, di trenta persone che gittavano il tempo in pranzi segnatamente; nei quali, abbandonata la dolcezza dell'accento italiano, ivano rallegrandosi con tedesche cantilene; un Girolamo Menafussa ed un Angelo Rasina, prete tornasco, erano i capi. Ridotti noi in estrema miseria dopo il corso di pochi anni, succedettero a tali compagnie, le altre degli assassini che per molto tempo la fecero da padroni. Veramente quanto fossero tuttavia affabili i costumi dei cittadini ci è testimonio Benedetto Giovio nell'elogio che scrisse del vescovo Trivulzio Scaramuzza, ed è degno sia riferito per disteso con le sue parole. « Fu, scrive egli, lo

Scaramuzza di alta ma gracile statura, scarno di faccia, officioso d'indole, talchè era a tutti facile ad accostare. Nel tempo che stette in Como non si negò ad alcuno, che si fosse presentato alla sua porta. Voleva che i supplicanti sedessero, e con benignità e pazienza li ascoltava. Non mai solo mangiò, ma sempre tenne seco gli ottimi sì dell'ecclesiastico che dell'ordine laico tra i Comaschi. La mensa era imbandita lautamente e copiosamente all'usanza francese. Nei giorni di digiuno si dimostrava scrupoloso osservatore del precetto; del resto comandava che fosse ammannita la cena, se per avventura qualcuno de' suoi non sapeva vincere la fame. Alla mensa concedeva a chicchessia il discorrere, e se era proposta questione di studj, egli si teneva satisfatissimo e diceva suo parere, fosse tolto dalla teologia o dalla storia tanto sacra che profana, o dalle leggi, nelle quali per tempo aveva ricevuta la laurea, o dalle matematiche, o dalla cognizione di varj idiomi. Imperocchè frequentavano il suo palazzo molti forestieri fra i quali Giovanni Lascari di nazione greco, perito nelle due lingue, e il Musicola milanese, dottissimo nelle arti liberali e massime nella musica, da cui gli venne il cognome; fra i Comaschi il domenicano Matteo dell'Olmo vescovo di Laodicea, lettore di teologia, che nei sermoni sacri e nelle controversie aveva palesato non ordinario ingegno anco alla presenza di Lodovico Sforza duca di Milano, e che era eminente per la dignità del volto, pel portamento della persona e per l'assennatezza nel parlare e concionare. Vi andava pure Gianandrea Lambertenghi, dottore in ambedue le leggi, che in queste se con lo scritto e a viva voce (come dicono) giovò a' clienti, a tutti senza eccezione soprastava. Vi conveniva assiduamente Evangelista Gaggi, che tanto nelle antiche storie, massime di Livio, Svetonio e Plutarco, quanto nelle moderne era versato, e le sapeva a luogo e tempo usare. Invitava anche altri, specialmente del ceto dei sacerdoti, ai quali molto credeva. Le quali cose narro come testimonio di vista, essendochè io spesso mi vi recava e con gli altri mi sedeva a mensa ». Di tanta concordia che signoreggiava tra' principali cittadini, mentre più infuriava il Gruerio, eravam debitori all'esempio dell'ottimo prelato, la cui fama, mercè la memoria lasciata da Benedetto Giovio, sarà per avere lunghissima vita.

La preponderanza, che acquistavano i Francesi massime dopo la vittoria di Vailate conseguita con danno infinito dei Veneziani, increbbe per la ruina, che pur ne seguiva delle cose italiane, al pontefice Giulio secondo, uomo di costanza ammirabile e di concetti smisurati. Egli inimicatosi loro, fece disegno di scacciarli col braccio degli Svizzeri, avuti in quel tempo in conto di guerrieri invincibili, onde per mezzo del famoso Matteo Scheiner, chiamato poscia il cardinale Sedunense, li venne sollecitando ad entrare seco in alleanza. Lo Scheiner conosceva l'Italia, e si narra che da fanciullo frequentasse le scuole di Como, avendo a maestro nelle lingue latina e italiana un Teodoro Lucino, assai dotta persona. Nei consigli e nelle chiese orò con somma efficacia e disse a' suoi compaesani che se possedevano già la valle Leventina e Bellinzona, poteva darsi che conseguissero pure il dominio di Lugano e della Valtellina, cui già aspiravano. In vero queste parole erano per sè abbastanza forti per superare qualunque asprezza, ma erano anche aiutate dalla poca prudenza del re di Francia, il quale sdegnando che superbamente trattassero con lui gli Svizzeri per gli stipendj annui pagati loro, li disprezzava dicendo queste parole: non volere gli fosse più posta imperiosamente la taglia da villani nati tra le montagne. Per lo che con più facilità consentirono alle domande del pontefice, il quale per averli più devoti, oltre alle somme lodi tributate loro, li regalava delle bandiere della chiesa, e con molto fasto li intitolava ausiliatori e difensori della ecclesiastica libertà.

Sollevati in questo modo gli animi degli Svizzeri, risolvettero con mirabile consentimento di assaltare il ducato di Milano. Ciamonte capitano dei Francesi, inteso questo movimento, munì di difese i passi verso Bellinzona, raccolse le vettovaglie nei siti sicuri e rimosse le barche dalle rive di Locarno e del laghetto di Mezzola. Ma quelli senza nemmeno provvedersi di artiglierie e di altri militari attrezzi marciarono a' dì sei di settembre 1510 per la strada di Bellinzona al ponte della Tresa, dove respinti seicento fanti, s'innoltrarono fino a Varese, e benchè forti, secondo il Muralto, di quattordici mila combattenti, si fermarono dando voce di aspettare il vescovo di Sion con altri aiuti.

Ciamonte, mandato Giangiacomo Trivulzi a guardare la Brianza e Galeazzo Visconti a custodire la città di Como, si accampò a Castiglione presso di Varese; sua intenzione era schivare la battaglia ed in cambio costeggiando di continuo il nemico infestarlo di modo, che fosse costretto alla ritratta. Ingrossati gli Svizzeri da qualche battaglione, congiuntosi loro di fresco, si avanzarono verso Castiglione, poi di botto rivolte le insegne a mano sinistra, sconfissero al ponte di Vedano il capitano Molardo, che coi fanti guasconi vi si era attestato e si drizzarono ad Appiano, dove stettero la notte. Ciamonte, che era sempre venuto molestando il loro fitto squadrone, alloggiò a Saronno, e il suo pensiero di vincere senza quasi trarre la spada dal fodero, incominciava a compirsi, poichè gli Svizzeri pativano molto di vettovaglie e non avevano strumenti per tentare assedj o il passo dei fiumi. Sorse il mattino e s'incamminarono alla volta di Canturio, ma giunti a Montano si rivoltarono e discesero verso la città di Como, fosse per risoluzione fattasi improvvisamente, perchè ridotti in estremità di pane e di danaro, o per le molestie recate loro da Ciamonte. Una parte passò la notte nel sobborgo di Vico, l'altra continuò suo viaggio per Gironico e Cavallasca. Una banda di soldati francesi sortiti da porta Sala a spiarne i movimenti, fu, mentre retrocedeva, seguitata da molti nemici, che mutate le insegne si finsero compagni d'arme. Un uomo del volgo, di condizione barbiere, che era tra le sentinelle di porta Sala, ammazzato il primo che si affacciò, mise in fuga i restanti. Se questo coraggioso cittadino non si piantava alla difesa del ponte, essendo intimoriti tutti gli altri, sfogavano certamente loro rabbia gli Svizzeri contro la presa città, cui il meno male a patirsi sarebbe stato il saccheggio. Il governatore reale ebbe caro l'egregio fatto, e regalò per la salvata città il barbiere Petrololo, cui pose pure una bella iscrizione tra le militari Giambatista Giovio paragonandolo ad Orazio Coclite. Gli Svizzeri levato il campo e depredati barbaramente i villaggi lungo il cammino, se ne andarono alle loro montagne. D'altra parte i Francesi, usciti salvi dal presente pericolo, non si curarono di amicarsi quei terribili alpigiani. Sbuffava di rabbia il pontefice Giulio, accusava l'oro di Francia, minacciava di scomunica gli elvetici Cantoni, appellati da lui traditori della cattolica fede. Agli stimoli che loro venivano da tanta furia, si aggiungeva la cupidità del guadagno, quindi si apparecchiarono a riassaltare il ducato milanese, e sparsero voce che si movevano per vendicare particolari ingiurie fatte ai Cantoni di Berna, Svitto e Friburgo, chè ad uno o due de' loro corrieri era stato in Lugano mozzo il capo dai soldati francesi. Il re avvertito del nuovo pericolo, rimase fermo nel ricusare ogni concordia, che avrebbe potuta ottenere per minimo prezzo, vendendo la loro amicizia i mercenarj a chi offeriva più danaro. I Francesi lodarono la fermezza del re, che non s'avvilì a chiedere grazia a montanari insolenti, ma non fecero giusta stima delle cose. Pose il re sulla bilancia le pensioni negate agli Svizzeri, poi la vita e le sostanze di quanti nostri compaesani erano dal monte Cenere alle porte di Milano; il danaro vinse la prova. Se questa è magnanimità, allora si deggiono anche alle altre cose cangiare i nomi.

Entrato il novembre del 1511, scesero gli Svizzeri a Varese. Il loro numero è incerto, ma scrive Benedetto Giovio che arrivasse a diciotto mila. Strascinavano seco sette pezzi di artiglieria di campagna, erano forniti di grossi archibusi ed avevano buone conserve di vettovaglie. Sfidarono alla pugna il regio capitano, il famoso Gastone di Foix, che seguito da poca gente si era attendato a Saronno; ma riuscita inutile la bravata si dirizzarono a Gallarate, dove fu invece offerta loro la battaglia, che non vollero accettare perchè in luogo aperto, atto ai cavalli, laddove esercitavano essi, come poveri, la milizia a piedi. Poco stante ricevettero qualche aiuto, e sortirono baldanzosi in cerca dei Francesi, che si erano ricondotti nei sobborghi di Milano e vi si accostarono a due miglia. Non arrischiandosi all'assalto vennero sopra la terra di Desio, la distrussero col fuoco, e per la strada di Monza procedendo giunsero alle sponde dell'Adda. Intanto un capitano svizzero ritornato a Milano chiedeva un compenso in danaro, e l'esercito de'suoi avrebbe ripassato il monte Cenere; ma non si potè convenire su la somma. Essi allora contro la comune credenza salirono alla volta di Como e tornarono in patria. Nel viaggio abbruciarono e saccheggiarono, senza che un francese o un italiano resistesse, Barlassina, Lentate, Appiano, Arcisate, tutto il paese fino al ponte della Tresa, poi tutta la valle di Lugano. Un Marconato francese, che quivi era custode della rocca, partiti gli Svizzeri, si gittò sopra il paese d'Isone e per rappresaglia lo saccheggiò, e degli abitanti parte uccise, parte menò seco prigioni; di rincontro gli Svizzeri diedero alle fiamme i palagi del Trivulzio in Mesolcina. A questo modo col sangue italiano presumevano di fare le vendette loro gli Oltramontani. Maravigliosa è la ritirata degli Svizzeri, che si erano dato vanto di cacciare i Francesi d'Italia, ed in segno di felice augurio avevano inalberata per la prima volta la bandiera del crocefisso, che a Mansi sventolava nella pugna, che vinsero contro Carlo duca di Borgogna.

Il pontefice Giulio secondo non era uomo da rimanersi addietro nei casi di avversa fortuna, ma più era posto alla prova e più s'infiammava ne' suoi disegni. Non bastano gli Svizzeri a domare la Francia, egli se 'l conosce e stringe alleanza con gli Spagnuoli, che assaporate le delizie napoletane anelavano d'immischiarsi nelle cose di Lombardia; vi tira i Veneziani e Massimiliano Cesare; spinge del pari gl'Inglesi a combattere la Francia nelle parti di Calais. Scopo precipuo di tanto movimento è di restituire il ducato milanese ai figli di Lodovico il moro, esuli in Germania. Rotta la guerra ed assaliti i Francesi da tante parti si difesero con valore straordinario, pure nel mese di maggio 1512 discesi per la via di Trento venticinque mila Svizzeri, ardenti di sdegno contro il re di Francia pel vilipendio fatto di loro, vennero quelli sforzati dopo dodici anni, che ne avevano tenuto l'impero a sloggiare dalla Lombardia. Il cardinale Sedunense capitanava gli Svizzeri e s'intitolava legato del novello duca Massimiliano, primogenito di Lodovico. Le vinte città dovettero comporsi a danari, il che fruttò agli Svizzeri la somma di ducento mila zecchini. Fece Massimiliano il solenne ingresso in Milano, ed il cardinale in nome pubblico della sua nazione gli offerì le chiavi della città; i popoli infastiditi della signoria francese lo accolsero con vive espressioni di gioia, sperando rimedio a tanti mali: con tutto ciò cresciuto senza educazione in terra straniera, incapace di governo, tradì le loro speranze, non richiedendo che tempo per darsi ai piaceri e danaro per soddisfarli. Gli Svizzeri taglieggiavano i sudditi, ed egli intanto dilettavasi delle bellezze di una mugnaia, per vagheggiar la quale si recava fino a Pavia.

I Comaschi nell'atto che andavano in manifesta perdizione le cose dei Francesi, costretto il Gruerio a consegnar loro la città ed il castello impetrarono per lui e pei suoi soldati salvocondotto dal cardinale Sedunense. Una banda di Svizzeri si offerse a scortarli in luogo sicuro, ma nel cammino, conculcata la santità delle promesse, li svaligiò sino alle vesti, e volle per riscatto delle persone diecimila scudi d'oro. Massimiliano ringraziò i Comaschi, che avevano presto chiamato il suo nome, e passato poco tempo perdonò in perpetuo le gabelle sul vino e le taglie straordinarie. In questa occasione si creò un consorzio di droghieri e speziali, governati con particolari statuti da un capo, al quale si diede il titolo di abate: cosa di non picciol momento per ovviare alla frode nell'esercitazione di questi mestieri, da cui spesso dipende la vita dell'uomo. B. Giovio descrive come felicissima per noi l'epoca in cui sedette Massimiliano. Tanto era stato il tedio della dominazione straniera!

Il re di Francia si pentì tardi di avere spregiati gli Svizzeri, e finalmente si condusse a pregarli che entrassero in alleanza con esso. A tal effetto mandò alla dieta di Lucerna monsignore della Tramoglia, e fece promettere che loro darebbe libere le fortezze di Lugano e di Locarno. Ricusarono sdegnosamente la proposta e strettisi più e più col duca di Milano, decretarono che il re non potesse soldar fanti della loro nazione nè per le guerre d'Italia, nè per quelle di fuora.

Il motivo della proposta del re era stato, che i tre Cantoni di Uri, Svitto e Undervaldo si erano, fino dal luglio 1512, impadroniti delle giurisdizioni di Locarno, Valmaggia, Lugano, Mendrisio, Balerna, Luino e della valle Travaglia con quella di Marchirolo, eccetto i siti fortificati. Del resto volendo ad ogni modo il re gratuirsi quegli alpigiani, comandò, nullostante la ripulsa, che i castelli di Lugano e di Locarno, nei quali si manteneva ancora presidio francese, si consegnassero loro; il che fu effettuato sul principiare del nuovo anno; e se non pervenne a disarmare affatto lo sdegno della moltitudine svizzera, pure inchinò gli animi di molti, segnatamente dei capi, alla concordia. Si riprovò alla conquista del ducato e venne nei campi di Novara prostrato. Gli Svizzeri vittoriosi, nel ritorno che fecero alle loro case, occuparono per soprappiù la Valcuvia.

I Grigioni approfittando del pari in queste guerre per distendersi nella Valtellina e nei contadi di Bormio e di Chiavenna erano già nel giugno dello stesso anno 1512 da tre bande usciti coi loro soldati all'assalto. Bormio li ricevette volontieri, operando in ciò le esortazioni di Simone degli Alberti e Paolo Fiorini, principali fra gli uomini di quella terra; i quali ottennero che gli antichi privilegi e statuti fossero raffermi, non concesso agli Oltramontani che l'alto dominio. Espugnate con facilità le rocche di Tirano, di Pietramala e di Olonio le gittarono al suolo; solamente il castello di Chiavenna cadde in loro potere dopo sei mesi di assedio. Notano i cronichisti che da Traona ad Ardennò la preda in vino giunse a mille cinquecento brente. Le larghe promesse fatte prima dell'invasione si trasandarono, tutto volse a un duro governo, si riempirono le prigioni e si stabilì la pena di 250 scudi contro chi avesse detto male del vescovo di Coira o delle eccelse tre Leghe. Ai mali della guerra si aggiunse la pestilenza, che soltanto in Bormio uccise 450 persone, e vi avrebbe fatta maggiore strage se i deputati del popolo Filippo Fiorini e Baldassare Bruni, non fossero corsi al riparo separando dai sani gl'infetti.

Se di questo passo procedevano i Grigioni,

non essendo ancora sicure le cose loro, correvano manifesto pericolo di perder la Valtellina con la stessa celerità con cui l'avevano acquistata; quindi rimesso il solito rigore ascoltarono le lagnanze dei popoli oppressi, e introdotti i legati valtellinesi alla dieta tenuta in Iante nel tredici aprile 1513 conchiusero seco loro una specie di confederazione ai seguenti patti: che gli uomini della Valtellina e del comune di Teglio obbedissero alle tre Leghe ed al vescovo di Coira, cui pagherebbero ogni anno mille fiorini di Reno in danaro; che si avessero in conto di confederati, e come tali sedessero alla dieta per consultare su i bisogni della patria; che conservassero i loro privilegi e le loro consuetudini antiche; e infine che si facesse opera presso Cesare e presso il duca di Milano, onde loro fosse concessa la medesima esenzione delle taglie, di cui godevano gli uomini delle tre Leghe. Questo trattato assicurò il possesso della Valtellina ai Grigioni, i quali per onestarne l'usurpazione, vantarono che appartenesse loro co' Contadi per la cessione, che nel 1404 Mastino Visconti fece di questi paesi ad Artmanno vescovo di Coira, secondo abbiamo a suo luogo notato. Si narra che alla dieta di Baden, raccolta subito dopo la conquista del milanese e prima che il duca Massimiliano facesse il solenne ingresso in Milano, i suoi ambasciatori acconsentissero in suo nome ai Cantoni lo stipendio annuo di quaranta mila zecchini, riconfermassero la contea di Bellinzona ai tre Cantoni di Uri, Svitto ed Undervaldo, cedessero in perpetuo a tutti i dodici Cantoni Lugano, Locarno e Valmaggia con le terre soggette, e donassero alla lega dei Grigioni la Valtellina e i contadi di Bormio e di Chiavenna. Gli storici, tranne gli svizzeri, negano esser vero questo trattato. Il pubblicarlo corredato di autentiche prove sarebbe stato lo stesso che sciogliere la questione.

Mentre il re di Francia si apparecchiava a nuova guerra fu colto da morte nel gennaio del 1515 e gli succedette Francesco di Valois, uno dei discendenti della Valentina Visconti, che il titolo assunse di duca di Milano. Immantinente con un esercito di cinquanta mila combattenti disceso in Lombardia, sconfisse gli Svizzeri a Marignano e si trovò padrone del ducato. Il cardinale Sedunense tolse seco Francesco Sforza figlio secondogenito di Lodovico il moro e fuggì tenendo la strada della Valsassina; il duca si chiuse nel castello di Milano, e benchè la dieta svizzera gli promettesse pronto ed efficace soccorso chiese i patti al vincitore, e si ridusse a vivere in Francia con trenta mila scudi all'anno di pensione: «lodando ciascuno, dice il Guicciardini, più la fortuna di averlo presto deposto, che di avere prima esaltato un uomo, che per la incapacità sua e per avere pensieri stravaganti e costumi sordidissimi era indegno di ogni grandezza».

La città di Como fu pure conquassata in mezzo a queste guerre. Il governatore ducale ai primi rumori dell'occupazione francese, aveva, contro la volontà dei cittadini, accresciuto il presidio con soldati svizzeri chiamati da Mendrisio e da Lugano; i quali non toccando stipendj imprigionarono alcuni dei Comaschi, che dovettero riscattarsi a suono di danaro. Un Rodolfo Jonch tentò la città se voleva darsi agli Svizzeri o ai Grigioni, ma essendosi domandato tempo a rispondere, la cosa andò in fumo. I terrazzani di Torno, che parteggiavano per Francia, tornarono ai soliti bottini, ed entrati a bandiere spiegate nel borgo Vico, gridarono: viva Francia. Si fece loro comando perchè posassero, ma non volendo, corse una frotta di seimila Svizzeri al castigo, che finì col sacco dell'infelice lor terra. «O Dio! ci aiuta, grida il buon Muralto, e non più ci dà in bocca agli Oltramontani». La preda fu ricca massime in drappi di panno, che gli Svizzeri, misurandolo con le loro alabarde, se lo divisero tornati che furono alla riva di Como; rotti poi, come dicemmo, a Marignano, si gittarono i Tornaschi sui fuggitivi e in vendetta ne trucidarono quasi un migliaio.

Partiti gli Svizzeri e rimasta la città in propria balía, un audacissimo giovane Gianangelo Galli detto il *Barrino* intromise per porta Sala Fioramondo Castiglione, che con ducento miliziotti arrivava dal castello di Venegono. I cittadini ne erano malissimo contenti, ma il Castiglione pigliato possesso della città a nome di Francia, aprì l'ingresso ai Tornaschi, i quali abbruciati già alcuni abituri di ghibellini o ducali sul monte di Brunate, si buttarono ai saccheggi e sforzate anco le porte dei monisteri, tolsero quanto vi era, come in sicuro asilo, depositato. Gli oltraggi non finirono senza sangue, e chi era vago di male venne a far massa in Como. I decurioni ne diedero avviso al re, e fu staccato in aiuto nostro Giulio da Sanseverino con una schiera di cento cavalli, che ci protesse. Noi grati al beneficio lo chiamammo padre della patria, aggiunto il dono di ducento scudi. Forse per gli stimoli nostri si accinse pure all'impresa di togliere agli Svizzeri ed ai Grigioni il territorio comasco che avevano usurpato, ma non occupò che Mendrisio e Codelago; del resto soffrirono grave danno, senza riportarne frutto, le terre di Lugano, Traona, Caspano, e massime quelle di Gera, Sorico e Colico incendiate. Tenne il Sanseverino parecchie navi armate sul Lario, tra le quali una che si disse la *pretoriana,* capace di seicento uomini. Distribuite le truppe nei quartieri d'inverno a Cermenate, vi si comportarono come in paese nemico, e vi distrussero fino ai grani da seminare. Pure il loro capitano era stato dai nostri salutato padre della patria.

Giovanni della Palissa signore di Vandenesses, che gli storici italiani chiamano il Vandanesio, fu il successore nel governo di Como al Sanseverino; era uomo piccolo di corpo, ma d'animo pronto e di rigida natura. Col pretesto di redimere dagli Svizzeri il nostro territorio fu al ducato imposta l'enorme taglia di ducento mila scudi d'oro; Como ne pagò quattromila, dei quali quattrocento la sola terra di Torno; segno di sue ricchezze, poichè di altrettanti appena fu la rata delle pievi di Zezio, Fino ed Uggiate. Guerre accese qua e colà alla spicciolata ci contristavano senza posa; Luganesi, Svizzeri e banditi, tentata invano la rocca di Codelago, riacquistarono Mendrisio e trascorsero fino a Castelseprio devastando. Gli abitanti di Sorico e Gera uniti ai Grigioni incenerirono Corenno, saccheggiarono la Valsassina, poi gittatisi alla riva di Menaggio, arsero questa terra e tutto misero in preda fino a Porlezza. La pieve di Lenno si compose co' masnadieri in cento scudi d'oro. I Francesi, scusandosi col dire che era necessario punire le terre ribelli, intendevano parimenti al bottino. I soldati si alloggiarono a discrezione nelle case dei cittadini, confiscaronsi le vettovaglie, s'imposero più forti tributi. Chiusi i tribunali, scrive Benedetto Giovio, mute le leggi, la soldatesca libidine trionfante, non eranvi più giuochi, nè pubbliche allegrie.

Desideroso il re Francesco di conservare il ducato di Milano convenne finalmente con gli Svizzeri. Renato bastardo di Savoia capo dell'ambasciata francese si presentò alla dieta raccolta in Friburgo, e a' dì ventisette novembre 1516 sottoscrisse insieme ai deputati della nazione elvetica l'alleanza, che è famosa col nome di pace perpetua, e che sopì tutti i rancori nati tra la Francia e la Svizzera, segnatamente sotto Luigi duodecimo. Nel giorno vegnente fu con giuramento accettata nella cattedrale della stessa città, poi in Parigi. Quanto ai Comaschi ed al loro territorio si stipulò: che Francesco re di Francia perdonasse a tutti i sudditi del ducato di Milano, che erano stati partigiani del vinto duca: che per un anno lasciasse in deposito ai Cantoni le giurisdizioni o podesterie di Locarno, Valmaggia, Lugano e Mendrisio, dette i quattro baliaggi italiani, onde avessero tempo a risolvere se volevano conservarle a perpetuità o restituirle mediante il prezzo di trecento mila scudi d'oro; che del pari accordasse alle leghe grigie lo spazio di un anno per dire se volevano tenere la Valtellina e la contea di Chiavenna o renderle per la somma di cento cinquanta mila degli stessi scudi: che in fine ai Cantoni di Uri, Svitto e Undervaldo confermasse il pieno dominio della città e contado di Bellinzona. Il quale accordo fatto i cinque Cantoni di Zurigo, Uri, Svitto, Basilea e Sciaffusa, che poco prima della battaglia infelice di Marignano avevano, a differenza degli altri Cantoni, negato costantemente di sottoscrivere a Gallarate un trattato, per cui si obbligavano cedere alla Francia le porzioni usurpate del comasco, rifiutarono anche allora il compenso in danari, avidi del possesso dei quattro baliaggi; quindi pretesero che gli altri Cantoni accettatori del trattato di Gallarate, ne lasciassero loro l'intera padronanza, ma la cosa non allignò, ed i quattro baliaggi furono aggiudicati in comune ai dodici Cantoni, che prima dell'unione di Appenzell succeduta verso questi tempi costituivano l'intera confederazione. Anche i Grigioni preferirono di tenere la Valtellina e la contea di Chiavenna. Quanto alla contea di Bormio, non è discorso nella pace perpetua: si era data liberamente ai Grigioni, ma conservava quasi intera la sua independenza; nè la Francia spossessata della Valtellina voleva, secondo pensiamo, implicarsi co' Bormiesi disgiunti dalle altre terre del ducato. Restituirono le tre pievi superiori del lago, sulle quali vantavano dei diritti: date in feudo al vecchio maresciallo Giangiacomo Trivulzio, che già le possedeva, fece sua vita nell'inespugnabile castello di Musso, dove aprì un porto ed istituì una zecca, in cui coniò moltissime di quelle monete, dette cavallotti, del valore di sei soldi imperiali; inoltre vi eresse una fornace per cuocere il ferro della miniera di Dongo.

Gli Svizzeri, tranne il castello di Bellinzona, disfecero tutti i siti fortificati al di qua delle Alpi. Non è a nostra notizia che sia avvenuto di Luino, di Val Travaglia, di Val Marchirolo e della Valcuvia. Riacquistato Mendrisio nelle successive guerre tra Francesi e Spagnuoli narra il Ballerini che gli Spagnuoli nel 1526 cambiarono Mendrisio e la pieve di Balerna date ai dodici Cantoni, con Luino e le valli Travaglia e di Marchirolo; tace della Valcuvia, che non sappiamo in qual maniera sia stata dagli Svizzeri abbandonata.

L'unione di Brissago ai baliaggi è dal medesimo Ballerini così raccontata. Uno stuolo di soldati francesi entrati in Brissago domandarono a Margherita Borani, donna di svegliato ingegno in nome di chi si tenesse la terra, ed essa rispose: a nome di Francia; sopravvenuti soldati spagnuoli e tedeschi e fatta a lei la stessa domanda soggiunse: della vostra fazione è Brissago. Partiti tutti, quasi fosse inutile stare a presidio in terra amica, si resse Brissago per sette anni con governo aristocratico, e poi temendo a cagione della sua debolezza, si diede ai dodici Cantoni svizzeri, anco a persuasione della famiglia Orelli di Locarno, che per ciò vi ottenne l'offizio di podestà. In quei tempi di scompiglio e nei quali si mutava signoría presso che ogni anno, e talora più di una volta all'anno, si rendeva facile che qualche terra anche pel sito in cui era posta lontano dalle grosse città, andasse inosservata. È poi fuor di dubbio che Brissago si mantenne nel seguente tempo contro gli Spagnuoli per l'efficace protezione degli Svizzeri, chè d'altra parte avrebbe dovuto cedere alla loro fortuna. Tanto intervenne verso l'anno 1520. Sulla fede pure del Ballerini, che nacque nello stesso secolo e visse lungamente in Locarno dove era arciprete, aggiungeremo che nel 1596 sorsero in Brissago due fazioni, la Rinaldi e la Baciocchi, avuto tal nome dai caporioni Pietro Rinaldi e Giovanni Baciocco; le quali infuriarono pel corso di tre anni con lo sterminio di meglio che quattrocento persone. Del resto i paesi ceduti alla nazione elvetica non patirono altre mutazioni, che allo spirare del passato secolo. Nel 1549 i popoli della valle Mesolcina comperarono dal conte Francesco Trivulzio la libertà pel prezzo di ventidue mila scudi e si confederarono con le tre leghe grigie, ammessi a tutti gli onori, gradi ed uffizj.

Quella famosa pace tra Svizzeri e Francesi non fruttò intera quiete ai Comaschi. Guelfi e Ghibellini perseveravano a guerreggiarsi come assassini alla strada. Capo di scherani nelle tre pievi di Dongo, Gravedona e Sorico era Antonio Matto di Brenzio, il quale chiamando a morte Francesi e loro seguaci commise atti di feroce barbarie; per mano di lui cadde trafitto l'arciprete di Dongo. I Grigioni benchè rappacificati con Francia, ricomparvero per quelle montagne. Ucciso il Matto per opera dei Menaggesi e dei Tornaschi, saltò in campo il suo figlio Giovanni e proseguì infestando le tre pievi ed il lago; ma benchè i Grigioni lo fornissero d'aiuti, potette Graziano Garro, trafuggitore spagnuolo, che era nel governo di Como succeduto al Vandanesio, disfare la masnada di lui. Egli, ammazzato l'arciprete di Gravedona Pierantonio Curti, si salvò con la fuga. Stragi, saccheggi ed incendj guastarono quelle amene spiaggie. Altro sangue scorreva in Como per le mani dell'inquisizione.

Avanzo delle gentilesche superstizioni era restata tra noi la credenza dei maliardi e delle streghe, che gli antichi chiamavano lammie, cui si attribuiva il potere di operare cose sovra natura. Le vecchiarelle, in ispecie se povere e plebee, s'incolparono essere di tal setta, si distinsero col nome di eretiche della mala compagnia e si pretese affascinassero i fanciulli per succiarne il sangue; si trasformassero in sozzi animali, giacessero col demonio, negassero la cattolica fede, calpestassero l'ostia consacrata, e cavalcanti per l'aria gissero a sollazzo sulla vetta dei nostri monti. Streghe ed eretici si confusero spesso in un fascio, e di loro molti roghi furono accesi per sentenza del santo uffizio dell'inquisizione.

L'inquisitore fra Bernardo Retegno da Como, che morì verso l'anno 1510, diede alle stampe un trattatello latino su le streghe, e in questo non solo ci afferma di essere egli moralmente certo che esistono le streghe, ma fa le maraviglie, che possa darsi persona, la quale se ne mostri dubbiosa. Egli lo sa per confessioni sentite in mezzo ai tormenti, e per altre simili prove autentiche, le quali a suo parere non ammettono replica alcuna. È a tutti palese, ci si dice, che il podestà Lorenzo da Concorezzo e Giovanni da Fossato, che erano in Mendrisio, furono per grazia speciale di una strega, cui si raccomandarono, condotti a vedere i balli delle di lei compagne, e poterono con gli occhi proprj certificarsi che non è sogno o fantasia l'esistenza delle streghe, tanto più che il demonio accortosi di loro, li ricevette con terribili sferzate. Era uomo il Retegno di gran séguito, e le sue parole si avevano da tutti per verissime; fin Benedetto Giovio, cantando le lodi della fontana Sparga nel convento di S. Giovanni, celebra il Retegno con questi versi:

Hunc lamiae metuere virum, sagaeque potentes,
Et si qua est teneros oculis quae fascinet agnos;
Stringebatque dolos et crimina cuncta fateri
Impia, et iste dari mandabat corpora flammis.

La più antica memoria, che abbiamo delle persecuzioni delle streghe tra di noi risale circa all'anno 1360: « fanno ora cento cinquanta anni, scrive il Retegno, che a pullulare incominciò la setta delle streghe, siccome è manifesto dagli antichi processi degli inquisitori, che si custodiscono negli archivj della nostra inquisizione in Como ». Leggiamo nell'Oberti che frate Antonio da Casale scelto fra noi inquisitore nel 1416 consegnò alle fiamme in un anno solo trecento streghe. E perchè si giudicò l'inquisizione non bastare a tanta messe si trova nell'anno 1458 ordinato già un drappello di ufficiali, così detti per avventura dall'uffizio dell'inquisizione, cui servivano, i quali avevano privilegi dal vescovo e spendevano loro tempo nella ricerca degli eretici e delle streghe. Il pontefice Pio secondo con sue lettere del 1463 rammenta la terra di Rezzonico come sede di eresia e sette di maliardi, cui molti sì uomini che donne partecipavano. Creati parochi di questa terra i padri domenicani di Como, è forse per loro colpa che quivi più che in altri siti si mantiene tuttavia nel basso popolo la credenza nelle streghe. Non è molto tempo, che il paroco chiamato a ministrare i Sacramenti ad una fanciulla inferma, trovò nell'atrio della casa l'avo di lei, che di tutta forza con un mazzapicchio pestava in una pila il busto della fanciulla; e, che fai? gli disse: « È stregata la fanciulla ed io pesto il busto in cui si è ricovrata la strega » rispose il vecchio, che ostinato continuò nel suo lavoro. Verso il 1480 era abbruciata quale strega una contadina di monte Olimpino. A giudicare dai fatti, stimiamo che lo zelo degl'inquisitori dovette pur talvolta soverchiare ogni misura, perchè i decurioni della città, quantunque superstiziosi anch'essi, fecero loro sentire nel 1484 che non oltrepassassero le ordinazioni apostoliche su l'eresia. Nel vegnente anno si arsero meglio di quaranta streghe. Tali supplizj più accendevano l'immaginazione di un popolo ignorante, che si compiace rinvenire nel maraviglioso le ragioni delle cose. Le domestiche disgrazie dovevano essere per lui l'artifizio di un vicino invidioso ascritto alla setta delle streghe, quindi ne derivavano le sciocche accuse, i processi più puerili e le più barbare condanne. Di noi così parla Bartolommeo Spina al capo decimoterzo del libro su le streghe: « Soventi nella sola diocesi di Como eccede un migliaio il numero di coloro, che dall'inquisitore o dagli otto, o dieci, o più suoi vicarj sono nel corso di un anno inquisiti e processati; e quasi non passa anno, che più di cento periscono dannati alle fiamme ». La qual cosa acquista fede al racconto del Muralto, che nel 1514 gl'inquisitori sostennero in prigione una frotta immensa di donne, e che forse trecento, come ricadute nel peccato, abbruciarono. Il Rovelli taccia d'iperbolico il Muralto, ed osserva che negli archivj della comunità, la quale faceva le spese del rogo, non è menzione di tante morti. Ma basteranno le carte degli archivj, e non tutte conservate, per dare una solenne mentita al Muralto, cronichista contemporaneo, dottore, decurione e che di giorno in giorno scriveva le memorie di Como? E non solo al Muralto, ma agli scrittori dell'ordine domenicano, sopra recitati? G. B. Giovio nelle lariane avverte essere probabile che la comunità pagasse soltanto le spese, quando i rei avessero nemmeno con che farsi abbruciare. L'inquisitore comasco eresse tribunale anco in Lugano, prima che vi si alloggiassero gli Svizzeri; poscia i magistrati di questa nazione diedero per se stessi alle fiamme sì in Lugano, che in Mendrisio moltissime streghe. Del pari la Valtellina ebbe inquisitori contro le fattucchiere; tra i quali per atrocità di sentenze si rese famoso verso il 1523 un fra Modesto da Vicenza, che avidissimo del danaro confiscava sostanze e dannava senza misericordia al rogo.

Tanta fede nell'esistenza delle streghe era diffusa per l'Europa. Pietro Crespeto nel libro su di Satanasso ci afferma che ai tempi di Francesco primo la Francia non ne contava meno di cento mila. Uomini per dottrina celebrati vi prestavano fede intera; tra essi citeremo il nostro Protasio Porro, amicissimo di Benedetto Giovio, e che aveva fatti gli studj di teologia nell'università di Parigi e per l'ingegno era salito al grado di dottore sorbonico. Viaggiata molta parte d'Europa e rimpatriato scelse sua stanza tra i conventuali di S. Francesco, del cui ordine era, venne in fama di eccellente tra i concittadini sì nella prosa che nel verso, predicò tra noi in francese ai soldati di Luigi duodecimo, giovò in più maniere al suo convento, fu provinciale, visse lunga vita e le malattie, dice il Giovio, portò con rassegnazione stoica. Ma la maggior lode che il buon Protasio ambì fu di essere stato pel mondo a perseguitare le streghe e accendere roghi. Nel chiostro si fece porre la seguente lapida:

D. M.
CARIOSAM · VETUSTATEM ·
LOCI · MISERATUS ·
PROTASIUS · PORRUS ·
MINORISTA · A · LAMIIS ·
SECTANDIS · REDIENS ·
FACIEBAT ·
M · D · XII ·

Intorno a questi tempi sorse in Germania l'eresia di Martino Lutero, che ampliatasi maravigliosamente fece in parte dimenticare le streghe. Alle dottrine nate di nuovo inclinando i Grigioni le sparsero per tempo ne' paesi loro soggetti in sul comasco. L'inquisizione non potendo in quei siti, intese in città a raffrenare il corso di quella contagione, e conseguì andasse esente. Del resto le pene capitali si fecero di mano in mano più rade. Nel 1549 si convenne tra i decurioni ed il santo uffizio, che i processi fossero istituiti per l'avvenire innanzi a' quattro consoli della giustizia, il vicario del vescovo e l'inquisitore, e che il carcere fosse nel vescovile palazzo. L'anno dopo sedette inquisitore frate Michele Ghislieri, che fu poi papa col nome di Pio quinto. Gli eretici di Poschiavo avevano mandate dodici casse dei loro libri, perchè da Como si dispensassero per l'Italia; voleva l'inquisitore che fossero confiscati, vi ripugnava il capitolo della cattedrale. Accesa la disputa si aggiunse compagno ai canonici il popolo; e l'inquisitore assalito a colpi di pietre abbandonò Como.

Di tratto in tratto si tornò pure alla persecuzione delle streghe. Nel 1630 mentre inferociva crudelissimo morbo, un contadino di Bormio, cui era inferma la moglie, si trasferì di nascosto nell'Engaddina per consultare un famoso astrologo. Nel ritorno sorpreso dai magistrati, confessò: aver fatto suo viaggio per liberare la moglie delle malie, ed avere in un'ampolla conosciute le tre streghe, causa del malefizio. Palesate che ebbe le tre infelici vittime, si scoprirono per confessione di queste altre streghe, e fino a 34 persone furono dicollate, poi date alle fiamme. Il vescovo di Como riprese gravemente i Bormiesi del loro enorme giudizio; pure nelle sinodi nostre è frequente menzione della fattucchieria. Il vescovo Torriano nel 1675 lamentavasi con un paroco di Furva, che tra i Bormiesi si dessero ancora streghe, e che fin da bambine apprendessero quest'arte. In città verso il 1700 intervenne piacevole caso, che citiamo con le stesse parole di G. B. Giovio. «Invitò, scrive egli, quel lieto uomo (un Campacci) assai oneste persone a vedere al suono degli strumenti un ballo di certi suoi polli, che in un recinto pavimentato aveva rinchiusi. La maraviglia fu somma alla vista dei salti e delle contraddanze di quei pigri bipedi alati. Eccoti tosto il Campacci nelle prigioni del tribunale detto sagrosanto, nè mai ne saria uscito, se da un amico domenicano, non gli fosse stata comunicata l' accusa. Già non s'ignora che una delle leggi di quello strano foro era che i rei indovinassero di che fossero accusati. Finalmente il Campacci, usando la notizia del frate misericordioso, scopre che i suoi polli ballavano, poichè in tutto il giorno fu quel pavimento infuocato, e vi aveva poste e riposte le brage». I padri domenicani di S. Giovanni Pedemonte conservarono fino al 1764 l'uso ridicolo di ardere ogni anno la strega, almeno in effigie, nella piazza d'avanti al loro convento, a che lo sciocco volgo applaudiva, ond'era vieppiù confermato nella sua ignoranza superstiziosa. Trovammo anche oggidì alloggiare la credenza nella virtù delle streghe in alcune rozze vecchiarelle, le quali a veglia vanno raccontando portenti e incantesimi veduti od uditi da loro a'fanciulli, che omai poco o nulla credono. Alcune di esse ci ripetono, e di tutta buona fede, che femmine maliarde portano nel grembiule le gragnuole, cui quando sciolgono, quelle riempiono l'aria e si precipitano sulla terra; che le tempeste di venti e grandini cominciano nel maggio, perchè in quel mese il contadino sega le erbe venefiche e incantate dei fossi, le quali non vogliono esser toccate da mano d'uomo; che neri e terribili fantasmi vanno vagando la notte, e spaventando bambini; che il canto dell'assiuolo che va aliando intorno alle case, o si posa in su comignoli di esse, è funesto augurio alle persone che vi abitano; che le anime purganti nella notte della generale commemorazione dei defunti vanno in processione da questo a quel cimitero con in mano accesi doppieri, in bianco abito e salmeggiando; che il prete quando scongiura il temporale deve essere tenuto ben saldo da più persone di forti braccia, onde la violenza del turbine eccitato dai folletti non lo rapisca a volo; che il tale o tale piovano avendo maledetti certi bruchi, i quali devastavangli i cavoli dell'orto, quelli si avviarono in lunga riga alla camera del piovano e la occuparono. Soggiungono che in certe notti le streghe, come seguissero fere fuggitive in caccia, fanno sentire i latrati dei cani, e alle case, cui passano vicino, si trovano poi uscendo di mattina appiccate teste da morto, braccia o altre membra; che il diavolo è nero, cornuto e va armato di bidente con che inforca e porta i dannati all'inferno; che la cenere dei ciocchi arsi nella notte, che precede il giorno del santo natale e l'untume della carne lessata nelle acque in quel giorno, sono potente farmaco contro molti malori; che i primi dodici dì del gennaio, detti i dì della ghirlanda, segnano in ordine ciascuno infallibilmente quale debba essere ogni mese dell'anno; e così va dicendo. Ora scema ogni giorno d'assai la superstizione anche tra gli idioti, e ciò si deve attribuire non alla persecuzione mossa col ferro e col fuoco contro i maghi e gli stregoni, chè anzi tale mezzo fomentava non toglieva la superstizione, ma bensì ai maravigliosi progressi che fece la filosofia, la quale c'insegnò separare dalla divina religione le vane costumanze e credenze trovate dalla malizia e ignoranza umana.

Ma ripigliamo il filo della civile storia. Morto nel 1519 Massimiliano Cesare, si disputarono con grande contenzione d'animo l'imperiale corona il re di Francia Francesco primo e Carlo quinto arciduca d'Austria, re di Spagna e delle due Sicilie. La scelta che di questi si fece nella dieta germanica fu seme tra i due giovani principi di gravissima guerra, e non mancavano stimoli per causa del ducato di Milano, del quale, essendo feudo dell'impero, Francesco non aveva domandata l'investitura. Il pontefice Leone decimo, che dall'amicizia di Carlo sperava aiuto a soffocare la luterana eresia ed altri vantaggi temporali per sè e per la Chiesa, si confederò seco a'dì otto maggio 1521, e patteggiò che rotta la guerra a' Francesi e preso lo stato di Milano, fosse ceduto a Francesco secondo Sforza esule a Trento.

Le insidie e gli assalti improvvisi precedettero la guerra aperta. Tentata invano Genova, si rifece l'impresa contro di Como. Manfredo Pallavicino da Parma e Giovanni Matto di Brenzio, che era ritornato nelle tre pievi superiori del lago, con un nodo di trecento Tedeschi e molti fuorusciti si accostarono di notte alle mura della città, che guardano sul lago, avendo segreto trattato con Antonio Rusca, che dalla parte di sua casa gli avrebbe ricevuti dentro; ma non riuscì loro il tradimento, chè anzi assaliti all'improvviso dal governatore Graziano Garrò, il quale corruppe i fanti tedeschi che non opposero resistenza, andarono in fuga. Il Matto fu preso a Griante e venne, con un fratello, decapitato. Quindi, per evitare meglio le insidie, si ordinarono più diligenti guardie, non si lasciò aperta che porta Portello, e la città si riempì di foresi partigiani di Francia. D'altra parte il re Francesco, avuto sentore della potente lega ordita contro di lui, mandò in Italia Lautrec con rinfrescamenti di milizie, e lo elesse a capitano generale. L'esercito imperiale e pontificio iva appropinquandosi velocemente all' assalto del ducato, e Lautrec, mal servito dalle spie, se lo vide comparire sotto le mura di Milano, mentre lo stimava tuttavia lontano. Incapace a contenderne il possesso prese la via di Como, e statovi due giorni, ne affidò la difesa al vecchio Vandanesio, poscia ripigliò il cammino alla volta di Lecco, donde si distese sul territorio bergamasco.

Il Vandanesio fece una tolta sforzata di vettovaglie, disarmò i non gallizzanti, rivide le difese, abbattè le case dei sobborghi, che più erano vicine alla città, e, tranne il molo, chiuse tutte le entrate. I borghigiani, mal sopportando tanta ruina, stimolarono i confederati alla loro liberazione; i quali prontamente scelsero a ciò Ferdinando Davalo marchese di Pescara, che tolti seco quattordicimila combattenti spagnuoli, tedeschi e grigioni, venne a osteggiare la città alloggiando nei sobborghi tra mezzodì ed occidente. Fatta la chiamata agli assediati, fu risposto: volersi difendere.

Il marchese, piantate le artiglierie negli orti dello spedale di S. Anna, al ponte di S. Abbondio e nella vigna dei padri celestini di S. Pietro, cominciò il dì primo dicembre 1521 a trarre furiosamente contro le mura di porta Nuova, che per essere deboli diroccavano, e si apriva facile l'entrata. Grosse palle di ferro piovevano per la città; gli scoppiettieri spagnuoli con ispessi tiri spazzavano tutta la corrente delle muraglie, e rendevano perniziosissimo agli assediati l'accostarsi alle balestriere. Del pari il Vandanesio bersagliava con indomita costanza il campo del marchese. Mancate le palle confiscò a' cittadini i vasi di stagno, con isperanza che un'armatetta spedita al castello di Musso, perchè vi provvedesse polvere, palle di ferro e qualche pezzo di bombarda, fosse per rientrare presto nel porto. Intercetta però da' nemici nelle acque di Laglio, ed in segno di trionfo rimorchiata in faccia della città, conobbe di non poter più durare, e in su la sera dello stesso dì, che era principiato l'assalto, chiese i patti e li ottenne. Portarono: consegnerebbe la città, e partirebbero insieme a lui sani e salvi con le robe loro i soldati di presidio. Di buon mattino divulgatosi l'accordo mandarono anco i Comaschi un'ambasciata al marchese, la quale, cortesemente ricevuta, offerì uno spontaneo tributo in segno di letizia per la tornata del duca Sforza, e stipulò che fossero salvi i cittadini ed i foresi con tutte le sostanze loro. La convenzione fu sottoscritta dal marchese, che aggiunse l'impronta del proprio anello. Molti dei capitani spagnuoli entrarono pacificamente in città, e molti dei cittadini comunicarono senza sospetto col campo. I Francesi dispersi per gli alloggiamenti aspettavano che fosse sgombrata l'uscita di porta Torre per partire alla volta dell'esercito di Lautrec.

Bestemmiavano gli Spagnuoli l'accordo, che li privava del sacco della città, e affollati intorno lo squarciato muro stavano ad un filo che non irrompessero; un manipolo dei loro compagni, posti a guardia di quelle ruine, appena tenevanli in rispetto. I più audaci, titubato alquanto, salgono. La sentinella in cambio di ributtarli porge la destra soccorritrice a chi stramazza o si arrampica, poi cenna con mano ai più bassi, che si salga. Agli Spagnuoli vennero in coda i Tedeschi, e tutto l'esercito. Entrati dentro discorròno tumultuosamente alla preda. I Francesi sono spogli, feriti i cittadini, perchè manifestino le cose preziose non avuto alcun rispetto a sesso o età. Spezzavansi a suono di scure le porte chiuse, e non vi era penetrale sì recondito o sacro, cui non contaminasse la soldatesca rabbia. Brulicavano le strade di soldati, che se ne portavano le robe, per ritornare al saccheggio; udivansi per tutto miserabili lamenti dei traditi Comaschi; Lucia Capello, dama per beltà e per ingegno celebrata, moriva di palla di schioppo tocca crudelmente nell'intemerato petto; uomini venerandi per vecchiaia, per servigi prestati alla patria in tempi difficili erano in barbaro modo tormentati per forzarli a pagare la taglia, e talvolta uccisi; pei capelli si sospendevano i più giovani alle soffitte delle stanze. Perdeva l'artigiano le sue poche suppellettili, perdeva il ricco il vasellame d'argento, ma gli uni e gli altri contemplavano con più cordoglio saziarsi la militare libidine di quelle vite, cui con special cura non avevano concesso alcuno si avvicinasse. Nè le case solo dei cittadini si manomisero, sibbene gli stessi chiostri delle vergini consacrate a Dio, le chiese e il duomo, al quale s'infransero le porte. I vasi sacri, le teche delle reliquie, gli arredi sacerdotali si predarono. Chi aveva cercato nel tempio un asilo, non trovollo, perchè posto ai tormenti era astretto pagare il riscatto. Le più antiche carte dell'archivio capitolare perirono lacerate o disperse, non che sperasse vantaggio l'esercito imperiale da questo scialacquamento, ma era sete in lui a mal fare. Qualche atto generoso si vide pure in mezzo a tanta barbarie. I Tedeschi, avuto in orrore il saccheggio delle chiese, tolsero di forza molti dei vasi sacri agli Spagnuoli e li restituirono. Dietegano Salis capitano grigione si fe' scudo ai cittadini, e quanti potè, tanti salvò dal sacco. Per questo il nome di lui, dovunque si pregia virtù, fia sempre onorato.

In su la sera del doloroso giorno entrò in città anche il marchese. Fece ai Francesi restituire le robe tolte; dei cittadini non disse parola, lasciando che si spogliassero. E non aveva egli consentito l'accordo anco ai cittadini? Non aveva infuriato abbastanza la spagnuola rabbia? Sgombra finalmente porta Torre partivano i Francesi, ma non ebbero viaggiato molto, che gli Spagnuoli dati per iscorta, li svaligiarono. Il Vandanesio incolpando di fede rotta il marchese, lo sfidò a duello, ma il volpone si cansò, quasi non si parlasse a lui. Paolo Giovio lo storico che vide per due giornate continuare il saccheggio della patria, pregò il marchese punisse i primi che avevano invasa la città e facesse rendere ai cittadini le sostanze. Rispondeva egli con le lagrime agli occhi, che bisognava lasciasse fare ai soldati, altrimenti lo avrebbero condotto per la mala via, e che avrebbe però descritti i più delinquenti e punirebbeli. Il Giovio, che pur era eloquentissimo, preso alle finte parole insistette, ma non ritrasse frutto. Certo, che se non voleva il marchese abbandonare del tutto la briglia in sul collo ai soldati, avrebbe di leggieri potuto con qualche efficace e sincera dimostrazione rimediare almeno all'onor suo. Ben ci dispiace che il Giovio abbia giovato col suo stile a diffondere la fama delle militari gesta di lui: non la copiosa vita che ne scrisse, ma poche e sdegnose parole si richiedevano per rammentare ai futuri l'infamia del marchese, di cui fu ben detto non essere stato uomo in Italia nè di maggiore malignità nè di minor fede. Plutarco non per altra cagione narrò la vita di Lucullo, mantenendolo vivo alla posterità, se non perchè aveva questi un ducento anni prima, beneficata la sua patria Cheronea.

Partiti gli esosi Spagnuoli venne per presidio della città una banda di soldati toscani, i quali senza freno comportandosi, destavano a bella posta tumulti, entravano di notte nelle case, nè sloggiavano senza aver tocco danaro. Chi più rubava, più era applaudito. Bartolomeo Martinengo conte di

Villachiara fuggiasco veneziano, che era qui governatore ducale mandò via finalmente i Toscani, diede la città in custodia a milizie milanesi, e col pretesto di punire i seguaci di Francia, ci perseguitò riscuotendo ingorde taglie. La terra di Torno, non caduta di animo alla ruina delle cose francesi per la sconfitta di Lautrec avvenuta alla Bicocca in vicinanza di Milano, resistè e da padrona mandò in corso le sue barche sul lago. Si spedirono oratori, perchè oramai prestasse obbedienza a Francesco Sforza, già rimesso nel dominio del ducato, ma fu inutile preghiera. Allora il duca comandava, che si combattesse Torno.

Il primo assalto ebbe cattivo fine. Anchise Visconte che capitanava l'armata, e Calcagno Origone di Varese che era sopra l'esercito, respinti si ridussero a salvamento in città. I Tornaschi insuperbiti si beffavano del duca Francesco, di Carlo quinto e del mondo. Tempi singolarissimi, nei quali tanto coraggio albergava negli abitanti di una piccola terra! Il conte di Villachiara, cavati molti danari a' più ricchi cittadini, descritti nuovi soldati e arredata una flotta numerosa, mosse al secondo assalto. Domenico Matto di Brenzio era l'almirante, ed aveva comandamento dal conte, che vuolsi se la intendesse segretamente co' Tornaschi, di arringarsi a mezzo il lago in faccia a Torno, e che stando sull'áncora tenesse in rispetto i ribelli, non ingaggiasse battaglia, nè impedisse la fuga delle loro navi. Il conte poi con 1500 soldati, saliti i monti, che alle spalle sopraggiudicano Torno, piombò alla pugna. Fossati e trincee guernite di piccole bombarde fortificavano la terra con mirabil arte, talchè pochi difensori potevano con frutto perigliarsi contra molti. Per maggior cautela sorgevano nel porto più di quaranta navi, nelle quali stavano già i vecchi, le donne, i fanciulli e le robe più preziose. Disperata fu la difesa: pure i Tornaschi divelti a viva forza dalle trincee, si raccolsero combattendo alle navi. Nella foga del montarvi altri sdrucciolarono nel lago, altri per mano dei vincitori morirono; anzi tutti in quell'avviluppata sarebbero stati presi, se, trasgrediti i comandi del conte, avesse il Matto dato dentro con l'armata: rimase ozioso, e i vinti scamparono. Una giovinetta, che i ducali volevano contaminare, balzata da finestra altissima, si sfracellò. Perchè l'istoria, che pur serba il nome di tanti dappoco, ci tolse l'onorando nome dell' invitta vergine? Le case rubate si diedero in preda alle fiamme; si saccheggiarono le chiese, insigni per voti appesi dai fedeli, per organi e per pitture fregiate d'oro, e si calarono dalle sacre torri le campane. Dippoi ordinati i guastatori si prese a riempire il porto e ad abbattere tutti gli edifizj. Chi volle s'impadronì delle ferramenta, e se altro era di buono. In poco di ora venne per tal modo nel giorno undici di giugno del 1522 ridotta ad un mucchio di ruine una popolosa terra, che contava fino ad ottocento famiglie, che donata della cittadinanza, pagava sola la decima parte delle straordinarie imposte, e che con le sue fabbriche di pannilani esercitava il commercio in tutta l'Europa, ond'era ricchissima. Li suoi abitanti, confiscati gli averi, si dannarono all'esiglio.

Nè questi se la passarono senza vendetta. Nel dì dell'esterminio i terrazzani di Moltrasio, addetti alla parte ducale, suonavano a festa le campane per la solennità di S. Barnaba. Credettero i primi fosse allegrezza alla ruina loro, e incendiarono Moltrasio. Bellagio, Laglio, Carate e Cernobio andarono del pari a ferro ed a fuoco. Ancorati in faccia la città la bersagliarono a palle di bombarda. Con più o meno di fortuna perseverarono in questo stato di guerra manesca fino alla fine del 1529, allorchè nella convenzione stipulata a Bologna tra Carlo quinto imperatore e Francesco secondo duca si perdonò a tutti i ribelli ed esuli per causa di fazione. Ritornati sulle ruine della infelice patria, vi riedificarono; ma soltanto nel 1532 risorse per privilegio dello stesso duca, che concesse fosse Torno restaurato e godesse per due lustri l'esenzione delle straordinarie imposte.

Il ducale governo era pur minacciato, oltre ai Tornaschi, dai signori, che tenevano i numerosi castelli sparsi pel territorio. Cinti da satelliti, sempre pronti a' loro cenni, menavano vita independente, e infestavano le strade e le campagne. Il duca usando la forza fece molti di questi castelli diroccare, e massime quanti erano sul lago, tranne quello di Musso, che con triplice ordine di mura, l'uno sopra l'altro era stato nel 1509 rinforzato da Giangiacomo Trivulzio, onde poteva servire di freno a quanti popolavano le rive del lago ed ai Grigioni stanziati nella Valtellina. Ebbe però a pentirsi di averlo lasciato in piedi, e il male derivò da questa origine.

Giangiacomo Medici, appellato il *medighino*, prode guerriero e fratello a Gianangelo Medici, che fu poi papa Pio quarto, aveva con molta efficacia servito al duca nell'assalto del castello di Musso guardato ancora dai Francesi, ed espugnatolo confidava di esserne egli in benemerenza il castellano. Scelto un altro, si querelò fortemente. Girolamo Morone, gran cancelliere del duca, per torselo d'innanzi, gli fece alla fine capire che sarebbe investito della castellanía, si veramente ammazzasse Astorre Visconti, uno dei primi cavalieri di Milano, amato dalla nobiltà ma esoso al duca. Titubò il Medici. Da una parte lo allettava la speranza del premio, dall' altra lo sbigottiva, non già l'orror del misfatto, chè era capace di peggio, ma il pericolo di concitarsi contro gravissimo odio. Ascoltò l'ambizione, e Astorre Visconti fu pugnalato. Inorridirono i Milanesi, e visto che l'assassino non era punito, maledissero il duca; anzi Bonifazio Visconte per vendicare la morte del suo parente, lo assalì d'improvviso mentre tornava da Monza a Milano, e stette a un pelo che non lo stendesse morto. Allora la morte del Medici si giudica necessaria, ma perchè valoroso era, si ricorre al tradimento. È tempo che tu abbia la castellanía, gli si dice: eccoti le lettere; ti presenta con queste al vecchio castellano, e Musso ti sarà ceduto. Parte il Medici e pervenuto a Gemonio, sospetta di qualche inganno, rompe il suggello e legge ordinata non la consegna del castello, ma la sua morte. Capace tra grandi pericoli di grandi disegni contraffà le lettere, e scrive sia a lui dato il castello. L'astuzia gli valse, ed avuto il castello deliberò non ribellarsi apertamente, bensì non uscirne, che per forza. Quando si seppe in Milano l'ingrata novella, vi fu chi disse: ora sì che il duca dovrà assoldare un esercito, se vorrà dare lo scambio al Medici. L'evento comprovò la profezia, il cui adempimento fu solo ritardato da una nuova piena di genti oltramontane.

Francesco re di Francia ricomparso in Lombardia con grossissimo esercito, combattè da principio con sì prospera fortuna, che nell'ottobre del 1524 fece il suo solenne ingresso in Milano. Il marchese di Pescara restato con gli Spagnuoli a difesa del duca, e finchè non gli avesse rannodati, inetto a resistenza alcuna, si rivolse al Medici, perchè movesse guerra ai Grigioni nella Valtellina, e così gli astringesse a rivocare le schiere, che militavano per Francia. Il Medici obbedì, e con 300 fanti posto di notte un agguato vicino alla rocca di Chiavenna, imprigionò il castellano, che se n'era uscito a diporto, e trattolo in faccia alla rocca fece sembiante di sgozzarlo, talchè la moglie spaventata gli aperse le porte. I Grigioni a tal fatto richiamarono i seimila fanti, che erano nell'esercito francese, la qual cosa non contribuì poco alla vittoria degli Spagnuoli. Il Medici acquistò fama di ardito capitano, ricevette onorata provvisione e fu creato governatore del presidio di Musso, del litorale del lago e di Valsassina. Egli allora rifece la torre di Olonio, e distese il suo dominio fino a Porlezza.

Sconfitto in questo mentre il re di Francia e fatto prigione nella famosa giornata di Pavia, non fuvvi più chi potesse contenere l'insolenza dei vittoriosi Spagnuoli. Non pagati vissero a discrezione sulle terre lombarde, e il Pescara non che applicasse l'animo a frenarli, permetteva che facessero. Il duca testimonio dello strazio dei sudditi, se avesse fatta parola, gli si rinfacciava subito, che gli Spagnuoli lo avevano liberato dalla servitù francese per due volte, e che ad essi era debitore del ducato. Di questo non si era per anco data a lui l'investitura, e si rifiutava di darla, poi si concedeva, ma con patti tanto gravi, che gli era lecito sottrarsi ogniqualvolta avesse potuto. Corse fino la voce che Carlo quinto volesse togliergli il ducato e investirne l'arciduca d'Austria.

Girolamo Morone, che per la vastità della mente era capace di qualsivoglia più rischiosa impresa, concepì l'ardito disegno di liberare dal giogo spagnuolo il duca suo padrone. Scoperta la trama si credette che il duca vi avesse parte, e quindi secondo le leggi che dicono imperiali, gli si doveva levare lo stato, o per lo meno lo aveva a cedere in deposito, finchè si fosse chiarita la sua innocenza. Il Pescara volle tutte le fortezze ed ebbele, eccetto i castelli di Milano e di Cremona; scrivendo ai Comaschi domandò a qual principe obbedissero. Federico Bossi, che era a questi tempi il governatore della città, rispose: « obbedire essi a Cesare e a Francesco duca ». Pietro Arria con ducento fanti spagnuoli venne subito in città, e cominciarono le dissimulazioni. L'Arria non credeva al Bossi perchè ducale, nè il Bossi all'Arria, perchè cesareo; con tutto ciò l'uno riveriva l'altro. Durò poco tempo il Bossi, perchè non sentite ragioni, fu dichiarato ribelle il duca e Como si tenne a nome della Spagna. Il Medici castellano di Musso, verso cui gli Spagnuoli avevano fatto un piccolo moto ostile, saltò fuori a inaspettata guerra contro i Comaschi divenuti a forza Spagnuoli. D'altra parte l'Arria col pretesto che si tenessero pratiche col Medici e col duca Francesco impose taglie a' cittadini, e ne confiscò a molti le sostanze.

Chi potè, fuggì nelle terre suddite agli Svizzeri, e sarebbesi vuotata la città, se gli Spagnuoli non lo avessero proibito con la diligente guardia e col farsi dare malleverìa dai sospetti.

Il duca, che ad ogni conto si voleva ribelle rinchiusesi nel castello di Milano, si palesò nemico a Carlo quinto ed entrò nella lega conchiusa a Cognac nei ventidue maggio 1526. Erane capo il pontefice Clemente settimo, vi aderivano i Veneziani ed il re di Francia poco prima uscito di prigione. Intendevano i confederati, che a Francesco secondo Sforza fosse restituito libero il ducato, e che le condizioni imposte al re per la sua liberazione si moderassero. L'esercito formidabile della lega, cui era capitano il duca di Urbino Francesco Maria della Rovere, trattò la guerra in sul principio con celerità e fortuna, e se non avesse rallentato l'impeto è probabile che gli Spagnuoli ridotti a piccolo numero sarebbero stati discacciati di Lombardia. Un segreto odio, che covava tra il duca di Urbino ed il pontefice, operò talmente su l'animo del primo, che non volle mai il pieno trionfo della lega. Era nell'esercito l'audace castellano di Musso, il quale penetrata l'arte del duca di Urbino, lasciò contro di lui scappar qualche motto; tanto gli acquistò la sua inimicizia, onde per salvarsi abbandonò di soppiatto il campo. Il castello di Milano non ricevendo soccorso si dovette arrendere agli Spagnuoli, e si stabilirono le condizioni; che il duca Francesco ed i suoi soldati uscissero salvi con le robe loro; che fosse assegnata a lui la città di Como con trentamila ducati all'anno, finchè l'imperatore lo avesse giudicato innocente.

Venuto il duca a Canturio avvertiva il governatore di Como Pietro Arria, che gli cedesse libera la città; ma questi già istrutto cavillava i patti, rispondendo: avere bensì i suoi acconsentito che egli possedesse la città, non mai che soldati ducali vi entrassero a presidio. Il tradito principe, che pur voleva conservarsi in propria balía, finchè gli fosse stato possibile, rivolse il cammino verso il campo dei confederati.

Il castellano di Musso, mentre più bollivano queste discordie, alzò l'animo a più grande principato, che lo spazio chiuso tra le montagne del Lario non era, e pretendendo alle imprese l'amicizia del duca Francesco, pose piede nei fertili piani di Brianza e s'impadronì del castello di Monguzzo, che torreggiava sulla vetta di un'amena collina, le cui falde sono bagnate dal Lambro. Da Monguzzo sortiva al saccheggio della Brianza e alla pugna contro gli Spagnuoli: affrontato sguizzava, ricompariva alle spalle e teneva infestato il paese. Luigi Borsieri, un trafuggitore comasco che militava agli stipendj di lui, si annidò nella rocca di Civello e mise sossopra le circostanti terre di Grandate, Breccia, Lucino, Montano e Maccio. Bloccati i cittadini tra le loro mura, posti al lavoro delle fortificazioni vivevano in grandissima carestia. I soldati spagnuoli ai quali si pagavano un cento ducati al giorno di stipendio facevano talvolta qualche sortita contro il Borsieri, ma schivando di mescolarsi in zuffe, spogliavano quelli che erano scappati alla furia di lui, e guastavano le opere degli agricoltori. In somma i Comaschi perivano per mano delle milizie del Medici che si vantava di liberarli dal giogo spagnuolo, perivano per mano degli Spagnuoli che dicevano volerli difendere dagli assalti del Medici. Alla fine si espugnò Civello e si trovarono nelle prigioni molti Comaschi, i quali per la liberazione aspettavano fosse pagata la taglia imposta dal Borsieri; pure se vollero esser liberi dovettero la stessa taglia pagare agli Spagnuoli. Si eleggevano i cittadini spontaneo esilio, nè li poteva da sì duro passo distogliere l'amore alle spiagge native, o la certa pena degli averi aggiudicati al fisco. Nelle carceri alla rinfusa si stipavano uomini d'ogni condizione; nè uomini solo, ma oneste matrone: il delitto era la povertà di danaro per saziare le richieste del sempre crudele ed avaro spagnuolo. Voci lamentevoli si udivano per le squallide vie della città: mandavansi dai cittadini, che di fame cadeano morti o lungo le stesse vie, o sul pavimento delle deserte case. Nè uno poteva soccorrere all'altro, chè tutti erano ridotti in estrema disperazione. Lo Spagnuolo stretto da ogni parte dall'esercito della lega, non conservava più in tutto il ducato, che Como e Milano, e le due miserande città andavano a sacco. Cesare non ispediva danaro per pagare la sua gente; e i capitani, perchè non si sbandasse, comportavano a lei ogni cosa. Ci tormentarono a vicenda dall'anno 1525 al 1531 il governatore Pietro Arria, e gli altri due, che per a tempo gli succedettero, il Bracamonte e Francesco da Ponte; poi Lorenzo Manuello, uno dei primati spagnuoli. Nel dialogo inedito che Paolo Giovio compose su le donne illustri del suo tempo, ha queste parole al marchese di Pescara: « appena frenar posso le lagrime, allorchè penso alla mia patria Como conquassata crudelissimamente per sei anni continui dai presidj vostri ». E poco prima aveva fatta di Milano una pittura, che qui presentiamo, poichè è immagine di quanto pur doveva intervenire in Como. « Cresciuta la licenza, immensamente ampliatosi il lusso e poste in non cale le leggi della verecondia furono segno a sozze libidini nobilissime matrone. Mentre imperiavano i Francesi, uomini vivaci, liberali e rotti agli amori erano già alcune state da costoro viziate; poscia gli Spagnuoli, che pur sono lascivi, e oltre ciò fraudolenti ed importuni giunsero con artifiziose maniere e lusinghe piene d'insidia a macchiarne il talamo di un maggior numero. Conciossiachè perdettero alcune donne ogni senso di onestà vita per propria malvagità e lascivia, altre pei grandi regali ricevuti; ma le più per ambizione di venire in grazia altrui, per paura di vessazioni o per dispetto che altra si godesse l'amante. Se qualcheduna ferma nella conjugal fede non inchinava l'animo alle turpi lusinghe, da nissuno corteggio di nobili cavalieri era festeggiata, e nelle sue case di campagna e ne' suoi poderi si distribuivano manipoli e battaglioni di soldati a vivervi a discrezione; nè il sacco aveva termine, se non quando il marito disperato a tante persecuzioni accordava la donna alle voglie altrui; in una parola non davasi casa che dell'avarizia militare fosse salva, se la padrona non faceva di se copia a qualche ufficiale o capitano ».

Solamente per utilità propria aveva il castellano di Musso mostrato di seguitare le parti del duca Francesco, e appena il generale che allora governava le genti spagnuole, Antonio Leva, eccellentissimo guerriero ma crudo oppressore dei Milanesi e Comaschi, gli promise più notabili vantaggi, che mutata bandiera si scoprì contro il duca. Il tradimento venne ricompensato col titolo a lui dato di marchese di Musso e con la signoria di Lecco; il Leva gli diede anco speranza, che alla pace generale sarebbe stato nei dominj raffermo. Da questo accordo derivò, che i pochi Comaschi, i quali prima erano stati risparmiati dal Medici, si trovarono allora, come ducali, esposti alle sue ladronaie. Gli abitanti del lago che se lo sentivano sempre ai fianchi, lo maledicevano, e vi fu un Polidoro Boldoni di Bellano che con un coraggio degno de' più bei tempi di Roma, osò rimproverargli a viso aperto quei nomi odiosi che si aveva meritato. Imperocchè avendo egli offerta a Polidoro la mano di una sorella, che ancora gli restava da marito: « non voglio in vita mia, rispose Polidoro, contrarre affinità e amicizia con ribelli e con ladri ». La qual risposta fu quasi eccidio all' intera famiglia di Polidoro, perchè il Medici ne guastò con saccheggi tutti gli averi. Pietro Arria seguitando l' esempio del Leva in Milano fece spianar pane, che vendette a conto suo, chiusi gli altri forni. Quindi non fu senza verità l' arguto detto, che a quei tempi correva: avere gli Spagnuoli ai molti titoli di Carlo quinto, aggiunto anche quello di fornaio.

Stanchi i confederati di una guerra, che aveva loro costato immense somme, e disperando oramai degli eserciti di Francia, chè quanti ne erano venuti in Italia, tanti erano stati rotti, inchinarono gli animi alla pace. Non meno la desiderava l' imperatore, poichè il sultano dei Turchi, nazione a quell' età potentissima, invasa l'Ungheria, già soprastava alle Germanie; in questa si distendeva l' eresia di Lutero ed originava discordie alla pace dell' impero pericolose. Primo il pontefice sottoscrisse a Barcellona un particolare trattato, in cui fra le altre condizioni si contenne questa: che Cesare si obbligava di dare l'investitura del ducato di Milano a Francesco Sforza, se sottoposta ad esame la ribellione, di cui era imputato, fosse trovato innocente. Nè guari tempo passò, che seguì la pace con Francesco re di Francia, il quale non pensando che a sè, abbandonò vituperosamente i confederati.

In Bologna si doveva discutere la fede del duca di Milano; e già vi erano Clemente settimo e Carlo quinto. Il duca ottenuto salvacondotto si presentò, e giustificata la propria innocenza fu compreso nella pace generale, che si segnò a' dì ventitre dicembre 1529. Il ducato insieme alla Valtellina e Bormio, quantunque possedute dai Grigioni, gli si restituiva, patto che entro un anno sborsasse a Cesare quattrocento mila ducati d'oro, ed altri cinquecento mila nello spazio di dieci anni; che per malleverìa desse in deposito il castello di Milano e la città di Como con la sua rocca, finchè fosse compito il primo pagamento. Carlo quinto, ricevute le corone di re d'Italia e d'imperatore, partì verso la Germania. Gl' Italiani avevano per colpa di lui e di Francesco re di Francia sentite tali calamità, che fu a quei tempi desiderio comune di passare sotto la dominazione di Solimano imperatore dei Turchi, tanto per quietare una volta.

Mentre il duca raggranellava la prima parte della somma pattuita, e i sudditi già esausti di danaro, pure pagavano volontieri sperando un lieto vivere sotto un principe nazionale, capitò in Como a guardare la città e la rocca a nome di Cesare un Lorenzo Manuello, avarissima arpia, che aveva seco settecento fanti. Egli la fece da padrone con l'estorquere danari, col rinforzare le mura astringendo al lavoro i contadini, che se mancavano, erano puniti in danaro e bastonati, e tutti voleva ubbidissero. Pagata la prima somma a Cesare, partì il Manuello, e nel giorno 26 marzo 1531 Como e la sua rocca vennero in potestà del duca, che ci mandò a governatore Gaspare del Majno, ed a capitano del presidio Lodovico Vistarino gentiluomo lodigiano ed antico servitore della casa Sforza.

Il Medici che in Bologna non aveva potuto ottenere da Carlo quinto l'investitura delle terre da lui usurpate sul lago, benchè in suo favore perorato avesse Antonio Leva, si gittò al partito della forza e deliberò difendersi. Fortificato con molta arte il suo nido di Musso, accrebbe il piccolo esercito, fece provvisioni di danari e arredò un forte naviglio. Innanzi che la guerra fosse rotta venne a Milano il vescovo di Vercelli, mandato dal duca di Savoia amico del Medici, e strinse una tregua di sei mesi col duca Sforza, il quale per natura abborriva dall'armi ed aveva l'erario voto. Il Medici, che teneva le armi apprestate, pensò rivolgerle contro i Grigioni possessori della Valtellina, non isbigottito dell' aver dovuto ceder loro poco prima la rocca di Chiavenna. Sempre era stato sì vago di questa impresa, che consigliò una volta Carlo quinto a impossessarsi di Valtellina e Chiavenna, promessi centomila scudi, se gli avesse dati in feudo ambedue i territorj. Lo stratagemma parvegli la via più sicura per condurre a fine il suo disegno. Nella pestilenza che aveva inferocito di fresco nella Valtellina, si era molto tra quei popoli sparsa la divozione a S. Rocco, protettore degli appestati. Il Medici vestiti da romito alcuni suoi fidati ai quali era capo un tal Biagio Ferrario da Musso, uomo di facile favella e di scaltre maniere, ordinò loro entrassero nella valle, vi promovessero il culto del santo, inducessero gli abitanti a edificare in suo onore un tempio; ma senza lasciar trapelare l' inganno, lo facessero di sì forte costruttura, che potesse anco servire di fortezza, chè egli sarebbe sopravvenuto ad alloggiarvi con l'esercito. «Hanno sì distrutte tutte le fortezze i Grigioni, conchiudeva, ma noi ne pianteremo una, che ci varrà l'acquisto della valle». Il Ferrario si accinse subito all'opera, trovò seguito grandissimo, ed in vicinanza di Tirano mise le fondamenta del tempio. Già si ergevano dal suolo le massiccie mura, allorchè i Grigioni che stavano in guardia, sorpreso un messo del Medici, disvelarono l'arcano. Il Ferrario scampò con la fuga e il tempio venne demolito. Che che sia di questo racconto che trovammo narrato da qualche storico, certo è che i Grigioni penetrando nel disegno del Medici e sospettando che il duca di Milano vi potesse aver parte, spacciarono a questo un Martino Bavellino di Musocco, perchè si dolesse della rotta fede. Fatta l'imbasciata ripatriava il Bavellino, ma colto dai satelliti del Medici usciti da Monguzzo era morto insieme col figlio. Sentirono i Grigioni molto gravemente l'assassinio, e più nella credenza si confermarono, che il duca non procedesse con sincerità. Il quale non volendo altra briga manifestò loro quanto seppe delle intenzioni, che a loro danno aveva formate l'irrequieto marchese di Musso. Risposero, che volontieri gli avrebbero creduto, se al Vistarino capitano del presidio in Como avesse comandato, che assalisse le terre lacuali obbedienti al marchese, onde fosse distolto dall'invasione, che meditava della Valtellina. Questi veggendosi scoperto, non indugia l'assalto ed entrato in Valtellina ammazza Giovanni di Marmora governatore della valle, un Martino Traverso e il generoso Dietegano Salis, e s'impadronisce di Morbegno. Mossero a combatterlo i Grigioni forti meglio di quattordici mila soldati e ripreso Morbegno, in cui si era posto a difesa il suo fratello Gabriele, invasero Colico e gittatisi poscia sulla riva occidentale del lago corsero saccheggiando Sorico, Gravedona e Dongo, e osteggiarono il castello di Musso. Era arduo cimento il fulminarlo con le artiglierie, se non si guadagnavano le circostanti balze, quindi aperta nuova strada per siti prima inaccessi, e sbucati al dirupo della Crocetta sopra il castello, vi trasportarono da cinque pezzi di cannone e diedero principio alla batteria. Una tempesta a palle e a scaglia straziava gli assediati, e se non pensavano a sloggiare il nemico da quel sito eminente erano astretti votare il forte. Il Medici tolse seco un nodo di valorosissimi soldati, salì di notte al dirupo della Crocetta, e tanto improvviso e violento fu l'urto con che percosse i custodi della batteria, che parte ne uccise, parte volse in fuga, ed i cannoni gittò a spezzarsi su per gli scogli. Questa fazione e insieme una vigorosa sortita scompigliarono gli assedianti di maniera, che allargato sempre più l'assedio si ridussero in fine nella Valtellina a salvamento.

In questo mentre si ricollegò il duca ai Grigioni e obbligossi a fornire tanti soldati, che in numero avanzassero i medicensi, ad armare potente flotta e pagare parte dello stipendio a duemila fanti dei Grigioni. Ultimata la guerra si stipulava, che il duca avrebbe ricuperati i siti invasi dal Medici, disfatta però la rocca di Musso; e che i Grigioni sarebbero riconfermati nel dominio di Valtellina e de' suoi contadi. Anzi il duca a stimolare più e più gli animi al sangue comandò, che a nissuno de'nemici fosse dato quartiere, ed impose una taglia sul capo di Giangiacomo Medici, domandandolo vivo o morto. Barbaro fu il comando, ma i suoi soldati furono migliori in fatti, che egli non era stato in parole. Carlo quinto, che a questi tempi era nel Belgio, mosso più che dalle istanze del duca, dal desiderio che tornasse la pace in Lombardia, onde cavarne più facilmente il danaro che a lui si doveva, ingiunse alle soldatesche spagnuole, le quali erano al servizio del Medici, lo abbandonassero. Ciò fu molto volontieri recato ad effetto da esse, che non isperavano arricchire con tanti nemíci addosso; anche il Medici permise di buon animo che andassero, essendo della loro fede dubbioso. Aveva sperato che la tregua gli dovesse fruttare la pace, ora fallita la speranza, concepì fierissimo sdegno e fece in Musso coniare alcune medaglie, le quali da una parte avevano incise le due lettere *F. F.*, volendo con esse latinamente (*fracta fides*) indicare la rotta fede del duca. Ma non si rimase a queste dimostrazioni piuttosto d'animo sdegnato che prudente, e battè monete, le quali volle si spendessero a più alto prezzo del loro valore, data promessa che finita la guerra avrebbe restituito il disavanzo ai creditori. La qual cosa volendo poi fare, pochi furono che acconsentissero cederle, avvegnachè bramavano serbarle, come memoria dei difficili tempi, nei quali erano vissuti. Si conosce pure di lui una moneta di argento, che in una parte ha effigiato il sole nascente, intorno cui è la leggenda: *Domine salva vigilantes.* Certo che se si trovò persona al mondo, che abbia avuto bisogno di destreggiarsi e di star vigilante fu il marchese, quando gli si scoprirono contro tanti nemici sì d'Italia che d'oltremonte. Del resto nelle strettezze in cui era, confidava di volgere a suo vantaggio le condizioni della guerra, poichè l'armata sua era per numero di navi e per valore di navicellai fioritissima, e tenendo guardati Lecco e Musso, poteva liberamente corseggiare pel lago, e guastare i disegni del nemico. Si sarebbe detto che questo uomo straordinario pigliasse più forza, allora che più si aveva a dubitare di sua fortuna. Il lago non gli bastò, ma fortificatosi Nicola Pellicione suo capitano in Monguzzo afflisse con repentini assalti tutta la pianura fra Como e Milano. Gagliardamente Monguzzo venne oppugnato; due coorti di Grigioni erano in soccorso dei ducali. Il Pellicione ributtò con valore l'assalto, non che pensasse di mantenersi, volle solo col prolungare la difesa dar tempo al marchese di provvedere Lecco di sufficiente fodero, prima che fosse da' nemici investito. Quando gli parve l'ora opportuna uscì di Monguzzo e prese la strada di Lecco.

D'in su questo tempo il Vistarino partito da Como con la flotta ben corredata veleggiò a

Menaggio e non temette la fortuna del nemico, perchè un'ala di soldati ducali, che avevano scelti gli alloggiamenti sul vicino lido, lo proteggevano coi loro tiri. D'altra parte i medicensi erano costretti conservarsi rannodati, avendo armata sì poderosa che vegliava i loro movimenti, e pericoloso sarebbe stato, se si fossero sbandati qua e là a saccomannare, secondo era prima loro costume. Como rimbombava tutta di strepito militare; nuove cerne di soldati che arrivavano, nocchieri che si addestravano, navi che sulle carra giungevano dalle spiagge del Verbano, altre che sulla riva si rimpalmavano, o nuove che si varavano. Il Vistarino ingrossava, e se il Medici non aveva paura di lui, nemmeno egli del Medici. Si provò questi a sforzarlo, ma fallito il colpo, diè volta col naviglio e si ritirò a Lecco. E pensando al nembo che gli si addensava attorno, spedì un'ambasciata a Carlo imperatore ed a Ferdinando re dei Romani, e significò, che per sua parte non aveva mai cessato di chiedere la pace al duca Sforza e quindi pregava caldamente le loro maestà ad intromettersi in suo favore, se pure avevano a cuore la pace d'Italia. Nel medesimo tempo, se queste preghiere non avessero giovato, mandò altri legati in Francia al re Francesco, i quali seriamente lo ammonissero del vantaggio sommo, che sarebbe a congiungere le armi e riprovarsi alla conquista del milanese. Alcuni de' cortigiani stimolarono il re ad accettare, ma egli con più prudente partito negò. L'imperatore fece veramente l'uffizio presso il duca, se non che questi essendo troppo oltre trascorso nell'alleanza dei Grigioni, non potè acconsentire. Tuttavia da tale momento non gli si mostrò tanto irreconciliabile nemico.

Aveva appena il Medici dato fondo colle sue navi a Lecco, che il diligente Vistarino gli tenne dietro e si fermò a Mandello, non più distante che cinque miglia da Lecco in su l'orientale riva del lago. A Lecco si menavano già le mani molto valorosamente tra' medicensi e sforzeschi comandati da Alessandro Gonzaga, uomo non alieno dalle faccende guerresche, sebbene non abbastanza destro per tenere la fortuna contro il Medici. Si aggiunse che il duca ignorando farsi spedite le guerre, quando siano amministrate con grossi armamenti, licenziò parte dell'esercito; la qual cosa gli fu tanto di maggior danno, quanto che era tra' capitani il pessimo costume di descrivere nei registri più numerose del vero le bande dei soldati e toccarne essi lo stipendio. Il ponte sull'Adda e le due torri erano venute in potere del Gonzaga, e minaccioso già faceva sembiante di volersi pigliare il resto. Tanta confidenza gli fu di danno, perchè giudicò sbigottito il nemico e se ne stette a mala guardia entro gli alloggiamenti. Nel buio della notte il Medici, tolto seco un battaglione di spigliatissimi soldati, vi si accostò e incominciò di repente la guerra. Trucida le prime scolte, penetra al grosso dell'esercito, riempie ogni cosa di paura e di scompiglio. L'orrore della notte e l'accidente improvviso accrescevano la confusione. Difilatosi alla tenda del Gonzaga lo colse in letto con l'amanza e dettogli per ischerno: *così si serve il duca di Milano?* lo fece prigione. Gli sforzeschi che si affollavano alla tenda del capitano, udito il caso e sentito altamente risonare il temuto nome di quel fulmine di guerra il marchese di Musso, fuggirono stimando perduta ogni cosa. Il campo fu saccheggiato, i cannoni scavalcati si gittarono in una fossa, ed il ponte su l'Adda e le torri si ripresero.

Il Vistarino avuta nelle stanze di Mandello l'ingrata notizia si presentò, appena sorse l'alba, alla vista dello sgominato campo, e quivi raccolse gli sbrancati che da ogni parte di quelle montagne venivano a riunirsi sotto le insegne, e con mirabile prontezza rifece nello stesso giorno tutte le opere di difesa. Nè il Medici lo disturbava, chè non aveva sì forte esercito da offenderlo, nè l'armata era pronta su l'ancore. Ricominciata l'oppugnazione si continuò con novelli spiriti. Il ponte sull'Adda e le torri si ritolsero al Medici, ed il Vistarino benchè ritornato all'alloggiamento di Mandello gli era sempre ai fianchi molestando. Non gli restava altro scampo, che di ritirarsi a Musso, oppure se voleva mantenersi in Lecco, doveva snidare da Mandello quell'importuno Vistarino. Scelse questo partito che era il più pericoloso, perchè un assalto poco prima dato in Malgrate agli sforzeschi che gli era riuscito felicemente, e dove aveva danneggiate assai molte navi del Vistarino, gli cresceva gli animi.

Pervenuto col naviglio nelle acque di Mandello mandò a riva un tamburino a fare la chiamata. Sperava che il Vistarino avrebbe ai fortuiti casi della pugna navale, poichè non aveva ciurma sì arrischiata e pratica come quella che montava la sua armata, anteposto qualche onesto accordo. Ma questi era di diverso pensamento. Tratte in secco alcune navi, aveva le altre accostate al lido e munitele di artiglierie e di difensori nascosti dietro i tavolati; sul lido erano pure innalzate bastíe piene di cannoni e stavano i soldati colle miccie accese pronti a fulminare al minimo cenno. Regnava silenzio, onde il Medici stimò che il Vistarino inclinasse veramente agli accordi e stesse cheto; perciò con troppa confidenza avvicinossi con le navi alla distanza di un tiro di moschetto dal lido. Colta la propizia occasione fece segno il Vistarino che si traesse, e le artiglierie e gli archibugi lanciarono sì fitta tempesta di palle sull'armata medicense, che vi operarono grandissimo guasto. Bersagliavano a punto fermo, cresceva la furia, ed i nemici laceri e pesti non potevano ordinare la difesa. Gabriello Medici fratello che era del marchese e a lui carissimo, colpito in mezzo al petto cadde morto. La stessa fine toccò al Borsieri ed al Pellicione prodi capitani. Una palla di cannone guizzando sopra la testa del marchese stritolò l' antenna della nave, e fu ad un punto, che non l'ammazzasse. La ciurma ed i soldati cadevano senza numero. Sorti in sul cassero per meglio vagheggiare lo spettacolo che offeriva Mandello in guardia dei ducali, ricevettero nel corpo tutte le ferite e le morti. Nè si sarebbe posto fine alla strage, se i più coraggiosi dato dei remi in acqua, non si fossero discostati dal mal tentato lido rivolgendo le prore a Musso.

Il duca, udita la prigionia del Gonzaga e la fuga dell'esercito, pensò di avere un giusto motivo per assecondare la volontà dell'imperatore e stringere così la pace, e quando gli giunse la novella della vittoria di Mandello già aveva convenuto. Chiamò a sè Gianangelo protonotario apostolico e Battista fratelli del marchese, i quali sebbene onorasse, guardava come statichi nel castello di Milano, e con loro che avevano facoltà di poter fare, si compose ai seguenti patti: che il marchese rinunciasse a Musso, a Lecco ed a qualsivoglia altro dominio sul lago; in compenso ricevesse Maregnano, eretto per lui in marchesato con l'annua pensione di mille scudi d'oro; il duca per sua parte perdonasse a lui ed a' suoi fautori; e che approvasse quanto i magistrati di esso avevano disposto sulle terre già di sua pertinenza. Il protonotario Caracciolo legato di Carlo quinto entrò mallevadore della fede del duca.

Il marchese lette le condizioni se ne stette in dubbio, se avesse a ratificare, perchè la morte del fratello Gabriele gli era di troppo acerbo dolore, e avrebbe voluto vendicarlo. Alla fine accettò, e per gratificare ai Grigioni messi a parte dell' accordo, si pattuì che il castello di Musso fosse demolito. Abbandonava Musso l'invitto marchese, e ben nell' aspetto malinconico si leggeva quanto gl'increscesse salutare per l'ultima volta la terra delle sue glorie. Sottentravano baldanzosi i Grigioni e già alzavano la mano distruggitrice a sfasciarne le triplici mura; li vide il Medici dalla sua nave che già fendeva le onde alla volta di Lecco, e sì nobil ira lo assalse che rivolse la prora, e gittò in essi tanto spavento che ristettero, nè ardirono ripigliare il diroccamento, se non quando si fu dileguato dalla loro vista quel terribile uomo. Tutte le opere di fortificazione si precipitarono nel soggetto lago, e non si risparmiò che la chiesetta del castello dedicata a S. Eufemia. Ora chi sale per quella sassosa e nuda balza, o dalla nave la contempla, appena crede a se stesso che ivi sorgesse il famoso castello. Tale ebbe fine nel giorno ventuno febbraio 1532 una guerra durata per dieci mesi con danno grave de'Lariensi. Il duca aveva sposata Cristierna figlia del re di Danimarca, perchè i popoli desideravano lasciasse di se prole, temendo che altrimenti Carlo quinto avrebbe usurpata la Lombardia, cui già tendeva insidie. La sposa in vero, donna di forma eccellentissima, era nel fior dell'età, ma il duca riavutosi da lunga malattia si reggeva in piedi a mala pena, e molti ne traevano indizj sinistri. La sua salute venne sempre peggiorando e senza lasciar figli morì in sul principio del novembre 1535, entrato nel quarantesimo terzo anno di vita. Antonio Leva prese possesso del ducato a nome di Carlo quinto, ed escluse i pretendenti alla successione.

Como obbediente alla Spagna giacque nell'oscurità e nell'avvilimento. I nostri cronichisti che in certo qual modo credettero uffizio loro notare i fatti di maggior momento, non ci hanno conservata che la memoria di fondazioni di conventi, di dispute teologiche, di editti reali non adempiuti, di allegrie comandate, di viaggi principeschi, di taglie enormi, di traboccamenti del lago, di carestie, di pestilenze, di vasti disegni a favore del commercio, ma senza effetto. I tributi, che quando siano eccessivi, estinguono ogni industria, vennero sempre aumentando, ed in breve spazio di tempo furono quadruplicati. Basti il dire che nel 1540 la comunità per rimunerare Paolo Giovio, che aveva sempre mostrato amor filiale verso la patria avvolta in tante faccende di guerra, comandò fosse rimessa al suo fratello Benedetto una piccola porzione dei tributi che ancora non aveva pagati, stimando tal cosa segno di pubblica gratitudine. Si pòsero accatti sui frutti degli anni futuri tanto per bastare in qualche modo alle spese, e Filippo secondo figlio di Carlo quinto non si piegò mai alle nostre rimostranze. Il comandante della torre ritonda, se i decurioni non gli consentivano le dimande, mandava soldati nelle loro case, finchè avessero acconsentito.

Il santo uffizio dell'inquisizione acquistò sempre più di potere, avendo in quello gli Spagnuoli, come crudeli e al tempo stesso superstiziosi, riposta piena fede. Sedeva qui nel 1597 inquisitore un Pietro Maria di Vignano, cui i sette cardinali inquisitori generali dell'eresia in tutto il mondo commettevano a nome loro e della sede apostolica, che nella città e diocesi comasca facesse inquisizione degli eretici e sospetti; de' sortilegi, indovini, fattucchieri, maghi, prestigiatori, malefici, negromanti; de' loro seguaci, ricettatori, fautori; di chi i loro libri leggesse o possedesse, fossero di qualunque ordine, grado o dignità; e gli davan facoltà di processarli, chiuderli in carcere, sottoporli alla tortura e quando li trovasse colpevoli, punirli secondo la legge; facoltà inoltre di procedere con censure e altre pene ecclesiastiche contro chiunque gli contraddicesse, o non ubbidisse a' suoi ordini. Un frate Angelo Buccio, altro nostro inquisitore, pubblicava nel 1615 dalla sua residenza nel convento di S. Giovanni un editto in cui diceva: che sapendo egli a quanto danno torni della fede cattolica romana, senza la quale non si può piacere al Signore, l'ammettere d'ogni sorta libri, comandava a ogni persona della sua giurisdizione fosse di qualsivoglia condizione, stato, grado e dignità tanto ecclesiastica che civile, con minaccia di tutte le pene stabilite e intimate per ciò da' sacri canoni, decreti, bolle pontificie e dall'indice romano, ed altre ancora, d'inviolatamente osservare questi ordini. Che i librai nel termine di due mesi dovessero aver presentato a lui o a' suoi vicarj fedele inventario di tutti i libri che tenessero nelle loro botteghe con indicazione del nome dell'autore, stampatore, traduttore, glossatore; del luogo e anno in che fosse impresso; della materia che trattasse; ond'essere per lui approvato e sottoscritto, che d'altra guisa non potessero nè tenerli, nè in vendita esporli. Che sotto le medesime pene e nello stesso termine tutti coloro che avessero librerie tanto proprie che d'altrui, e gli eredi ed esecutori dei testamenti, dovessero accuratamente esaminarle; e caso in quelle trovassero libri nominatamente ovvero implicitamente compresi nell'indice romano o in altri indici, o in editti pubblicati altra volta, li mandassero al santo uffizio; che le dette librerie non vendessero, non concedessero ad alcuno, se innanzi presentatone inventario al santo uffizio, non fosse approvato. Avvertiva che non avrebbero a' suoi ordini soddisfatto coll'ardere o lacerare i detti libri, col consegnarli al confessore, ma che li dovessero portare a lui. Ingiungeva a' librai e ad ogni uomo, non osassero in città o altri luoghi della sua giurisdizione verun libro introdurre senza sua licenza o de' suoi vicarj, nè sballarli e scassarli senza sua assistenza o suo permesso; i mercanti, dazini, portieri, barcaiuoli, postieri e loro agenti non permettessero spedizione, apertura, passaggio di balle, casse o cose somiglianti in cui si contenessero libri, carte stampate, figure, quando non ne fossero autorizzati da lui, e ciò sotto pena di cento scudi d'oro d'applicarsi al santo uffizio; gli stampatori sotto pena della scomunica e di altre pene a sua discrezione dovessero nel termine di otto dì giurare davanti a lui di esercitare la loro arte con fedeltà e ubbidire con prontezza; di non imprimere libro o scrittura senza licenza, impetrata la quale, si stampasse per intero sul libro; e ancora non pubblicassero alcuna opera, se prima non glie ne avessero presentata copia, e per lui o per altri non fosse collazionata col manoscritto. Ordinava che in virtù di una capitolazione fossero ricevuti nelle osterie e case del nostro territorio gli eretici grigioni e svizzeri, ma chi albergavali, dessene avviso al suo uffizio nel seguente giorno, e quelli non potessero più di tre giorni tra noi dimorare se non riportatane la facoltà; così senza questa nessuno osasse parlare, scrivere, spedire o portar lettere, polizze o checchè sia a' carcerati dell'inquisizione, sotto pena per ogni volta della scomunica e di cento scudi applicabili al santo uffizio; e minacciava della scomunica quelli tutti che avessero avuto scritture, processi, strumenti, inventarj spettanti all'inquisizione, od avessero avuto o avesser contezza di chi li possedeva, e non rendesseli o non denunziasse i detentori nel termine di giorni venti. In fine a chi denunziasse e palesasse qualsiasi cosa all'inquisitore prometteva segretezza e sicuranza. Questo suo editto volle che allora subito tutti i parochi, abati e prelati, e poi due volte fra l'anno in giorno di domenica, in chiesa leggessero al popolo, e fosse alle porte della chiesa affisso stabilmente. Con altro dell'anno 1617 comandava a tutti i diocesani, che erano per recarsi a soggiornare nella Germania, o in altre provincie sospette, per più di due mesi, che nello spazio di giorni quindici prima del partire, e di quindici dopo il ritorno a lui si appresentassero sotto pena della scomunica e di cento scudi pagabili al santo uffizio.

L'effetto di queste minute regole e rigide eccessivamente fu spegnere fra noi ogni lume della ragione, tarpar le ali agli ingegni e radicare nel popolo la superstizione e l'ignoranza. All'arbitrio di un frate inquisitore, spesse volte superstizioso e feroce, erano abbandonati tutti gli studj, da cui la civiltà e grandezza delle nazioni dipende. Presso noi e in tutta Italia, perchè per tutto ebbero luogo quasi le stesse cause, decaddero dal loro splendore le lettere nell' infelice seicento, e il più delle scritture di quella età appariscono un monumento dell' abbiezione e del traviamento dell' umana ragione. Sono alcune storie e leggende di santi stampate allora in Como e con approvazione dell' inquisitore, piene di tali enormi scempiezze e di miracoli sì strani, che di peggio non si poteva per rendere il popolo perpetuamente fanciullo, e anche, se possibil fosse, screditare la religione cristiana. Durano ancora le fiere memorie di quei tempi nel popolo. Nel 1810, abolito il convento di S. Giovanni fuori di porta Sala, si scoperse una statua con molti ordigni mobile, figura di uno spaventosissimo demonio, con che i giudici atterrivano i rei; la quale loro mostrata a incerto lume, con lo stralunare degli occhi, con gesti inconditi, col camminare e fors' anco con voce orribile, se è vero che nel suo mezzo, secondo alcuno ci afferma, iva a celarsi un frate, pareva davvero un demonio allora sbucato dall' inferno. Si scopersero anche alcuni strumenti della tortura, e le profonde carceri, dove i tanti infelici marcirono.

Le guerre che la monarchia spagnuola sostenne ora cogli stati d'Olanda, ora coi protestanti di Germania, condussero tra di noi numerose schiere di soldati, che alloggiarono insolentemente nelle case dei cittadini, i quali eran costretti a somministrare loro il vitto. Anche i Lombardi si mescolarono in quelle guerre, e conseguirono lode di valorosi i soldati e di prudenti i capitani; ma in terre estranee, lungi dal conforto dei parenti e degli amici, e pugnanti per gli altrui interessi smarrirono quel resto, che in loro rimaneva di carità patria. Deserte le provincie, avviliti i popoli, si chiamarono all'armi nei bisogni straordinarj anco i preti, quasi che in loro, non ispinti da un motivo soprannaturale, dovesse quella virtù albergare, che invano si cercava negli altri. Nel 1658 infestandosi la bassa Brianza da un esercito nemico, e temendosi per la sicurezza di Como, il capitolo della cattedrale si proferì ad Ercole Visconti governatore della città, pronto a pigliare le armi in difesa. Si accetta. Fatta la rassegna del clero secolare atto alla milizia, si trovò che era di ducento sacerdoti, i quali vennero subito indrappellati ed ebbero per comandante in capo l'arcidiacono Turcone, per tenenti i canonici Raimondo Raimondi e Ulpiano Volpi, per reggenti il canonico Francesco Raimondi, Antonio Caimo e Francesco Fontana. Si trassero ad aiutante il canonico Mois, ad auditore l'arciprete Campacci, a confessore il canonico Sala. Non sono riferite le prodezze operate da questa legione contro l'inimico.

I governatori dello stato, che avevano loro stanza in Milano erano riputati incapaci di tanto uffizio se rimettevano dell'asprezza. Nè che s'intendessero di civile amministrazione, chè i più si segnalarono per rapacità e per fasto il più superbo. Si sarebbe detto che i tributi a capriccio da loro imposti, erano trovati a bella posta onde spegnere l'industria nazionale. Un Giovanni della Porta, che fiorì verso il 1672, riferisce in certo suo discorso, come cosa di gran lusso, che se nel 1613 erano in Como appena un diciotto carrozze, di cui i nobili facevano pompa, arrivavano esse a' suoi tempi fino a quarantanove, non contati più di venti carretti, tratti da un solo cavallo.

Si aveva cura di promulgar leggi che proibivano le danze dopo la mezza notte, altre se ne facevano che chiamavano a morte le streghe, che imponevano la credenza di miracoli privi delle debite testimonianze, e che creavano confraternite d'ogni maniera. Nel 1672 il duca di Ossuna governatore di Milano invitò i nostri decurioni a celebrare nel duomo una festa in onore dell'immacolata concezione di M. Vergine ed a giurare solennemente alla presenza del sacerdote celebrante la messa, che credevano nell'immacolata concezione e che l'avrebbero difesa fino all'ultimo sangue. Obbedirono all'invito quei padri della patria, e al dì determinato si congregarono nel duomo seguiti da molta plebe, che benediceva lo zelo religioso degli Spagnuoli. Con tutto ciò nel più bello fu rotta la festa, perchè i canonici fermi nella tutela di strani privilegi non vollero dare ai decurioni i cuscini per inginocchiarsi, ed il celebrante per sua parte negò di scendere a basso dell'altare per riceverne il giuramento. Si sdegnò acerbamente l'Ossuna, che per la discesa o la salita di pochi gradini di un altare, si fosse protratta questa spedita maniera di definire le cattoliche verità, e chiamò a Milano i più stretti parenti dei canonici e li tenne qualche tempo prigioni. Sì fatte gare, una spada ad armacollo per causa d'onore, un posto di ufficiale presso l'inquisizione, un inchino più o meno profondo, un titolo di più nel proferirsi i nomi, non le scienze, le lettere, le arti intrattennero i Lombardi.

Fuggivano gli abitanti dalle nostre terre. Le rive sì gioconde del Lario diventavano squallide. Torno, Menaggio, Gravedona vuote di gente si assomigliarono a terricciuole di montagna, delle quali non è mai menzione; e se dopo si riebbero alquanto, non più ricuperarono l'antico splendore. La popolazione della città, che sullo spirare del decimosesto secolo aggiungeva tuttavia alle sedici mila persone si restrinse in cinquant'anni a novemila, non tanto per le pestilenze frequenti, quanto per la dominazione spagnuola. Si proibì più di una volta la fuga dei sudditi, ma le pene quantunque gravi, fino la minaccia della morte, non li fermava. Nel 1682 il governatore don Giovanni Enriquez de Cabrera, essendovi molti terreni incolti, confermò alla città ed al contado il privilegio di acquistarne il possesso; non che gli stesse a cuore l'agricoltura, ma volle avessero un padrone, tanto per riscuoterne il censo. Chi degli abitanti non si risolveva a fuggire, si dava consigliato dalla disperazione al mestiere degli assassini. Forti bande vivevano nelle montagne che loro servivano di nascondiglio, indi giù piombavano non di rado a taglieggiare gli abitanti della pianura che s'inframezza tra Como e Milano. Nei primi anni del secolo decimosettimo sedendo a governatore dello stato il famoso don Pietro Enriquez de Azevedo conte di Fuentes, si comandò che su i campanili di molte nostre terre stessero esploratori, i quali guardassero il paese e avvisassero, quando si accostava al saccheggio la banda degli assassini. Tanto era cresciuto a dismisura il loro numero. Tra tutti salirono in rinomanza i Cavargnoni, di cui era capo un tale, che si faceva chiamare il conte Antonio: così ne parla nel 1616 Sigismondo Boldoni nella latina descrizione del Lario. « Essi popoli sono stanziati nella valle Cavargna, e da' luoghi selvaggi ed aspri trassero costumi conformi. Sono di gran corpo, avvezzi ai mali, sprezzatori d'ogni pericolo; e li diresti simili ai nativi monti; aggiungi che sono rabbiosi più che fiere ircane e hanno concetti feroci più che gli altri mortali. Presso loro si onorano la fierezza e la crudeltà, e i ladronecci sono più illustri d' altro qualsivoglia egregio fatto; i loro odj non sono mai senza effetto; e le contese in omicidj finiscono sempre. Non hanno fede, non riverenza alle cose sacre; e più incerte d'ogni discordia devono essere le loro riconciliate amicizie; conciossiachè chiedono pace, e questa diviene speranza d'insigne vendetta, e l'incauto amico sotto il dato pegno, sceleratamente accolgono. Con temerità e avidità cercano cagioni di risse, che spesso a molti partorirono atroce ruina; nè solo i nemici, ma tutta la nazion loro e gli amici di quella sono cercati a morte. La loro vita per lo più non è troncata da malattie, ma da ferite; e dell'ucciso genitore più feroce il figlio, e lui spento, la turba dei nipoti non mai dimentica delle ingiurie, esaspera gli odj con sempre novelle stragi. Non curano se hanno trucidato il nemico con vero valore, oppure con ria frode e con insidie; nè del modo della uccisione fanno stima, ma sì del numero degli uccisi. Le femmine hanno la stessa durezza di animo; e sprezzatrici de' pericoli sotto corte e agili vesti nascondono lunghi pugnali. Meritamente sono dunque detti Cavargnoni, quasi che sieno generati dalle caverne. Tempo fu che questa nazione indomita sbucò da' suoi antri, e con ferro e fuoco guastò impunemente tutto il Lario, poi fatta più ardita e poste insieme alcune barche presso Menaggio, di quivi come le si porgeva l'opportunità corseggiando con piraterie, ogni cosa ha violato. I danari riuscirono allora insidiosi ai possessori, fatali ai padroni le ricchezze, e l'opulenza fu più miserabile e perigliosa d'ogni inopia. Fuori de' più popolati villaggi del Lario, vana tornata ogni difesa, erano dai pochi in su le navi rapite onoratissime persone; di questo solo ree, che potevano colle proprie ricchezze saziare la costoro furibonda avarizia; e pagatosi un grande prezzo erano a stento poste in libertà. Frenò Ercole Sfondrato la insolenza della fiera nazione colla autorità e col comando, e pose termine a tutti i ladronecci e le piraterie; nè più mai da essa furono sul lago o menate prede o commessi misfatti ». Di tal maniera con forti colori sono descritti i Cavargnoni. Ma perchè pare inverisimile che in tanta vicinanza di popoli civili, quelli si conservassero sì straordinariamente barbari, perciò stimiamo che il Boldoni per vaghezza d'ingegno abbia il fatto alquanto esagerato. Vero è, che fino dal 1569 così scriveva de' Cavargnoni Tomaso Porcacchi: « questa razza d'uomini per natura faziosi, astuti e molto sanguinosi, mantiene in quei contorni (di Menaggio) perpetue nimicizie e crudeli questioni, con ispessi e spesse volte scelerati omicidj ». I signori viventi nelle castella erano cinti da bravi o satelliti, come verso al decimo secolo, pronti ad eseguire in servizio de' padroni qualsifosse scelleraggine e infamia a danno dei popoli, a vituperio delle donne ed a dispetto dei governatori. Le chiese e i conventi, i quali nel decimosettimo secolo in Como e nei sobborghi erano frequentissimi, avevano privilegi contrarj al ben pubblico. Un omicida vi si ricoverava con le mani ancora brutte di sangue, ed era sicuro; si sarebbe anzi stimata un' offesa a Dio lo strapparlo da quel sacro asilo. Don Ernando della Riviera sottogovernatore di Como tolse nel 1615 dalla chiesa di Rebbio un esule per omicidio, e ad istanza della curia vescovile lo dovette rendere al foro ecclesiastico. Si entrava nelle chiese armato, e per un nonnulla vi si commettevano uccisioni; nello stesso tempio le persone del bel mondo si spiccavano dal loro posto, ed ivano presso alla dama per il baciamano. Il vescovo si sdegnava se non lasciavasi al possesso di quei diritti, che solo competono ai maestrati civili, si sdegnava più forte l'inquisitore di S. Giovanni pedemonte se ogni cosa non si sottoponeva alla sua giurisdizione. È assai verosimile che la troppa facilità, con cui si concedevano allora le grazie spirituali, fosse potente motivo a spingere persone ignoranti o inumane al delitto. Il numero delle indulgenze, che verso il 1664 si potevano guadagnare, è esorbitante, secondo si deduce da un diario stampato in quell' anno; non passava quasi giorno, che non vi fosse qualche migliaio d'anni d'indulgenza e oltre ciò qualche indulgenza plenaria per coloro, che avessero recitate poche orazioni, o fatta la visita a qualche chiesa. Diremo che in un anno una persona sola poteva acquistare un milione, 975 mila e 405 anni d'indulgenza, ed inoltre un 250 indulgenze plenarie e remissione di tutti i peccati; nè in questo numero abbiamo notate molte e molte migliaja d'anni d'indulgenza, le quali erano riserbate alle compagnie del rosario, del suffragio, o del Sacramento.

Ci rimane è vero qualche insigne monumento dei tempi spagnuoli, ma devesi ad un concittadino che aveva sortito animo generoso, vogliamo dire il cardinale Tolomeo Gallio. I monumenti lasciati dai re non sono talvolta che l'indizio delle fatiche e dei tributi dei popoli, ma i monumenti che lascia un privato, palesano la potenza sua e l'uso nobile, che ne ha fatto. A Cernobio nell'anno 1527 nacque Tolomeo da Ottavio Gallio e da Elisabetta Vailati, ed ebbe due altri fratelli; Girolamo che fu ragioniere della comunità di Como e che nel 1561 andò oratore a Filippo secondo, perchè gli enormi tributi ci alleggerisse; e Marco da cui scesero i duchi d'Alvito nel regno di Napoli, ed il cui casato finì nel 1800 innestato con la famiglia dei principi di Colobrano.

Ottavio loro padre si era di buon'ora trasferito nella Germania ad esercitare la mercatura ed aveva acquistate molte ricchezze. Quando ripatriò non ebbe più altro a cuore che l'istruire nelle lettere i figli, ben avvisando che il migliore retaggio, che si possa lasciar loro, è metterli per buona via. Benedetto Giovio, appellato a quei tempi il Varrone della Lombardia, servì di maestro a Tolomeo nei primi anni. Il profitto che questi ne ritrasse fece al maestro concepire sì alte speranze di lui, che come giovane di capacissimo ingegno lo avviò a Roma con lettere commendatizie al fratello Paolo vescovo di Nocera. I grandi uomini, che avevano pigliata stanza in Roma fino dall'età del pontefice Leone decimo, avevano in lei fatto rivivere il secolo di Augusto, e chi voleva conseguir fama vi accorreva, e molto più se disegnava di professare la vita ecclesiastica, siccome era volontà di Tolomeo. Molto tempo non passò, che venne nella grazia dei cardinali Antonio Trivulzi, Taddeo Gaddi e Gianangelo Medici, il quale assunto alla sedia papale col nome di Pio quarto, lo trascelse a segretario delle lettere e dei brevi; uffizio solito darsi ai buoni ingegni: poi nel 1560 fu creato vescovo di Martirana in Calabria e dopo due anni venne tramutato all'arcivescovado di Manfredonia, cui diè prove di liberalità e di zelo ecclesiastico edificando il palazzo arcivescovile, e tenendo un concilio provinciale. Le virtù sue erano grandi, quindi questa volta queste valsero perchè lo stesso pontefice a' dodici di marzo 1565 lo facesse cardinale del titolo di S. Teodoro. Nè avvenne senza giubilo della nostra città, che ne rese pubbliche grazie al papa. Col lungo soggiorno a Roma diventò pratichissimo della scienza delle corti, e sotto il pontificato di Gregorio decimoterzo fu insignito della carica di segretario di stato. Dall' arcivescovado di Manfredonia passò al vescovado di Sabina, poi ai vescovadi di Frascati, di Porto e santa Ruffina e finalmente d' Ostia. Tenne la prefettura della congregazione del concilio e dei riti, giunse ad essere decano del sacro collegio ed intervenne a dieci conclavi. Il grande S. Carlo Borromeo lo onorò di sua amicizia. A Bernardo Tasso, padre del sommo Torquato, ottenne da Pio quarto il privilegio che nissuno potesse per quindici anni ristampare il poema dell'Amadigi; nel quale è di lui questa menzione:

Tolomeo Gallio, quei che avrà in governo
Tutti i segreti del gran Padre Santo,
Che per prudenza e per valore interno
Di star fia degno a suoi più fidi a canto.

In tanta fortuna potè Tolomeo procacciarsi immense ricchezze. Testimonio di eccellente animo è l'ottimo uso che ne fece a benefizio della patria. Lontano da questa per necessità, a lei sempre aveva volti i suoi affetti, non simile a coloro, che per dimenticarla si recano in sito da non vederla nè sentirla. È opera sua in città il palazzo detto del duca, e sul lago i palazzi del Garrovo, di Balbiano e di Gravedona; ma ciò che massimamente a noi lo raccomanda è la fondazione del collegio Gallio, così chiamato dal suo nome, e l'istituzione dell'opera pia Gallio. Egli la dotò con centomila scudi d'oro, e volle che i frutti servissero a maritare trenta fanciulle indigenti, a soccorrere alcuni luoghi pii che determinava, e che il resto si distribuisse ai poveri. Per malvagità dei tempi molte delle liberalità del cardinale tornarono vane, altre non sempre ebbero quel fine che egli proposesi; ma non per questo deve essere la nostra riconoscenza verso lui meno viva o meno sincera. Destinò il collegio Gallio a ricovero di cinquanta giovanetti de' più poveri, e massime orfani della città e diocesi, perchè ivi fossero nelle lettere e nella pietà cristiana ammaestrati.

Lasciò pure il cardinale ricchissimo retaggio ai nepoti, ai quali comperò la signoria di Alvito pel prezzo di cento sessanta mila scudi di oro, il feudo delle tre pievi di Sorico, Gravedona e Dongo; e soccorse molte nobili famiglie cadute in basso stato. In età d'ottanta anni terminò la sua vita operosa, e a lui la santa carità della patria valse un nome glorioso e vincitore del tempo. Gli Spagnuoli che erano padroni dell'oro americano, di quello non sazj, ponevano in preda la povera sua patria; egli era verso di lei generoso di porzione di quel danaro che pur si sarebbe, secondo l'uso, richiesto per vivere con lusso alla romana corte. Queglino con le vessazioni sforzavano gli abitanti alla fuga; egli invitavali a rimanere co'soccorsi assegnati ai poveri, con le doti somministrate ad oneste ma mendiche fanciulle. Conculcavano i primi lo studio delle lettere; fondava egli un collegio, in cui queste si avessero a insegnare gratuitamente a' giovani ricchi d'ingegno e scarsi dei beni di fortuna. In tutto disuguale agli Spagnuoli parve che Iddio lo donasse a Como, qual angelo benefico, in tempi di estrema miseria. Perchè la natura è tanto avara di uomini, quale fu il cardinale Tolomeo Gallio?

Imitarono molto le virtù di Tolomeo i vescovi Gianantonio Volpi, Feliciano Ninguarda, Lazaro Carafino e Carlo Ciceri. Principale loro merito è di avere corretti parecchi abusi della ecclesiastica disciplina, e in tempi calamitosissimi sparse limosine tra il popolo. Ma il Carafino spogliava di antichi monumenti il palazzo vescovile, e con indignazione de' cittadini, trasmettevali a'nipoti di Cremona. Nel sostenere la cattolica religione i vescovi ebbero allora a patire molte difficoltà dalle Leghe grigie, che costantemente alle loro cure si opposero; in vece gli altri Cantoni svizzeri si mostrarono alla buona causa devoti. Propagaronsi nel 1540 in Locarno le sette zuingliane e calviniste, e guadagnarono il quarto della popolazione; ma i rimedj contro i riformati furono forti ed efficaci. Il Bailo ne adunò i capi presso di sè, e dopo averli seriamente ammoniti per parte dei Cantoni sovrani che ritornassero all'ovile di Cristo, ingiunse che, se ostinavansi a perseverare nella nuova credenza, si cercassero senza indugio un' altra patria. « Questo non basta, ripigliò il legato pontificio che allora sopravvenne; se ne confischino le sostanze perchè di eretici, e restino i figli tra di noi, che saranno educati nella religione ». Il Bailo non accondiscese alle voglie del legato; stette bensì fermo nella sua minaccia, e dovettero tutti i settatori ricoverare nei paesi d'oltremonte. Nel solo giorno tredici marzo del 1555, cinquantasette e più famiglie, tolto seco quanto poteva trasportarsi, si partirono con molta pietà a quella volta, tanto tenaci delle nuove opinioni, che amarono anzi perdere per sempre la patria ed eleggersene una novella in aspro clima, che abbandonarle. Loro capi si erano fatti Gianluigi Orelli, e Martino Muralto che a Zurigo un sobborgo edificarono detto degli Italiani, o anco dei Lombardi, e dove fecero prosperare la arti, specialmente il lavoro delle sete. Il celebre Bernardino Ochino, sì eloquentissimo predicante, fu fino al 1563 il loro ministro. Ma qual frutto della loro ostinazione abbiano colto le leghe grigie verremo ora a narrare.

Accettata che queste ebbero la riforma, disegnarono di astringere ad accettarla anco i loro sudditi italiani. Cominciarono a fondar chiese pei riformati che uscivano al governo della valle, allettarono con premj all'apostasía, minorarono via via i privilegi dei cattolici, esiliarono i religiosi, segnatamente gesuiti, e si diede voce che con la morte volessero disfarsi dei più pertinaci nemici della riforma. La valle era anche diventata il ricovero di coloro, che imbevuti delle nuove opinioni, avevano dovuto abbandonare le altre terre italiane. Fino dal 1561 l'infelice Lodovico Castelvetro si era ridotto a Chiavenna, dove a molti giovani studiosi interpetrò per qualche tempo Omero e la rettorica ad Erennio, e dopo dieci anni di lagrimabili vicende finì la vita. Pietro Paolo Vergerio vescovo di Capodistria, abbracciata la riforma, visse da principio nella Valtellina ministro delle chiese dei Grigioni. Agostino Mainardi astigiano dell'ordine di S. Agostino morì a Chiavenna nel 1563, dopo che ebbe mandati alle stampe due famosi opuscoli, vale a dire *la soddisfazione* di Cristo, e *l'anatomia* della Messa. Da Chiavenna a' venti di luglio 1570 Alessandro Trissino vicentino scriveva una lunga lettera al conte Leonardo Tiene, nella quale ammoniva lui e tutti i suoi concittadini ad adottare la riforma. L'anno 1594 nella visita che fece della valle il vescovo Feliciano Ninguarda si abbattè in molti riformati delle varie città d'Italia, che lassù come in sicuro asilo vivevano, e tra essi eranvi preti e frati che colla predicazione si sforzavano di accrescere il numero dei sedotti. La nobiltà valtellinese non era aliena dalle nuove opinioni; al suo esempio correva taluno della plebe. Nè senza sentire grave molestia avevano i Grigioni nel 1580 tollerato il pellegrinaggio di S. Carlo Borromeo al tempio di N. D. in Tirano, poichè coll'esempio della sua carità e con quell' eloquenza che rapiva i cuori, vi aveva nella fede confermati i cattolici, e acquistata l'affezione di non pochi degli stessi novatori. Il vescovo Filippo Archinto nel 1614 impetrata dalla dieta la licenza di visitare la Valtellina e sborsati per prezzo seicento fiorini, non aveva ancora ultimata la visita, che fu obbligato partirsene, e si castigarono coloro che avevano consigliato gli fosse data la licenza. Si sdegnarono i cattolici che erano numerosi di oltre centomila, e gli animi insensibilmente si volsero a manifesta guerra. Si fece anco divieto, minacciate gravi pene, ai sacerdoti di non intervenire alle celebrazioni del sinodo diocesano, e d'altra guisa si provvide che non comunicassero col vescovo. L'Austria e la Spagna soffiavano su di queste scintille, stimando di sommo momento alle cose loro, se, conseguita la signoria della Valtellina, avessero potuto comunicare tra il Tirolo e lo stato milanese. Era interdetta l'erezione di nuove fortezze nei dintorni di Olonio; pure il conte di Fuentes verso l'anno 1607 piantava sul colle di Montecchio il castello cui rimase il suo nome. Se ne dolsero, ma inutilmente i Grigioni; i cattolici sperarono in un bisogno pronto ed efficace soccorso per parte della Spagna.

I sacerdoti quanto più vedevano ampliarsi l'eresia, più tempestavano dai pulpiti contro essa e i ministrelli, ammonivano, scongiuravano a star saldi nella fede degli avi. Nicolò Rusca arciprete di Sondrio, più di tutti si segnalò nell'esercizio dell'apostolico ministero; difese la valle Malenco dalle arti degli eretici, a Caiolo impedì vi erigessero le loro bigoncie, in Tirano sostenne pubblica disputa, e in Sondrio fece assaissimo con l'esempio e con le pastorali esortazioni. Le Leghe gli apposero calunnia, che stimolasse i popoli alla ribellione, e fattolo prigione lo trassero in catene fino a Tusis, dove nel settembre del 1618 perì fra le angoscie della tortura. Qualche altra vittima fu con lui sagrificata.

Non vi è cosa che più infiammi alla ribellione i popoli, che le persecuzioni in fatto di credenze religiose. I Valtellinesi s'inviperirono, e convennero disfarsi di tutti gli eretici con un vespro siciliano. La ruina di Piuro con morte di tutta la popolazione piena di eretici, avvenuta in quel periodo di tempo per lo scoscendimento improvviso di una montagna, pareva li avvisasse che già il cielo si era con loro sdegnato. Ordirono la congiura con profondo segreto: i capi erano un Giacomo Robustelli di Grosotto, un Marcantonio Venosta di Grosio, un Vincenzo Venosta di

Mazzo medico ed un Francesco Venosta dottor di legge. Nel borgo di Tirano aveva prima a scoppiarè, e di là si doveva propagare nei circostanti paesi, secondo che si era convenuto. La strada che per Poschiavo mette nella Rezia si guardava con diligenza, perchè non trapelasse al di fuori notizia del misfatto, appena si fosse incominciata la strage; si raccoglievano armi, si descrivevano nuovi congiurati. I giudici grigioni che erano in Valtellina ed i loro seguaci vissero senza un sospetto al mondo, mentre sì fiera procella si addensava sul loro capo. Nessuno tradì il segreto.

Spunta l'alba del giorno 19 luglio 1620, e giusta l'accordo suonano di repente a stormo le campane di Tirano, ed i cattolici dato di piglio all'armi cominciano la strage. Si commisero atti crudelissimi. Nelle case, nelle strade, nei templi si trucidarono alla rinfusa i riformati; il sesso, l'età non furono sempre scudo che salvasse da morte. Gl'infermi si scannarono nel letto; i predicanti sulle loro bigoncie. Degli stessi cadaveri si fece strazio. Perirono molti strutti dal fuoco che venne posto alle case in cui avevano cercato rifugio. Una giovinetta di 14 anni, Margherita Guicciardi, si abbassava per sostenere il padre che gli cadeva ucciso su gli occhi, ed era trafitta. Un Bonomi, quantunque cattolico, fu ammazzato, perchè non aveva voluto partecipare alla congiura. Vi ebbe un beccaio che si vantò di avere egli solo in un giorno fitto il coltello nel cuore a diciotto riformati. Fino i sacerdoti, inespiabile delitto! non inorridirono di avvolgersi tra il popolo, vieppiù infiammarlo alle uccisioni, e di bruttare essi stessi le mani nel sangue. Degli infelici si fece macello tra le più fitte boscaglie e per le caverne dei monti; era una caccia sanguinosa non di belve feroci, ma di uomini inermi. Alcuni anzi che cadere tra le branche dei Valtellinesi si precipitarono a sfracellarsi sulle punte degli scogli, altri perirono di fame nelle selve. Una donna che con una bambina di due mesi in collo si affrettava fuggendo per dirupate strade, è sopraggiunta, e nell'atto che pur si sforza di tenere la bambinella stretta fra le braccia e che non sa distaccarsene, riceve più ferite che la uccidono. Più di cinquecento persone conchiusero fra questi tormenti la vita, e la strage durò più giorni. Tirano, Teglio, Sondrio ed altre terre si bagnarono di sangue. Chiavenna continuò in potestà dei Grigioni, essendo gli abitanti stati tranquilli per la rocca che li teneva in rispetto; da Bormio si scacciarono, ma non si commisero atrocità.

I Grigioni saputo di questa strage e tentato indarno con pochi soldati raccolti tumultuariamente di rinsignorirsi della valle, si voltarono agli esterni aiuti. Al re di Francia ed ai Veneziani, nei quali solamente potevano confidare, rappresentano: la pace di Europa richiedere la sommissione dei Valtellinesi: essere già troppo potenti l'Austria e la Spagna, e prepararsi il comune servaggio, se la Valtellina si aggiungesse ai vastissimi loro dominj, per cui avessero facoltà d'insieme liberamente comunicare. Le parole loro erano da ciò aiutate, che in Germania ardeva già quella guerra che fu famosa col nome di guerra dei trenta anni, tra la parte protestante e la parte cattolica; e se questa, cui stava a capo l'Austria, avesse vinto, rimaneva a sua discrezione pressochè tutta l'Europa. Del resto la repubblica di Venezia, come più prossima al pericolo, li udì più benignamente, ma ricusò di far movimento contro Spagna, prima che la Francia avesse manifestata la sua intenzione. I Valtellinesi d'altra parte già assistiti segretamente dagli Spagnuoli che vivevano nello stato di Milano, si volsero per un più efficace soccorso al governatore di Milano, che di quei tempi era don Gomez de Figueroa duca di Feria, il quale chiese con molta istanza alla corte di Madrid, se doveva alla scoperta difenderli. Si rispose per il sì; e la guerra fu chiarita tra' Grigioni e Spagnuoli.

I primi volendo prevenire sì potente nemico fecero un esercito di novemila soldati e venuti addosso al contado di Bormio, se ne impadronirono. Mentre si approssimavano, si vuotò Bormio di abitanti, e forse con poco giudicio lasciossi anco senza difese il forte passo di Seravalle, dove pochi ponno a molti con vantaggio disputare la vittoria, stante la strettezza delle montagne più che in altro sito dei dintorni. Vero è che si faceva massa a Tirano, e quivi si aveva a combattere pel dominio della valle; vi salivano da Colico forti bande di Spagnuoli e d'Italiani, si rinforzavano le difese delle mura e si guernivano di artiglierie. È fama che i Grigioni tolti gli arredi sacri delle chiese di Bormio e vestitane la persona marciassero alla guerra coi piviali indosso, colle pianete e con gli altri sì fatti ornamenti, simulando una processione di cattolici. Brutta scena, e che doveva sempre più alienare da loro gli animi.

Discesi nelle vicinanze di Tirano e senza frappor dimora appiccata la pugna fu terribile da ambedue le parti lo scontro, perchè oltre la solita virtù marziale infiammava gli uni e gli altri il furor religioso, di cui non può essere stimolo più potente a rendere anco i timidi, coraggiosi. Dopo varie vicende nelle quali ora gli uni ora gli altri prevalevano, traendo gli Spagnuoli vantaggio dalla fortezza del sito, misero in volta i Grigioni; i quali sorpresi anco da panico timore, come suole nelle disgrazie, quasi che dovesse riuscire del pari esiziale a loro la terra di Tirano dove tanti dei loro erano stati prima trucidati, fuggirono e sempre incalzati, non si ristettero, finchè non ebbero abbandonata la Valtellina e Bormio. I vittoriosi Spagnuoli che non volevano perdere il frutto della vittoria piantarono qua e colà per la valle varie castella, ed uno che sorse nella pianura di Bormio lo chiamarono dal nome del governatore di Milano, castello Feria. Quindi a reggere la valle s'istituì una reggenza di diciotto persone che avessero a durare in uffizio un biennio; si pubblicò il concilio di Trento, si adottò il calendario gregoriano, e si diè luogo nuovamente al tribunale dell'inquisizione ed alle indulgenze.

La sconfitta dei Grigioni, e molto più l'essersi gli Spagnuoli alloggiati nella valle mossero finalmente Veneziani e Francesi a intromettersi in loro aiuto, e venne preparandosi una guerra non già tra poveri alpigiani, ma tra nazioni potentissime. Si era mossa la Spagna in favore dei Valtellinesi col pretesto che non vi seguisse la riforma religiosa, e ciò domandandosi pure da Francia e Venezia, purchè perdonate le ingiurie si restituisse intero il dominio della valle ai Grigioni, s'indussero le parti a fare qualche proposizione di accordo prima in Milano, poscia in Madrid, dove nell'anno 1621 si convenne che salva la cattolica religione ritornassero Bormio e la Valtellina in potestà dei Grigioni. Appena si conobbe l'accordo, che i Valtellinesi si tennero di esso pessimamente soddisfatti, chè non volevano più alcuna comunanza coi Grigioni; se ne dolsero anche questi, che divisi tra' partigiani di Francia e di Spagna, amavano molti che si venisse all'esperimento delle armi. Così intervenne, e ripigliate pel primo dal duca di Feria che se ne stava attentissimo, conquistò con subito impeto Chiavenna, e manomise porzione della valle Pregalia. Non poterono i Grigioni accorrere al riparo, perchè oltre all'avere nemici i popoli soggetti vennero nello stesso tempo assaltati dagli Austriaci, che s'impossessarono del loro paese fino a Coira. Dispiacque questo rompimento del trattato di Madrid alla Francia e ai Veneziani, e nel giorno 17 febbraio 1623, tirato nell'alleanza il duca di Savoia, fecero intendere alla Spagna, che senza indugio eseguisse il trattato, altrimenti si aspettasse la guerra. Il pontefice Gregorio decimoquinto, che si accorse nutrire gli Spagnuoli sotto il velo della religione pensieri ambiziosi, interpose del pari l'autorità sua, onde maggior forza avessero le loro parole; solamente il Feria si attraversava, chè governato da alcuni padri dell'inquisizione, ignorantissimi d'ogni ragione di stato, voleva fare la pace a suo talento. Con tutto ciò il re di Spagna acconsentì, ed affinchè la restituzione della Valle ai Grigioni seguisse con suo decoro, volle si cedesse in deposito a soldati pontificii, fino a quando fossero tolte di mezzo tutte le controversie. Orazio Lodovisio duca di Fiano e fratello del papa tratto a capitano generale di quei soldati, partiti che furono gli Spagnuoli, pigliò possesso di tutta la valle. Grave era stato l'impero degli

Spagnuoli, ma non meno grave riuscì quello dei pontificii; una marmaglia ragunaticcia, più atta a gittarsi alle strade, che a tenere le terre in presidio. Nè tutti i guai erano anco finiti.

Gregorio come vide in sua mano la valle, posposto ogni rispetto, non si mostrò schivo di aderire ai disegni degli Spagnuoli, i quali avendo assicurati a se stessi molti vantaggi, lo persuadevano ne facesse un principato da darsi in feudo alla sua famiglia. Mentre queste pratiche si continuavano venne sorpreso da morte, e gli successe Matteo Barberini col nome di Urbano ottavo, che era niente inclinato agli Spagnuoli, dei quali temeva la soverchia potenza. Parlò di restituire la valle, siccome portavano i patti, poscia per motivo di coscienza sbigottito di consegnarla da se in mano dei riformati, si contenne. E più nello scrupolo accalorandosi, incominciava a guardare con minore paura gli Spagnuoli ed era già per istringere accordo con essi, allorchè insorse la Francia, cui era riuscito di unire alla lega quasi tutta Europa contro le pretensioni della Spagna, e fece pel suo generale Coeuvres invadere militarmente la Valtellina, Bormio e Chiavenna, cacciati i pontificii che non opposero resistenza. Il duca di Feria, che aveva penetrate le intenzioni dei Francesi, offrì con molta premura di accrescere i presidj con genti spagnuole, ma il conte del Bagno, succeduto nel comando al duca di Fiano, rifiutò sempre l'offerta. Accusato di fellonia dicesi mostrasse al Feria una lettera, in cui gli era da Roma comandato, non resistesse ai Francesi.

Discesi costoro alla riva di Chiavenna e nei piani del forte di Fuentes scaramucciarono più di una volta con gli Spagnuoli, che vi stavano a guardia dei confini, e la guerra di giorno in giorno più viva diventava. Anco il pontefice ridomandò i forti della valle, e perchè i Veneziani non potessero assistere i Grigioni, si conchiuse di molestarli dalle parti del Polesine di Rovigo. Tutti pretendevano alle opere loro proposizioni di pace; e in fatto, quantunque seguissero alcuni piccoli combattimenti, non si erano mai queste interrotte, e la pace alla fine si compose a' dì sei marzo 1626 in Monzon, città dell'Aragona. Conteneva: che la sola cattolica religione dominasse nella Valtellina, in Bormio e Chiavenna; che ritornassero in signoria dei Grigioni questi paesi: che i governatori, giudici e magistrati si scegliessero dai popoli sudditi e spettasse ai Grigioni unicamente la conferma, la quale non avrebbero mai potuto negare; che in vece ricevessero un annuo censo; che si demolissero i forti eretti dopo l'anno 1620; e che anche rispetto alla Rezia si restituisse nello stato, in cui era prima del 1617, quando principiarono i tumulti. È famosa questa pace col nome di capitolato di Monzon. Divulgata che fu, destò qualche controversia intorno le sue condizioni, ma essendone mallevadori i re di Francia e di Spagna si accettarono, benchè a malincuore. I forti si demolirono, i Francesi sloggiarono, la Valtellina co' suoi contadi ricevette la retica signoria, e valendosi degli acquistati diritti, pose in uffizio le persone più devote alla sua causa, pubblicò severe leggi contro gli eretici, ristaurò le chiese e le fornì di sacri arredi. Con tal fervore procedette, che quasi fossero state niente le passate turbolenze potè provvedersi di tante argenterie sacre in Milano, che il cardinale Federico Borromeo ebbe a dire: «poche tra le nostre chiese possono mostrarne altrettanto».

Mentre i Valtellinesi andavano con infinito cordoglio dei Grigioni le loro cose mettendo in assetto, deliberato l'imperatore di Germania opporsi ai Francesi, che volevano trasferire il ducato di Mantova nel duca di Nivers, mandò nel 1629 verso l'Italia un grosso esercito. Diecimila uomini della vanguardia guidati dal conte di Merode calarono nel contado di Chiavenna, e dopo averlo sotto ombra di amicizia espilato, si distesero nella Valtellina. Educati al saccheggio nelle feroci guerre di Germania contro i protestanti non usarono minore barbarie contro i Valtellinesi, i quali alle rimostranze fatte presso a' governatori di Milano non ricevettero altro che conforti di parole. Per giunta dei mali que' soldati vi seminarono la pestilenza che decimò un due terzi degli abitanti; poi lasciata la valle tennero loro viaggio su la sponda orientale del lago verso Lecco. Barbari senza disciplina afflissero di ogni miseria gl' infelici Lariensi. Sigismondo Boldoni che nel suo Bellano potè essere testimonio dell' orribile guasto, così scrive all' amico Giambattista Fisiraga di Lodi. « Vivo ancora, scrivo ancora, o mio Fisiraga, mentre tutta questa spiaggia è ruinata, tutte le case sono spogliate e tutti i campi sono pesti. Non è cosa alcuna che sia sacra, nè sicura. Contro il comando dello Spinola tre schiere di Alemanni, due di pedoni, una di cavallieri, gettato un ponte sull'Adda, di proprio consiglio saccheggiarono Colico. Avuto ordine di restarvi, mentre si designava il viaggio onde da Colico in un giorno per la cresta del monte dove si apre la strada di S. Nicola e S. Rocco per la Valsassina a Cortenova passassero, essi d' improvviso furono sopra al nostro borgo. In un momento fu posto tutto a ruba. Io, sbarrate le porte, perchè a me, quello che agli altri non accadesse, ottenni che il segretario del principe di Brandeburgo (egli conduce questa schiera) di notte albergasse in mia casa. Tuttavia ciò non bastava a frenare il furore di uomini rapacissimi, ondechè quando la coorte italica, che era prima qui alloggiata e che in questi giorni era andata a Como per la rassegna dell' esercito, fu tornata fra noi, impetrai che sei soldati di essa vegliassero alla mia casa. Io non ho passata alcuna notte tranquilla, alcun giorno senza tema, senza inquietezza. Ogni campo fu devastato dalla rabbia soldatesca, ogni casa posta a sacco, gli abitanti furono bastonati, vaso di rame non rimase in veruna casa; le travi, le botti, i barili furono arsi, e tutto fu insudiciato. Odor tetro dalle strade, da' trivj, dalle case spira, quale viene dalla loro crudeltà; una minima parte della vendemmia non è rimasta; furono case incendiate nella campagna, e le barche furono tutte sequestrate... Questa truppa ora parte, odesi rimbombo di tamburi, le strade rumoreggiano, ogni cosa è bagnata dalle lagrime degli abitanti infelicissimi, e niente è sicuro. Altri a questi succedono, quello che sarà di me, ignoro ». E in altra lettera ad altro amico narra curioso accidente. «Entrato in mia casa, dice egli, un luogotenente dell'esercito di Merode pose l'occhio a una selvetta di alloro, di che tutta quella verdeggia, e nereggiante per le coccole, e chiese: *che generazione d'albero è questo? E che sorta frutti produce?* Oh il barbaro! non conosce l'alloro. Guai alle muse, guai ai versi! quale ruina vi apparecchiano questi che ignorano la vostra sacra fronda ». Questo stuolo di Tedeschi calato nella Lombardia vi sparse del pari la pestilenza che fu una delle più micidiali, e che in varie terre nostre sentiamo tuttavia ricordare con ispavento. Como con i sobborghi si ridusse a ottomila abitanti. La pestilenza imperversava anche nel milanese, e il Manzoni, prestantissimo ingegno, l'ha descritta con sì vivi particolari, che ci fa essere presenti a contemplare quella orribile desolazione.

Inclinavano i Valtellinesi più del dovere alle parti di Spagna e se ne offese il re di Francia, molto più che gli Austriaci per la valle communicavano liberamente col ducato di Milano, cosa che non avrebbe tollerata mai. Collegatosi a nuova guerra con Olanda, Svezia, Savoia e Parma per deprimere la baldanza degli Spagnuoli ed Austriaci comandò al duca di Roano, che era tra i Grigioni ed aveva intorno a sè raccolte molte truppe, invadesse di furto la valle. Il Roano eseguì celeremente il comando, se non che appena si accostarono alla riscossa gli Spagnuoli, perdette la valle con l'istessa celerità con cui l'aveva acquistata. In Bormio i fanti tedeschi uccisero per passatempo un centinaio di quegli abitanti, e fino nelle chiese, dove si erano rifuggite, contaminarono le donne. Essi intitolavansi i loro liberatori. Ricomparve più forte l'impetuoso Roano, sconfisse gli Spagnuoli al Fraele, a Mazzo i Tedeschi e riebbe la valle. Un Serbelloni che era per altro prode soldato, e che dalla riva di Colico doveva correre in aiuto co' fanti spagnuoli, non lo fece, perchè nella lettera a lui scritta, non lesse tutti i titoli che stimava doversi al suo grado. Da sì piccole cause dipende talvolta la perdita delle imprese! Sorse la primavera del

1636 ed il Roano mosse ad altre fazioni. Nei monti delle tre pievi di Sorico, Gravedona e Dongo ruppe gli Spagnuoli con morte di ottocento, poscia buttatosi su la sponda opposta, s'incamminò per la Valsassina facendo disegno di riuscire nelle pianure milanesi. A Introbbio disfece le fornaci, in cui si fondevano le palle di cannone agli Spagnuoli, e disceso a Castello sopra Lecco e tentato indarno di passare oltre, chiamò un notaio e fece rogare un atto che rendesse testimonianza del suo strano viaggio. Tornato in Valtellina e della vittoria insuperbito tenne poco conto sì degli abitanti che dei Grigioni, pretese farla da padrone, impor leggi a suo arbitrio, e di questo modo con duri trattamenti si guadagnò l'inimicizia dei due popoli. A suo danno si aggiunse che Austriaci e Spagnuoli avevano a questo tempo bisogno per le cose loro, che quanto alla Valtellina si stringesse finalmente la pace; onde che posti in oblio i Valtellinesi, coi quali non avevano più comuni gl'interessi, promisero ai Grigioni molti vantaggi che non erano convenuti nel capitolato di Monzon, se distaccavansi dal Roano. Li trovarono pronti ad accettare per cagione dei recenti rancori. Il Roano che se ne avvide, corse a Coira per rompere i disegni al nemico, ma i Grigioni, tenutolo quasi in ostaggio e minacciando lo costrinsero a sgombrare la Valtellina e i contadi. Del qual fatto non vogliamo darne a lui intera colpa, che aveva a un tempo nemici i Grigioni, i Valtellinesi e gli Spagnuoli, pure temette l'ira del primo ministro Richelieu, e non si attentò di ritornare in Francia. Alla partita dei Francesi si sottoscrisse in Milano nel giorno 3 settembre 1639 tra i deputati Grigioni e il marchese di Leganes governatore del ducato un trattato che pose fine a tante controversie, fu base del gius pubblico valtellinese, e nel quale si conteneva: che la cattolica religione fosse la sola religione della valle, patto però che non vi venisse piantato il formidabile uffizio dell'inquisizione; che i Grigioni riscuotessero i tributi, come prima del 1620; che eleggessero i magistrati; che confermassero alla valle gli antichi privilegi; che riconoscessero sua maestà il re di Spagna per mallevadore del trattato. Stanchi della protezione gli Spagnuoli vendettero a queste condizioni i Valtellinesi, che per le lunghe guerre e per la pestilenza resi fiacchi e vili non poterono opporsi, che con le armi dei deboli, gl'inutili lamenti. Da principio fu mite la signoria dei Grigioni, e non perseguitarono alcuno per le stragi del 1620; di poi si fece dura ed intolleranda.

Era salito al trono di Spagna il re Carlo secondo, che d'inferma complessione non dava speranza di aver figli, cui trasmettere i suoi regni. Stavano gli animi dubbiosi dell'avvenire, e si presagivano guerre atroci che avrebbero devastata la Lombardia. Leopoldo di Austria, il delfino di Francia, il principe Ferdinando Giuseppe di Baviera ed il duca di Savoia Vittorio Amedeo secondo mettevano fuori ragioni più o meno forti in proprio favore pretendendo a tutta, o porzione dell'eredità. La Francia più accorta guadagnò i grandi di Spagna e lo stesso re Carlo, il quale nel testamento elesse ad erede il duca di Angiò Filippo, che appena morto Carlo partì nel dicembre del 1700 per la Spagna, e vi fu bandito re col nome di Filippo quinto. L'Inghilterra, l'Olanda, il duca di Baviera ed il duca di Savoia acconsentirono, ma l'Austria che questa eredità voleva per se, fieramente si sdegnò e corse all'armi. Il principe Eugenio di Savoia disceso in Italia con l'esercito austriaco e trattata la guerra con accidenti ora avversi ed ora prosperi discacciò alla fine gli Spagnuoli, e s'impadronì di Lombardia. I Comaschi ricevettero esultando i soldati dell'Austria, e le loro voci di viva l'imperatore andarono alle stelle. Arse in altre parti d'Europa con pari furore la guerra, che divenne famosa col nome di guerra di successione. Finalmente nel 1713 si stipulò la pace di Utrecht, si riconobbe per re di Spagna Filippo quinto, e nell'anno seguente si cedette per mezzo della convenzione di Radstat in pieno dominio all'Austria il ducato di Milano e Mantova. La Spagna cacciata da queste terre, non vi lasciò che la memoria di un governo crudele. Il duca di Savoia ebbe alcune città del ducato poste nelle parti occidentali. Altri luoghi gli vennero attribuiti nelle guerre posteriori, che finirono con la pace di Vienna nel 1738 e di Aquisgrana nel 1748. In queste guerre fu la Lombardia attraversata da numerosi eserciti e fu più volte saccheggiata. Se non perì si deve alla fertilità delle sue terre che producono i frutti copiosamente, e più di quanto possa distruggere la rabbia degli uomini e l'avarizia degli esattori.

Mite fu il governo austriaco. Maria Teresa, Giuseppe secondo e Leopoldo, che tennero di seguito la signoria, procurarono la felicità dei popoli, e fu detto da alcuni che la Lombardia sotto di loro godeva il suo secolo d'oro. Maria Teresa promosse il compimento del catasto delle terre, diminuì il numero delle feste di precetto, che essendo eccessivo, avvezzava il popolo alla poltroneria e scemava maestà alla cattolica religione; interdisse l'asilo sacro; propose un' utile riforma per l'amministrazione dei luoghi pii; perfezionò il sistema delle monete e delle finanze, protesse gli studj. La popolazione aumentava, rifioriva il commercio, prosperava l'agricoltura ed i Lombardi benedicevano Maria Teresa. Como, che nel 1739 non oltrepassava ancora li ottomila abitanti, ne aveva quattordicimila nell'anno 1773.

Il secolo inchinava alle utili riforme tanto rispetto alle cose, quanto rispetto alle persone, ed i principi assecondavano questa inclinazione con temperamento e con sapienza. Sovra tutto si desiderò l'ugnaglianza nell'amministrazione della giustizia e nei carichi dello stato. Quanto alla religione si bramò una riforma, non nel dogma che è inalterabile, ma nella disciplina. Si amava maggiore autorità nei parochi e nei vescovi, minore dependenza dai curialisti romani: parte difficile della riforma e incominciata da Maria Teresa non senza contentezza dei popoli. Nell'anno 1780 pervenuto al trono di Austria il suo figlio Giuseppe secondo, uno dei principi dei quali più si deve lodare la filosofia e l'umanità, proseguì l'egregia opera delle riforme. Amico dell'umana generazione volle egli in persona conoscere i bisogni de' suoi popoli. Non per fasto imprese lunghi viaggi; visitò gli abituri dei poveri; entrò nelle umili case dei parochi; vide gl'istituti di beneficenza; e conosciuti gli abusi, si accinse a emendarli e lo fece. Ampliò l'autorità dei vescovi e dei parochi, abolì gli ordini religiosi dati alla sola vita contemplativa, abolì il santo uffizio dell'inquisizione, corresse gli ordini giudiziali e civili, frenò l'ingordigia dei gabellieri, cassò le leggi che vietavano l'interno commercio, favorì lo studio delle lettere e di ogni utile scienza. Nel 1788 vennero in Como ordinate scuole per la istruzione dei fanciulli, e si obbligarono i conventi dei religiosi ad insegnare i principj delle lettere e dell'aritmetica ai figli dei poveri. Nè si stette in questi termini quel principe benefico. Rilevò la classe degli operai, de' contadini, degli artefici, una delle migliori e più utili parti della nazione, già oppressi e guardati con disprezzo da molti nobili; e alcuni di questi sentirono che ad essere in pregio tenuti conveniva far valere altri titoli, che gli usati. Ebbero fine molte cortigianesche usanze e servitù. Il padre guardiano doveva, a cagione d'esempio, così esigendo il signoril costume, recarsi ogni mattina al baciamano della tale o tale marchesa o del signor conte, chiedendogli colla maggiore scrupolosità come avesse passato la notte egli, e come si trastullava il signor contino. Per serbare il retaggio paterno intero al primogenito erano tuttora i figli costretti a vestire l'abito benedettino o gesuitico, o domenicano, e le figlie non meno erano a vita rinserrate in un chiostro. I diversi ordini religiosi cominciavano in tempo ad ordire le trame per averli, perchè con ciò potente protezione procacciavano al proprio monistero. Mali furono questi comuni a tutta Italia, ma in Como certo furono frequenti e grandi. Per le provvide nuove leggi le ricchezze non furono più patrimonio d'una sola classe di cittadini inoperosi, ma furono messe in moto, e possessione divennero di chi nelle opere lodate d'ingegno e di mano prevaleva. Fece tradur libri di agricoltura adattati alla capacità del popolo, aperse più comode strade al commercio ed infuse, si può dire, in tutte le parti del suo vasto impero novella vita.

Utili e sante erano le riforme, ma Giuseppe non aveva pazienza di preparare gli animi a riceverle, forse presago che l'invidioso suo fato lo incalzava e non gli concederebbe tempo di recare a fine il suo disegno. Alcune anco delle riforme ferivano troppo il popolo, il quale più che la sostanza delle cose cura le apparenze. Risguardavano le funzioni sacre, le novene, le ottave, i tridui, il suono delle campane e le processioni. Si riempirono le provincie a lui soggette di mali umori e il Belgio gli si ribellò. Dopo dieci anni d'impero morì, e gli successe il gran duca di Toscana Leopoldo che non poteva ricevere tanta dignità in tempi più difficili. La Francia in subuglio, annichilati gli ordini antichi e costituita in repubblica popolare, minacciava qual mare tempestoso di uscire da' suoi confini e inondare l'Europa. Compagnie di democrati si affratellavano per tutta Francia, e pubblicamente vantavansi voler togliere Europa al giogo dei tiranni, che così essi chiamavano i re. Amareggiato Leopoldo da tutti questi pensieri e trovate le provincie scontente, mancò ai vivi dopo essere stato intorno a due anni imperatore, ed ebbe a successore il figlio primogenito Francesco.

L'Europa sbigottita pigliò le armi per disfare in Francia quel nido di audacissimi repubblicani, ma le armi furono infelicemente usate. Assalita l'Italia, soprastarono alla felice Lombardia gli eserciti francesi guidati da Bonaparte, e nell'anno 1796 la invasero. Como per festeggiare il vittorioso nemico, gli mandò incontro fino a Milano due illustri cittadini Giambatista Giovio e Alessandro Volta, i quali intromessi dal generale Despinoy visitarono l'Annibale italico, nome dato a Bonaparte, ed ebbero grata accoglienza e più cortesi parole.

La prima falange dei Francesi guidata da Filippo Aubernon entrò in Como a' dì diciotto maggio. Le splendide vittorie che avevano acquistate, li facevano stimare più che uomini, e la libertà di cui si predicavano dispensatori ai popoli, procacciava a loro numerosi partigiani. Se in altri casi l'umana razza corre per un nonnulla alle imitazioni, questa volta vi era invitata anzi strascinata, essendochè gli esempj si reputavano grandi. Molte cose che si erano fatte in Francia, si vollero fare anche tra noi: il volgo che non se ne intendeva o ammutoliva, o seguitava la piena; minacciata la religione, si riscuoteva e dava di che pensare ai capi che rimutavano lo stato. È pericoloso a descrivere questo punto di storia. Del resto noi ci siamo proposti di esporre le cose con miti parole, quantunque senza offesa della verità; e se mancheranno molti particolari che meglio ritraggono i tempi, non ci sia attribuito a colpa.

In Francia si erano pubblicamente piantati alberi, detti della libertà, che portavano in cima il berretto rosso, sotto cui sventolava la bandiera tricolore, e intorno a quelli si dicevano e si facevano le più pazze cose del mondo: incontanente un bell'albero di pioppo, emblema di libertà, si piantò anco in Como su la pubblica piazza e si spesero meglio di cinquecento lire per adornarlo. In un baleno si moltiplicarono somiglianti alberi. I siti più frequentati ne ebbero, i cortili delle case cittadine e i pubblici edifizj. Chi era in voce di essere nemico ai Francesi, in maggior numero ne piantava. I comuni seguirono l'esempio di Como. Il paroco di Bellagio fu costretto danzarvi attorno, e mal per lui se avesse ricusato. Taluno vi stette ad arringare il popolo: tiranni, aristocrati, libertà, erano gli argomenti più cari. Agli ecclesiastici, benchè molti vi fossero mischiati, toccava una buona parte di quelle catilinarie. Bande di democrati, stretti, come dicevano, in fratellanza, si aggirarono per le terre forensi, instruirono a loro modo il popolo che per lo minor male, li aveva in conto di matti. Vi celebrarono feste, chiamate patriotiche o democratiche, piene di allegri accidenti. A Ramponio, terricciuola di valle Intelvi, eretto l'albero e imbandito sulla pubblica via lauto pranzo, già vi sedevano i democrati, allorchè cominciò un rovescio di acque. *Chi è aristocrata si muova*, gridano ad una voce. *Sarebbe bella che si temesse l'acqua da noi, che non temiamo spargere il sangue a pro della patria*. Si sta fermo. Viene in mente la virtù degli Spartani ed a questa, quella si paragona. L'acqua cresce, diluvia ed il vasellame di tavola ne è ripieno. I commensali si guatarono in viso, ma nessuno ardì ricoverare sotto il tetto. Alla fine fugge una donna e dietro lei fuggono gli altri, grondanti di acqua. . . . . .

In Francia si era gridato contro gli aristocrati, contro la nobiltà, contro il clero; in Como del pari non fuvvi penuria di tali schiamazzi. Taluno negò che si battezzasse il figlio; tal altro pretese che non Pietro o Giovanni, ma cittadino Libertà ovvero Timoleonte o Bruto si chiamasse al battesimo. Il dileggio delle cose più sacrosante e venerate da tutta l'antichità si appellava sacrilegamente istruzione del popolo. Rei giornali si sparsero tra di noi, e tra questi quello degli uomini liberi, che s'impresse in Como. Si appiccarono talvolta cedoloni su i canti delle strade nei quali era motteggiato il sacerdozio, perchè il popolo leggesse. Un comasco dei padri domenicani di S. Giovanni Pedemonte ammaestrò la gioventù nella militare disciplina, e dimandò con le stampe la dispensa dei voti monastici . . . .

I titoli di onoranza soliti darsi alle persone si proibirono, ed una nobil donna, che in un indirizzo di lettera ne ricevette, fu ammonita. Il vescovo non più illustrissimo e reverendissimo, ma cittadino. I conti, i marchesi, i cavalieri, non più cavalieri, marchesi o conti, ma cittadini; e talora stimandoli indegni di questo titolo, si appellarono aristocrati. Gli stemmi gentilizj si rasero dalle muraglie, e di questo modo perirono e lo stemma della nostra repubblica scolpito su la facciata del Broletto, e lo stemma dei Visconti che era vicino e lo stemma della real casa di Spagna, che con due bellissime figure umane dipinte dal Morazzoni, ornava il campanile del duomo.

In Francia vi furono ritrovi pubblici, nei quali di tutto e liberamente si parlava; volle averne anche Como. Il vecchio calendario si era annullato dai Francesi, e subito vi pretesero i Comaschi, e fu pubblicato un calendario che doveva incominciare col 22 settembre, principio dell'anno repubblicano. Ai mesi ed ai giorni si cangiò il nome e la distribuzione. Il vescovo Rovelli si servì della nuova divisione, e benchè non se ne possa incolpare, pure il canonico Cesare Gattoni non se ne sapeva dar pace. « Adunque se qui vengono i Maomettani, si farà uso dell'egira? » diceva egli.

Aubernon in questo tumulto si calava attorno le casse pubbliche e le vôtava. Il tesoro de' luoghi pii, ecclesiastici o limosinieri fu espilato. Costretti col ferro alla gola i custodi a renderne conto, fosse anco di somme sborsate prima che i Francesi ponessero piede in Como, basta avessero già invasa la Lombardia. Il monte di pietà, tanto vantaggioso ai poveri, dopo essersi posto a sacco, fu chiuso. Poco caleva a coloro che comandavano che le sostanze depositate in sul monte di pietà non appartenessero allo stato, ma a privati cittadini. Violazione manifesta del diritto delle genti, che più e più inimicava i popoli, i quali per le enormità commesse in Francia, non avevano affetto ai Francesi. Voci sinistre si spargevano, ed il caro del vitto accresceva i mali umori. Si abborrivano i Francesi, più si abborrivano i giacobini (che da una setta furiosa nata in Parigi così si chiamavano i loro partigiani), ed auguravasi loro male. Nè per questo tutti i giacobini erano colpevoli. Ingannati da grandi promesse, stimavano dovesse quando che sia risorgere l'Italia a nuova vita. L'assassinio della patria non valse a toglierli dall'illusione. Nella municipalità entravano per la massima parte uomini invasati dalle opinioni nuove; se qualche onesto uomo vi sedeva, e certo molti vi sedettero, era tolto d'uffizio appena creato, o la sua voce non era sempre ascoltata in tanto fracasso. Troviamo nei ricordi dei tempi piacevolissimo caso. I religiosi paolotti solevano nel mese di maggio ciascun anno esercitare la pescagione sul lago senza che avessero a pagare tributo di sorta. Venuto il maggio del 1797 giudicarono di chiedere alla municipalità la conferma del privilegio. Essa rispose: sappiamo che un buon numero di donne usa alla vostra chiesa per le confessioni, e che ne assolvete alcune, altre no; per l'avvenire le assolverete tutte, o tutte le rigetterete, come si comanda dalle leggi dell'eguaglianza, e vi è mantenuto il privilegio, altrimenti resta di presente abolito.

Rubate le sostanze del pubblico, si venne in sul toccare i cofani dei cittadini. Grosse contribuzioni s'imposero; i nobili ed i ricchi tassati a man salva, i mercanti e gli artigiani in proporzione dell'avere. Quindi si posero grandi accatti su la città e i villaggi, si confiscarono gli ori e gli argenti delle chiese, e si frugarono tutti i nascondigli, dove si sperava fossero ricchezze riposte. I calici collocati sulle mense democratiche, dicesi che servirono in cambio di bicchieri. Mentre si spogliavano le chiese, si leggeva sulle porte della città un pubblico bando che diceva: «empi, malevoli cittadini sono quelli che persuadono al popolo che i Francesi vogliono predare le chiese».

Gli insulti alla religione, di cui si era vietato in parte l'esercizio, mossero a tumulto Porlezza, la valle di Menaggio e tutto il littorale, che si stende fino oltre Domaso. Popoli infuriati accompagnavano il viatico agl'infermi cantando orazioni, e in una mano tenendo un'arma a difesa, nell'altra il cero. Si costrinse di viva forza un paroco a far le esequie ad un morto, poi si scacciò come indegno dell'ecclesiastico ministero, avendo detto che le cerimonie della Chiesa erano superstizioni. Si sparsero voci di miracoli, ed i popoli concitati erano pronti a correre con maggior furia. Parlavasi di una statuetta di nostra Donna, che nella chiesa di S. Donnino in città, girava gli occhi; e i borghigiani di S. Agostino che non si tenevano meno accetti al cielo, aggiungevano che una statua della loro chiesa, sudava a grosse gocciole di umore. Il volgo traeva a venerarle, e riputava vicino lo sterminio dei Francesi, segnato con prodigi dal cielo. Prima erasi già destata nel 22 maggio (1796) in Como pericolosa sedizione. Gli ammutinati fecero massa alla piazza del duomo, e l'albero della libertà fu il primo segno del loro impeto. Sorse uno spavento universale. Temevasi della città, temevasi una turba inferocita, molto più temevasi la vendetta francese. Il sangue sparso nella Vandea, a Marsiglia, a Lione mostrava che poteva essere degl'infelici Comaschi. Il vescovo Rovelli, fattosi largo tra la furibonda plebaglia, prega che si cessi, che si calmi l'ira. *Che importa a voi di questo fusto di legno?* ed accennava l'albero della libertà. *Che ottenete abbattendolo? Lasciatelo, io tremo in pensando che farebbero in vendetta i Francesi vittoriosi.* Ma come il popolo pesa più l'oro che le ragioni, egli dispensava insieme qualche moneta. Inferocendo tuttavia le turbe, salì il conte G. B. Giovio sulla loggia del Broletto, e con le lagrime agli occhi scongiurò che si cessasse, e poichè principal causa della sollevazione era stato il caro del vitto, lasciò cadere per la piazza varie copie di un bando che portava la diminuzione di questo caro. Ottima medicina. Il popolo contento si sbandò e si udirono le grida: viva il conte G. B. Giovio. Un grascino, bellissimo giovane, incolpato di avere pel primo scosso l'albero della libertà, pagò con la morte l'attentato. Non si cercò altro sangue.

Poco stante si seppe di simili movimenti in Milano, e di uno più funesto a Binasco e a Pavia. Bonaparte li credette indizj di una macchinazione per perdere i Francesi; rampognò acremente i due nostri deputati a Milano, uno dei quali era lo storico Rovelli; poi col pretesto della sicurezza pubblica li tenne in prigione per cinquanta giorni. Uscì severo editto che comandava la consegna delle armi da fuoco e da taglio, pena la vita e l'incendio della casa, se non si fossero date entro lo spazio di ore ventiquattro. Un uomo di Scaria nella valle Intelvi accusato di averne, fu menato nelle prigioni di Osteno. Gli si fa dono della vita se grida: evviva la repubblica. Nega, ed è passato per le armi.

Era commissario in Como un tal Valerio di nazione corso. Letta una carta anonima, in cui si prediceva prossima l'espulsione dei Francesi, comandò che tutti i maschi maggiori dell'età di dodici anni, che vivevano nella città e nei borghi si presentassero nel duomo, e su di un libro scrivessero il proprio nome. Confrontati i caratteri pensava di scoprire con questo mezzo il reo. Tutti si radunarono, tranne i borghigiani dispensati per cura di G. B. Giovio. La commedia andò a finire in riso. A Valerio venne surrogato un tal Gerard, che faceva professione di fervoroso giacobino. Vide il duomo e gli piacquero quelle spaziose navate. Se trovava seguaci aveva pensiero di darvi una festa da ballo. Insigne è la prima festa patriotica, nota col nome di festa della libertà o dei vecchioni.

La piazza del duomo offeriva l'immagine di verdeggiante selva. Un palco quadrato, cui si ascendeva da due parti, metteva in mezzo l'albero della libertà; dodici piante di pino circondavanlo, e dai loro vertici discorrevano vagamente incurvate belle ghirlande di lauro e di mirto; nastri tricoloriti fasciavanle e ne dipendevano fiocchi del pari tricoloriti. Iscrizioni allusive alla festa si leggevano ai quattro lati del palco. Una diceva: o morte o repubblica; l'altra: fratellanza ed eguaglianza; si prometteva colla terza: pace ai popoli, guerra ai tiranni; e con l'ultima si giurava: odio eterno agli aristocrati. Ai quattro canti della piazza erano appiccate altre iscrizioni. La Quadra non più Quadra, ma contrada della fratellanza. La contrada del duomo diventò la contrada della virtù; così doveva dirsi menando essa al palazzo civico ed all'osteria della cerva, convegno de' giacobini. Tricolorite bandiere col turchino o col verde, secondo che appartenevano a Francesi o Lombardi, erano spiegate al vento in sulla loggia del Broletto e su l'albero della libertà. Un secondo palco a due piani sorgeva in vicinanza dell'altro. Nel sommo erano ordinate ventiquattro sedie di marrocchino rosso, quelle stesse che servivano al collegio dei decurioni; vi dovevano invece sedere ventiquattro de' più vecchi agricoltori dell'agro comasco, volendosi mostrare ai popoli il pregio in che si dee avere l'agricoltura. Alberi di pino erano ordinati in giro, ed il pineto di Gironico, serbato alle feste patriotiche, pareva trapiantato nella piazza del duomo.

Era il dì cinque dicembre 1796, e la processione raccolta nel palazzo civico s'indrizzò alla volta di porta Sala. Precedevano i tamburi militari, poi duecento uomini scelti della guardia nazionale e un drapello della legione lombarda. Tenevano loro dietro il governatore francese, i municipali, i ventiquattro vecchi agricoltori, e preti e frati alla rinfusa. Appariva quindi il carro dell'agricoltura tirato da otto buoi, che portava gli strumenti rusticali disposti in bell'ordine e inghirlandati. Seguitava un cocchio eminente, detto il cocchio della libertà. Una donna di perduta vita vi sedeva sublime, la libertà raffigurando. Bianco e ricco manto era a lei annodato su la spalla; calpestava un imperiale scettro, brandiva con la destra un'asta che aveva in cima il berretto rosso; appoggiava il gomito della sinistra su l'arme de'romani littori. Furono con molta pressa chieste quattro giovanette, perchè le servissero di corteggio, ma non fu premio, che potesse piegar l'animo di una sola ad acconsentire. Un terzo carro carico di soldati feriti, tolti allo spedale, ed appellato il carro dei difensori della libertà, chiudeva la maravigliosa processione. Bande musicali rallegravano l'aria di festivi concenti, cui si frammischiavano il rimbombo dei cannoni piantati sulla riva del lago o su gli spaldi delle mura, e gli evviva che mandavano, gongolando di letizia, i democrati. Il popolo veniva di conserva.

Uscita la processione da porta Sala e ritornata in città per porta Torre si fermò alla piazza del duomo. I soldati si squadronarono; i municipali salirono sul palco della libertà; i vecchi agricoltori si adagiarono nelle sedie di marrocchino. Tuonavano i cannoni, strepitavano le bande musicali, le cantilene patriotiche assordavano. Fatta pausa, si trassero innanzi i caporioni, e giurarono morte o eguaglianza. Giurarono i soldati innalzando il berretto sulle baionette; giurarono i popolani. Nè tra queste dimostrazioni di gioia si posero in dimenticanza i ventiquattro vecchioni. Si avventò loro più di un giacobino, li strinse al petto ad uno ad uno, e spalancando loro addosso un viso da spiritato, li baciò e ribaciò. Stupivano essi, chè quantunque vecchi, tutte non avevano ancora vedute le pazzie degli uomini. Sfogata la piena di tanto affetto cominciarono le aringhe. Chi si scagliò contro la tirannia; chi disse le lodi dell'agricoltura, esortando i contadini a non più pagare la metà dei frutti ai padroni; chi celebrò la nazione francese e la propose esempio all'italiana. Quegli che più aveva fiato nei polmoni, vinceva la prova. Si voleva parlare ancora, ma dato nei tamburi sorse un immenso frastuono ed ebbe fine la solennità. Fuvvi pranzo pubblico pei capi; i vecchi agricoltori furono trattenuti a sontuoso banchetto all'osteria della cerva. Alla sera teatro aperto a tutti, luminarie per la città, nuovo schiamazzo. Uno dei vecchioni, il solo che si fosse fermato in Como, detto il *Santello* di Laglio, comparve co' zoccoli di legno in sul palco scenico. Aveva vista la Francia, non era alieno delle nuove opinioni e sapeva ad un bel bisogno nominare Voltaire e Rousseau, e metterli in ischiera con Marco e con Paolo. Ballò qualche minuetto, e certe sue grazie contadinesche dilettarono molto gli spettatori. Un mercante fu sentito dire della processione: *oh! che bambocciata;* e la parola gli costò cento scudi.

Bonaparte ancora vincitore sottoscrisse cogli Austriaci le prime condizioni della pace a Leoben nell'aprile del 1797, che furono poi solennemente ratificate a Campoformio. La Lombardia austriaca fu creata repubblica col nome di Cisalpina, le furono aggiunte altre città e fu dichiarata independente. Bonaparte fermò sua stanza a Mombello, splendida villa sulla strada da Como per a Milano. Vi tenne corte non da repubblicano, ma da re. Chi per ispiare, chi per adulare, chi per pregare, vi accorsero in folla i popoli.

Spuntato il giorno diciassette giugno, scese Bonaparte alle sponde del Lario, che dai tempi di Giulio Cesare non aveva ancora visto sì valoroso capitano. Fece una corsa alla Pliniana, cavalcò fino a Codelago nei baliaggi, arringò gli ufficiali della guardia nazionale con un discorso magnifico in parole. « La Cisalpina, disse, è riconosciuta dalle nazioni di Europa ed anco dall'imperatore. Voi sarete liberi ». Aggiunse essere omai tempo, che gl'Italiani si spoltrissero; dovere queste vallate, come le svizzere, ingenerare valorosi campioni. Duri petti conquistare e mantenere libertà; ai molli essere sempre preparato servaggio. Era già mosso ad andarsene, quando voltosi alle schiere arringate: sono, disse loro, de' briganti in Valtellina, discacciateli. Partì quindi verso Mombello fra i plausi dei Comaschi.

Divisa la repubblica in dipartimenti, Como divenne capo del dipartimento del Lario. I tributi non diminuirono ed invece di mettersi ordine nell'amministrazione, si disordinò per causa degli ambasciadori francesi, i quali volevano farla da padroni, e ciascuno aveva suoi capricci. Ora le leggi della repubblica erano troppo larghe e si dovevano restringere; ora i magistrati erano nemici alla repubblica, e si doveva loro dare lo scambio. In somma si aveva una repubblica di nome: i Francesi comandavano, stravolte erano le leggi dalla forza, e molti erano gli oppressi. Se qualcheduno resisteva si udivano parole di mal suono: la repubblica francese ha fatta la cisalpina, così la può disfare. Ciò era vero. Trapassata la metà dell'anno 1798 fu casso il dipartimento del Lario, che così chiamossi l'agro comasco: una parte venne unita al dipartimento dell'Olona; l'altra parte, in cui entravano le pievi superiori del lago, si congiunse al dipartimento dell'Oglio e dell'Adda, di cui era capo Morbegno in Valtellina, la quale coi contadi di Bormio e di Chiavenna si era tolta alla servitù dei Grigioni, ed erasi ricongiunta a gente italiana nella maniera che siamo ora per raccontare.

Dopo il capitolato di Milano sottoscritto nel 1639 erano vivuti in pace i Valtellinesi, se non che i Grigioni lasciando di amministrarvi buona giustizia vi avevano più e più da loro alienati gli animi. D'altra parte un popolo, allorchè si rappacifica con un altro da cui deve anco ricevere il giogo, non dimentica le antiche gare, ma quasi eredità ne trasmette la memoria ai figli, ed il sopito odio serve poi di addentellato a nuove inimicizie. I pretori che ogni biennio uscivano a governare la valle, comperavano l'uffizio messo dai Grigioni all'incanto, e a modo dei bascià turchi saccheggiavano a loro arbitrio la valle. A suono di danaro assolvevano e condannavano; mancando i veri colpevoli cercavano i supposti, e questi erano sempre i più facoltosi. Di mano in mano vi perì l'industria, si corruppero i costumi, si spopolò il paese e si venne a tanta insolenza, che nacque tra i Grigioni il proverbio: *quegli aver meglio governato che più si fosse arricchito.* Entrati gli Austriaci nel dominio del ducato di Milano, riconobbero nel 1726 il capitolato già conchiuso per mezzo degli Spagnuoli, e si chiarirono mallevadori delle sue condizioni. Da sì fatto istante cominciarono le rimostranze alla corte di Vienna, e inchinando sempre più il secolo alle riforme, i deputati valtellinesi pregarono con molto calore gl'imperatori Giuseppe secondo e Leopoldo perchè introducessero qualche pratica di accordo. Nè di ciò contenti, vollero che il mondo giudicasse della bontà delle loro ragioni, e negli anni 1788 e 1791 pubblicarono due libri su l'osservanza del capitolato. Non tacevano nemmeno i Grigioni, ma coprendo col falso il vero tentavano la loro causa giustificare.

Allo scoppio della rivoluzione francese si fecero più vivi anco i Valtellinesi, ed appena fu invasa la Lombardia, che deliberarono di scuotere il durissimo giogo. Le persone notabili per ricchezza o per sapere furono le prime a chiarirsi; stette dubbiosa la plebe, poi si divise in parti, giacchè a quei tempi era opinione che un'alleanza co' Francesi portasse seco l'annientamento della religione. Scossi i Grigioni al rumore, mentre il dominio era per fuggir loro di mano, s'ingegnarono di seminare discordia tra' Valtellinesi e di tenere ben edificato il capitano di Francia. L'unico filo che rimanesse di salute era l'emanciparli dal dominio e creare del paese suddito una quarta lega con esso loro collegata in signoria. Forse non erano alieni da questo partito, ma gli animi già troppo erano infiammati, e le offerte dei Grigioni si giudicavano piene di astuzia e di frode. I capi valtellinesi nemici di cuore ai Grigioni e desiderosi di fondare la propria libertà stamparono, poi sparsero per l'Europa un bando, in cui detto dell'oppressione retica e messi fuori i proprj diritti, chiesero l'independenza e di essere separati dai Grigioni. E perchè da se stessi si conoscevano impotenti a far moto d'importanza, implorarono la protezione di Bonaparte; un cinquanta erano i sottoscritti, la più parte ecclesiastici, tra i quali era insigne l'arciprete di Berbenno Andrea Paravicini. Si formò una compagnia patriotica, numerosa di oltre un migliaio di persone, e si giurò di voler vivere e morire liberi e cisalpini; si piantarono alberi di libertà, si venne addosso alle leghe grigie nelle parti di valle Pregalia, si tentò la ribellione di Poschiavo, si sforzarono alcune terre a dare il voto, e i popoli non tutti di un parere presero a tumultuare a mano armata... La compagnia patriotica prevalse, e nell'estate del 1797 si elesse un'ambasceria che dovesse presentarsi a Mombello, sede allora del generalissimo francese, ed esporre in nome del popolo valtellinese, che si voleva libertà e la riunione collo stato di Milano. Coi legati di Valtellina si accompagnavano in viaggio poco stante i legati di Chiavenna. Bonaparte li vide volontieri; e i repubblicani delle altre città italiane non seppero trovar parole tanto fervorose, che bastassero a significare la loro ammirazione per sì generoso partito. Sorse qualche disputa col legato dei Grigioni Planta, ma fu cosa di piccolo momento, perchè Bonaparte, solito a tagliare i nodi non a sciogherli, gli fece sentire che era una barbarie che una repubblica tenesse gente in servitù; e pensasse a tutt'altro, che a riconquistare gli antichi diritti alla sua patria. Si propose a' Valtellinesi se volevano formare una quarta lega co' Grigioni, ciò persuadendo lo stesso Bonaparte e massime un tal Comeiras legato francese a Coira. Negarono costantemente. Per la qual cosa si stabilì che fino a quando non si fossero chiarite le ragioni loro, vivessero a proprie leggi, e si vietò che per l'innanzi molestassero il territorio retico. La valle tuttavia non quietava. Il nome di Cisalpina vi era esoso, si ammutinò la plebe, si abbatterono molti alberi di libertà e la gara passò non senza sangue. Che fiducia si poteva avere nei legati, se al loro ritorno da Mombello dovettero scolparsi, di non sappiamo quale monopolio su la tratta dei grani che avevano a servire per la valle, di cui si chiamavano i liberatori? Ma i gallizzanti non erano uomini da arrestarsi a mezzo: quindi Murat generale francese che aveva gli alloggi a Edolo, valicati i monti, discese a Tirano, e col pretesto della pubblica quiete che ei voleva difendere, vi creò a suo modo un governo temporaneo. Bormio, i cui abitanti sono di natura per altro assai riservata, era trascinato dal turbine comune... Alla fine Valtellinesi e Grigioni più in altrui, che in propria balía posti, fanno compromesso nella repubblica francese, perchè giudicasse delle loro controversie. Sondrio e Chiavenna insistettero per la conservazione di qualche privilegio mediante l'unione alla Cisalpina; Bormio parimente insistè per mezzo del suo legato Bruni. Senza badare a sì fatte rimostranze che in bocca dei deboli sono inutili sempre, e non essendo comparsi i legati delle leghe grigie a dire le loro ragioni, al che erano domandati, Bonaparte a'dì dieci ottobre sentenziò che la Valtellina ed i due suoi contadi erano independenti dai Grigioni e diventavano parte della repubblica cisalpina. Così nacque il dipartimento dell'Adda. Si sequestrarono i beni dei Grigioni, negozio assai grave e che per lungo tempo li indusse, e finchè non furono composte le controversie, a far proteste alla dieta.

Nel seguente anno 1798 vi fu grande scontento tra quei novi cisalpini, tocca essendo la religione, e si sparse sangue. L'arciprete Paravicini si contò tra le vittime. Da Milano e da Como vi andarono soldati per sedare i tumulti, ma barbaramente comportandosi rubacchiarono quanto venne loro alle mani. Molti dei valligiani maledicendo Francia e Cisalpina si ridussero nei siti inaccessibili delle montagne, e di lassù scesero ad infestare il piano. Nè i cisalpini furono capaci di tranquillare il paese. Nelle sopravvenute mutazioni di regni fu corsa la valle da eserciti forestieri, patì per l'altrui ambizione, non migliorò suo stato. Se più senno fosse stato nei Grigioni e nei Valtellinesi, se meno vi avessero potuto le arti istigatrici dei giacobini, sarebbesi fatto di questa valle, quanto si fece dell' altra porzione dell' agro comasco, cioè il cantone Ticino, le cui vicende per l'effetto che ne seguì, meritano più particolare e continuata narrazione.

La valle Leventina, Bellinzona e i quattro baliaggi furono parimenti segno agli artifizj dei cisalpini che presumevano di toglierli alla schiavitù di gente forestiera è unirli alla loro repubblica. Le parole che mandarono innanzi erano al certo nell' apparenza piene di molto amore. «E dovranno, andavano dicendo, le nobili terre di Mendrisio, Lugano, Locarno e Bellinzona gemere ancora sotto l'elvetico giogo? Che hanno mai di comune con gli Elvezj che natura divise da loro con montagne scoscese, con ghiacci indomabili, con differenza specialissima sì di costumi che di lingua? Queste lombarde valli divenute squallide per lunga servitù risorgeranno a novella vita, ratto che un vivere libero v'incominci a fiorire. I generosi spiriti, che sono già sorti in varie parti d'Italia ardono di giovare alla magnanima impresa». Queste cose o somiglianti altamente si predicavano fin da principio che le vittoriose armi dei Francesi suonavano intorno le rive del Po e del Ticino. Conquistata la Lombardia seguitarono più lusinghiere parole, e nei baliaggi essendo trapelate le opinioni nuove si trovarono alcuni o di natura leggera, o di costumi sciolti, o aggregati a occulte sette che le assecondavano. Il grosso della popolazione non corrotto, ma semplice tuttavia di costumi si manteneva saldo nell'antica divozione. A' ventotto aprile 1797 accorsi i giacobini comaschi alla festa di S. Vitale in Chiasso, si provarono di gridare la libertà cisalpina, ma il popolo sdegnato per poco non gli manomise: si suonarono a stormo le campane, e tutto il baliaggio di Mendrisio e di Balerna si affollò armato ai confini. Quel nome di Cisalpina, stimata un altro nido di quei misfatti che avevano afflitto il bel reame di Francia, era pur quivi sentito con orrore. Nè per questo si era alieno dal pensiero dell'independenza, ma si bramava di stringersi in confederazione coi Cantoni sovrani, i quali, tranne qualche caso particolare, avevano governato modestamente. A Mendrisio mandavano un *Landfogto* o pretore, il quale negli antichi tempi sedeva anco in Balerna; un capitano a Lugano; e due commissarj, uno nella valle Maggia, l'altro a Locarno; che per a tempo esercitavano il supremo potere, e d'ordinario se erano tratti dai Cantoni ricchi, avevano più in cale la giustizia che lo studio del danaro; onde i popoli li amavano e le loro tornate benedicevano. Che se poi erano tratti dai Cantoni poveri, interveniva talvolta che estremamente cupidi del danaro, facessero mercato della giustizia, ma il male non essendo continuo nè frequente apportava leggiero nocumento. Ogni anno uscivano i deputati dei dodici Cantoni, ed alzavano in Lugano un tribunale di appellazione, detto il Sindacato, innanzi al quale erano libere le accuse, cosa di unico vantaggio a tenere in freno i cattivi. Non si niega che in qualche caso fu vano, poichè l'oro più che il fulmine penetra le durezze, pure era desiderato e fu assai volte di giovamento. Contro le medesime sentenze del Sindacato si aveva diritto di rimostrare oltremonti; nè sempre senza frutto tornarono tali rimostranze. Quei di Bellinzona, Riviera e Blegno sudditi ai tre Cantoni più antichi e governati pur con modestia, desideravano lo stare, perchè lo stare era consueto. La valle Leventina sotto la dominazione di Uri godette i suoi privilegi fino al 1755, nel qual anno essendosi ribellata, venne per castigo posta sotto dura schiavitù, quindi non si arrischiava di pensare a mutazioni. Tutta la lite era per risolversi in Lugano dove è prontissimo l'ingegno dei popoli.

I Cantoni sovrani che ebbero sentore di tali movimenti spedirono a Lugano due deputati Felice Stockman dell'alto Undervaldo e Buman di Friburgo, perchè spiassero le intenzioni della repubblica cisalpina e procacciassero di tenerla amica. Ricevettero buone parole, proteste di amicizia, di sincero affetto: lacciuoli per meglio accalappiare chi non conosceva i tempi. Intanto si dava voce che soldati francesi armeggiavano sulle frontiere, che non anderebbe guari tempo, e sulle piazze di Lugano e di Mendrisio si sarebbero piantati gli alberi della libertà col berretto cisalpino. Il cantone di Zurigo animava con fervorose parole i deputati a tenersi fermi, a guardarsi da' Cisalpini stretti in lega per turbare il mondo, ed anche a confortare i popoli con promessa di più dolce governo per l'avvenire. I novatori, raggranellata una marmaglia di piazzaruoli in sul bergamasco e bresciano, si apparecchiarono non giovando le semplici istigazioni a costringere coll'armi i baliaggi a congiungersí colla Cisalpina. Stockman e Buman caldi di amor patrio, istavano presso il direttorio cisalpino, chè disciogliesse queste masse di ribelli, risparmiasse il sangue, osservasse i patti. Rispondeva cortesemente il direttorio, assicurava della sua buona fede, mostrava dispiacere delle macchinazioni contro la sicurezza di uno stato vicino, cui era amico. Ciò in palese, perchè in segreto animava ed aiutava potentemente la sedizione. Dalla Cisalpina partivano gli scritti incitatori, le spie, i ribelli; essa somministrava le armi e prometteva soccorso.

I ribelli frammisti ai Cisalpini che erano già sulle mosse, non perdettero il tempo, e nel giorno 15 febbraio 1798 assalirono con 240 soldati la terra di Lugano, dando voce che più numerosa schiera sarebbe presto sopraggiunta in aiuto. Giovani luganesi, dalle nuove idee disennati, capitanavano gli assalitori. Ingaggiata la mischia, durò per lo spazio di un'ora, e in ultimo i Cisalpini vinti e discacciati corsero a rattestarsi a Bissone, sperando di ricombattere Lugano, quando che fosse, con migliore auspicio. Imbaldanzito il popolo per l'ottenuta vittoria, si raccolse intorno ai due deputati e chiese l'independenza della patria. Si scusarono di non avere facoltà a tanto. Si replica con più calore la domanda, e si piegano. In questo fortunoso istante si fecero innanzi un uomo di Cisalpina ed un ufficiale francese, e proposero scegliesse il popolo l'unione alla Cisalpina o alla Svizzera. Si risponde per le lunghe. Stockman fugge tra le selve del monte Cenere, ma Buman più intrepido sta fermo, e se deve mutarsi lo stato, procura che almeno la mutazione riesca favorevole ai Cantoni sovrani. Le cose pressavano, e spinti i Luganesi a chiarirsi, prevalendo l'amore dell'antica signoria, piantarono sulla pubblica piazza l'albero della libertà, se non che invece del berretto cisalpino vi soprapposero il capello di Guglielmo Tell, indizio che liberi erano e si confederavano ai Cantoni svizzeri.

Decaduti dalle loro speranze i Cisalpini, e divulgatosi che Milano disapprovava le masse che molestavano le terre dei baliaggi, fu per poco, se Buman non li salvava, che l'uffiziale francese e l'uomo di Cisalpina, autori della riferita proposta ai Luganesi, non venissero manomessi. Si ebbe facilmente rispetto al francese per la potenza della nazione; ma il cisalpino dovette sulla pubblica piazza umiliarsi, chiedendo perdono al popolo ivi addensato. Poco poscia partì Buman perchè cessava il suo mandato per la independenza di Lugano. Mendrisio piantò pure l'albero della libertà e pose sulla cima il capello di Guglielmo Tell. I Cisalpini guidati tuttavia dai trafuggitori luganesi, si adontarono a tanta resistenza, invasero di viva forza questa terra, ed insultato il capello, posero sull'albero il berretto.

I comuni di Stabbio, Ligornetto e Genestrerio istizziti anch'essi la loro volta fecero una subita presa d'armi e si provarono di sloggiarli, ma vennero respinti con uccisione di alcuni. Dalla terra di Mendrisio, o meglio da' faziosi che l'avevano occupata, si chiese subito l'unione alla repubblica cisalpina.

Si riscossero a questo accidente gl'invitti Luganesi e deliberarono disfare quella testa di nemici che accampati a Bissone, ingrossavano ogni dì e rendevano mal sicura la navigazione del lago. Vi erano a guida gli stessi giovani cupidi di novità, ai quali la sconfitta di Lugano non aveva tolto animo. « Oh! che barba da cappuccino? gridavasi loro. Perchè non la radete »? Rispondevano: « finchè in Lugano non è eretto l'albero della libertà col berretto, non dee rasoio rader pelo del nostro volto. L'abbiamo giurato ». Le sopravvenute milizie luganesi azzuffatesi con loro e combattuto per lo spazio di due ore, li vinsero, guadagnarono cinque piccoli cannoni, due bandiere, fecero trenta prigioni, e guai ai barbuti repubblicani se non campavano con la fuga. Da Bissone i vincitori mossero verso Mendrisio, e di là pure snidarono facilmente quella banda che l'occupava e taglieggiava. Si sussurrava tosto rannodarsi questa banda ai confini, ed essere pronta a rifar impeto dalle parti del Lario e della valle Intelvi. Torna il popolo a stringere le armi, per più giorni e più notti si suonano le campane a stormo in tutto il baliaggio di Mendrisio e di Balerna; si forniscono le case di strumenti di difesa, archibugi, spade, sassi, acque bollenti, materie ignee. Numerose truppe di armati spazzano il paese, e invasi tutti da furore a tutela della patria atterriscono i Cisalpini, ai quali pur giunge il terribile suono delle campane, sicchè disconclusi si rimangono sul loro territorio senza far nulla. Nè molto tempo passò, che discese a Lugano un ufficiale di Altorf per nome Jauck che seco menava ducento uomini di presidio. I Cantoni sovrani lieti oltremodo che i baliaggi volessero seco loro collegarsi in signoria, di mano in mano rinunziarono spontaneamente ad ogni diritto di supremo dominio su loro, su Bellinzona e le tre Valli.

In questi tumulti Locarno se ne stava irresoluto se avesse piuttosto a seguitare le parti di Cisalpina o della Svizzera. Bellinzona si chiarì libera, ma su gli alberi di libertà appese una bilancia, non berretto o capello, volendo significare che poco a lei importava l'unione all'un popolo o all'altro; resistè Lugano, e ai frutti del suo trionfo tutti parteciparono. Berthier che imperiava gli eserciti francesi in Lombardia, stimolato dalle rimostranze dei partigiani della parte elvetica spedì a Lugano il generale Chevalier, il quale in pieno consiglio manifestò che se il popolo domandava l'unione agli Svizzeri, sarebbe accordata. Piacque maravigliosamente la proposta, ed a Berthier si resero pubbliche grazie. Gli successe nel comando della Lombardia il generale Brune, uomo di pensieri moderati, che continuando la pratica fu operatore si raccogliesse il popolo a eleggere qual forma di governo più amava. Di unanime consenso non solo nel baliaggio di Lugano, ma in quello di Mendrisio e di Balerna fu scelta l'independenza con l'unione alla Svizzera. Le altre terre si piegarono al loro esempio.

È manifesto che alla coraggiosa e forte resistenza dei Luganesi i popoli dei quattro baliaggi, di Bellinzona e delle tre Valli sono debitori del presente loro stato civile. Il direttorio esecutivo della repubblica elvetica solennemente li ringraziò con lettere date a' dì ventisei maggio da Arau nell'Argovia. Dicevano: « il direttorio vi ringrazia in nome dei cittadini della Svizzera amici vostri e fratelli, cui vi congiungeste con nodi tanto saldi, che non seppero disciogliere i nemici; vi ringrazia a nome dell'umana generazione, perchè in mezzo ai turbini delle politiche mutazioni la libertà difendeste e la giustizia, e abborriste gli orrori dell'anarchia... Date ora a' concittadini l'esempio delle virtù repubblicane, e gioite per la gratitudine di una patria, di cui siete degni ».

Si distrusse in questo medesimo anno l'antica costituzione federale dell'Elvezia per opera dei

Francesi e s'istitul un governo centrale detto con altro nome *unitario*, del quale furono malissimo contenti i popoli, trovandolo disforme ai loro costumi. Tutto era allora foggiato alle maniere di Francia, poichè correva un'età tanto bisbetica, che per ispasso si sperimentavano le varie sorte dei liberi reggimenti, e tutti quelli che montavano in seggio ambivano essere alla loro volta legislatori.

Da principio si creò la repubblica Rodanica, costituita da cinque Cantoni, dei quali il Ticino (che così nel 1803 venne appellato pel fiume che ne bagna una gran parte) eletto il borgo di Locarno a capitale, erane uno. Nacque a corta vita, e dopo sette giorni la stessa mano che la compose, la disfece. Immantinente si surrogava un'altra costituzione, la quale tenne per lo spazio di quattro anni, quantunque patisse notabili cangiamenti. Ratificato il governo unico o centrale si chiariva la repubblica una ed indivisibile, sommavano a 22 i Cantoni, contate le leghe grigie ed il Ticino, che si spartiva in due Cantoni, detti dalle capitali i Cantoni di Lugano e di Bellinzona. Sdegnosi del regime centrale gli Svizzeri oltramontani, e delle forme antiche amantissimi, non mai seppero posare; tre altre costituzioni proposte negli anni 1801 e 1802 riaccendevano anzi che calmare quegli animi schietti.

I Francesi dovevano per breve tempo cedere il dominio d'Italia agli Austriaci, e nuove guerre funestare le pianure lombarde. Occupato Bonaparte nell'impresa d'Egitto co'veterani di Francia parve all'Europa giunto il momento di vendicare le tocche sconfitte e distruggere tante repubbliche terribili ai regni. Austria e Russia insieme collegate mandano forte esercito in Lombardia, vincono a Verona, a Magnano, sulle sponde dell'Adda, e a'dì 28 aprile 1799 Como e Milano sono in loro potere. La repubblica cisalpina è disfatta, ma il tempo che durò è tuttavia famoso col nome di triennio. Qualcuno tra i Comaschi, zelante partigiano della repubblica, fuggì, o venne mandato alle prigioni di Cattaro; la città riaggravata pel servizio delle truppe sospirò i tempi di Maria Teresa. È testimonio il Rovelli, che il terratico sopravanzava quello degli anni appena scaduti; si trovò pure la carta monetata, cosa insolita per queste ricche contrade. Russi ed Austriaci si attendarono nelle campagne di S. Agata propinque alla città: stupivano i nostri mirando quei figli del gelato settentrione cui prima per fama, poi per vista conoscevano tanto diversi dalle costumanze italiane. Il campo si assomigliava ad una fiera: i soldati vi vendevano i frutti dei loro saccheggi; e il volgo a vil prezzo comperava e di ciò si teneva contento. I Cosacchi col pretesto di punire i giacobini rubavano chi che sia a man salva di pieno meriggio; e si narra di taluno che ne sospirava l'arrivata, che essendo loro ito incontro nei piani della Brianza si ritornò indietro svaligiato e a capo chino, tolte a lui le fibbie d'argento, l'orologio e la borsa.

Non procedevano senza sangue le cose in Lugano. Nel giorno 29 aprile partite le ultime schiere francesi si ammutinò il popolo contro i gallizzanti, e dalle circostanti vallate accorse chi si piace dei tumulti per predare, secondo torna opportuno, amici e nemici. Qualcuno presupponendo la tempesta sgombrò, ma non si risolvette a questo fare l'abate Vanelli, scrittore valente e sagace di famosa gazzetta, sebbene rotto alle dottrine nuove ed in voce di essere uno dei giacobini più fervidi. Davanti alla finestra che guarda sulla piazza, andava tranquillamente radendosi la barba, allorchè un uomo del volgo che conobbe il pericolo, salite le scale, lo avvisò fuggisse, sussurrarsi di lui, forse dimanderebbesi a morte. « Ho capito, tu vuoi qualche moneta per isbevazzartela coll'oste: prendi e vatti in pace ». Così dicendo il Vanelli donò al buon uomo due lire e continuò suo mestiere. Poco dopo la turba dei sediziosi gridando: « ecco lassù il re dei giacobini! chè non l'ammazziamo »? irruppe nella casa, lo strascinò fuori e l'uccise. La casa fu saccheggiata, la libreria ricca di eccellenti opere oltramontane, i caratteri e i torchi della tipografia andarono parimente a ruba. Qualche altra vittima seguì l'infelice Vanelli, allorchè i borghigiani che già incominciavano della propria salvezza a dubitare, armata la guardia nazionale contennero i sediziosi e guardarono dall'eccidio la patria.

Bonaparte tornato dall'Egitto s'impadronisce del supremo potere in Francia, e assunto il nome di primo console piomba con nuovi soldati sulla perduta Italia. Nel principio di giugno 1800 ricupera Como, fa rivivere il nome di Cisalpina in Milano, vince la celebre battaglia di Marengo. Vi fu tregua cogli Austriaci. Intanto i balzelli erano eccessivi; Como, uno a questi tempi dei trentacinque distretti dell'Olona, dovette pagare più assai che non avrebbe potuto; cui si aggiunsero i passaggi frequenti dei soldati e delle vettovaglie verso Svizzera ed Alemagna, che si facevano a nostre spese. Il grano turco lire ottanta al moggio, lire cento il frumento. I mendichi riempivano i trivj, assediavano le case dei cittadini. Generosi i municipali volsero l'animo a soccorrerli e si mostrarono degni del glorioso nome di padri della patria, loro per usanza attribuito.

Ripigliate le armi e prevalendo ancora la fortuna dei Francesi, l'imperatore Francesco consentì alla pace segnata a Luneville nel 9 febbraio 1801. Si rinnovavano i patti di Campoformio, tranne che la repubblica cisalpina si allargava verso oriente lungo l'Adige. Il dipartimento del Lario, capitale Como, venne richiamato in vita e disteso sulle borgate di Lecco, Sondrio e Varese, aggiungendo i suoi abitanti a meglio di 371 mila. Non poteva quietare Bonaparte e s'innoltrava a gran passi verso la monarchia. Gli esempj hanno gran forza su gli uomini. Volle che gl'Italiani insegnassero ubbidire ai Francesi, e come quelli aveva domi col ministero di questi, ora non si avendo a brandire armi, operava col mezzo contrario. Chiama a Lione i deputati cisalpini perchè si proceda al riordinamento della repubblica. Fanno quanto ei comanda. La repubblica non più cisalpina, si chiamò italiana; Bonaparte fu eletto presidente per un decennio. Si ritrovarono ordini più monarcali, nè altro si voleva che mutato il nome di presidente in quello di re, ed era finito il gioco. Si soprastette qualche anno, ma intanto a sì splendido esempio fu imbrigliata Francia, poi con Francia, Italia.

Nel trattato di Luneville si era l'independenza confermata della repubblica elvetica, e concesso ai popoli di stabilire quella forma di governo che fosse stata ai loro usi più conforme. Gli Svizzeri oltramontani maledicevano il governo centrale. I due Cantoni di Bellinzona e di Lugano si mantenevano in pace, se non che il cambiamento di tutti gli ordini antichi, perchè tutto nella Svizzera doveva essere uniforme, gl'insoliti balzelli, qualche novità nella religione avevano destati nel popolo alcuni indizj di mal umore. Nell'ottobre del 1802 taluno se ne valse e fattosi capo dei foresi, li condusse contro Lugano e scacciato di quivi il prefetto o governatore, prese egli ad amministrare lo stato. L'usurpazione ebbe piccola durata. Lo scaltro Bonaparte, essendo scontenta tutta la Svizzera, si offerse mediatore, e annichilato l'odioso reggimento centrale, diede nei diciannove febbraio 1803 l'atto solenne di mediazione, in cui era determinato il sistema federale tra i Cantoni elvetici, poi la costituzione propria di ciascun Cantone.

La confederazione portava che i Cantoni, il cui numero era scemato a diciannove, dovessero a vicenda difendere le proprie forme di governo, il territorio e la independenza, sì contro gli assalti di popoli stranieri, quanto contro le domestiche ambizioni; che la dieta di tutti i Cantoni si raccogliesse con giusta comunanza di un anno all'altro nelle città di Friburgo, Berna, Soletta, Basilea, Zurigo e Lucerna. Stando la dieta in taluna di queste città acquistasse il suo Cantone il titolo di Cantone dirigente, e il suo Landamano o primo magistrato diventasse Landamano della Svizzera, presidente della Dieta ed altri privilegi si avesse qual capo della confederazione. Ogni Cantone inviasse alla Dieta un deputato, cui si potessero aggiungere fino a due consiglieri. I Cantoni la cui popolazione oltrepassasse i centomila abitanti, avessero due voti; gli altri Cantoni, fra i quali era il Ticino, essendosi riuniti in un solo quei di Bellinzona e di Lugano, si contentassero di un voto. Si statuiva in fine, spettasse alla Dieta il diritto della pace e della guerra; essa vegliasse alla salvezza dello stato e trattasse colle forestiere nazioni.

Le costituzioni particolari dei Cantoni si conformavano all'atto di federazione. Il cantone Ticino venne diviso in otto distretti: Mendrisio, Lugano, Locarno, Valmaggia, Bellinzona, Riviera, Blenio e Leventina. Bellinzona fu eretta a capitale del Cantone. Gli otto distretti si suddivisero in trentotto circoli: Mendrisio, Stabbio, Balerna, Caneggio, Riva S. Vitale, Lugano, Ceresio, Carona, Agno, Magliasina, Sessa, Breno, Taverne di sotto, Tesserete, Sonvico, Pregassona, Vezia, Locarno, Gambarogno, Onsernone, Melezza, Isole, Navegna, Verzasca, Maggia, Rovana, Lavizzara, Bellinzona, Ticino, Giubiasco, Riviera, Malvaglia, Castro, Olivone, Giornico, Faydo, Quinto e Airolo.

Si crearono due assemblee, l'una del comune, del circolo l'altra, che potevano radunarsi ogni qual volta fosse stato bisogno. Si concesse a ciascun comune un ufficio municipale, e ad ogni circolo un giudice di pace che fosse anco presidente delle assemblee del circolo. Si ordinarono tribunali di prima istanza in fatto di cose civili e criminali; poscia si trovò un tribunale di appello composto da tredici persone, che in ultima istanza giudicasse.

Il supremo potere si confidò a cento dieci

deputati del popolo, i quali costituissero il consesso nazionale, detto il gran-Consiglio. Si raccoglieva a Bellinzona al primo lunedì di maggio ciascun anno, e d'ordinario non poteva sedere più di un mese. Il gran-Consiglio elesse un piccolo Consiglio formato da nove persone tolte dal proprio seno, e che continuavano a farne parte. Stavano in uffizio sei anni. Rimase al gran-Consiglio il potere legislativo; il piccolo Consiglio ricevette il potere esecutivo ed amministrativo.

Tale è la costituzione del Ticino data da Bonaparte mediatore. Nella quale era un essenziale difetto, la confusione dei poteri. I membri del gran-Consiglio potevano a un tempo esercitare qualunque ufficio. Essi legislatori, amministratori, giudici, esecutori, appaltatori, tesorieri, commissarj, in un ufficio principali, in un altro subalterni; essi ogni cosa, senza un tribunale censorio che li tenesse a freno. Il diventar legislatore era scala a tutti gl'impieghi, talchè il consesso legislativo, non era che il consesso di tutti coloro che nello stato tenevano impiego. Finchè l'invasione del Ticino accaduta nel 1810 e durata per un triennio non corruppe l'indole onesta del popolo, poco si sentì il difetto; quindi diventò eccessivo.

Rappacificata la Svizzera, ambì Bonaparte di essere imperatore dei Francesi, e annichilata la repubblica si pose la corona in capo. Mutò anche nome e si chiamò Napoleone. Cangiata la forma di governo in Francia, si doveva pur cangiare in Italia. Napoleone nel giorno 25 maggio 1805 s'incorona re d'Italia in Milano. Questo si voleva significare coi comizj di Lione e la presidenza della spenta repubblica. Eugenio Beauharnais, figlio dell'imperatrice, ci è dato per vicerè.

L'occupazione del supremo potere turbò alcuni teneri amatori della promessa independenza. Delusi ora e impotenti a far contrasto, disacerbarono il dolore nel silenzio. Così non fece Bartolomeo Passerini paroco di Ramponio sua patria. Un anno prima delle galliche invasioni aveva stampata un'operetta in difesa della monarchia; piaciuta la cosa al governatore austriaco di Milano, ne era stato rimunerato. Venuti i Francesi ebbe paura e fuggì a Breghenz sul lago di Costanza. Confortato a tornare, obbedì, e si presentò al vescovo Rovelli che conoscendo l'ingegno fervidissimo del giovine, disse nell'accomiatarlo: « Ella, scriva pure quanto vuole, come mi dimanda, ma scriva sempre davanti il Crocifisso ». Saputo consiglio in tempi difficili. Oltre ad un volume di materie teologiche intorno al sinodo di Pistoia, pubblicò il Passerini molti libretti su la libertà cisalpina, e fin d'allora volgeva in mente pensieri immoderati e di sommo ardimento. Nella sua casetta non avresti udito, che i nomi d'Italia, di Roma antica, di Sparta. Le sue stanze erano addobbate co' ritratti d'illustri eroi greci e romani; egli vi stava lunghe ore a contemplarli, ne narrava le azioni ai circostanti e ne usciva tutto rinfocolato. La lettura delle opere di Voltaire e Rousseau, di cui era passionato, finirono di fargli perdere il senno. Non conoscendo i tempi, nè pensando la sua nullità, s'immaginava poter esso contro Francia quanto re potentissimi non avevano potuto, e credeva che qualche guerra in cui si fosse Napoleone impacciato, gli avrebbe porta l'occasione di tentare novità. Manifesta il pensiero agli amici, ne tira qualcuno nella congiura, tra' quali il suo cognato Molciani, uomo di semplici costumi, cieco strumento dei comandi di lui. Già aveva descritto l'ordine della guerra, ordinati commissarj per eccitare sommosse; e i congiurati vótando larghe tazze di vino designavano con lui questi e quelli agli uffizj della loro sognata repubblica. La guerra con l'Austria lo desta, ma la vittoria di Osterlizza lo fa posare: insorge la Prussia contro Francia e si sparge la voce tra noi che Napoleone è vinto. Pochi soldati stanziavano in queste terre, occupati tutti nelle grandi battaglie germaniche, onde Passerini incomincia la sedizione, della quale se ne propaga subito la fama che a mille doppi accresce il terrore dei fautori di Francia, i quali non sapevano persuadersi che potesse essere tanto piccolo il moto. Del resto alcuni dei valligiani d'Intelvi contrastarono subito al Passerini, e si divulgarono nel medesimo tempo le vittorie dei napoleonici contro la Prussia. Veduto il pericolo fugge nel cantone Ticino e con lui il cognato Molciani, ma a Bellinzona è tradito e consegnato alle prigioni di Como. Vuolsi che Molciani per paura o per lusinghevoli promesse eccitato da un oscuro fiscale che lo tentò, svelasse tutto l'ordine della congiura: Passerini esortato dagli amici, che ne aveva anco fra suoi giudici, a confessarsi matto, chè sarebbe stato salvo, rigettò sdegnosamente la proposta, diede franche risposte ai giudici, e disputò con loro, siccome è fama, di patti violati dai Francesi quanto alla Cisalpina. Le sue idee spartane non lo avevano abbandonato. Sentenziato fu nel capo in compagnia di Molciani, e di quattro altri che si erano trafugati. Il giorno innanzi che fosse condotto nel prato Portello a guastarsi, scriveva queste proprie parole ad un Piazzoli arciprete di Montronio e vicario della Valle. « Sono stato condannato a morte col povero Molciani, e domani alle ore nove saremo giudicati anche da Dio. Mi affretto di farvelo sapere per raccomandarmi alle vostre orazioni, a quelle del vostro buon popolo, e vi prego d'interessarvi perchè facciano lo stesso i parochi della Valle ». Quindi domandava perdonanza a' suoi di Ramponio, e raccomandava molto teneramente i figli di Molciani. Della congiura non disse parola, e serbò invitta costanza fino all'ultimo respiro, mentre Molciani si disfece in pianto. Nella mattina del cinque maggio 1807 vennero dicollati. Chi volgo non era, abbandonò in quel funesto giorno la città, o non uscì a saziare la vista di sì miserando spettacolo. Como contristata tardava molto a ripigliare la solita allegria. . . . .

Soldati italiani guidati dal generale Fontanelli, invasero nel novembre del 1810 il cantone Ticino. Prina ministro delle finanze nel regno italico, aveva fortemente consigliata l'impresa. « Essere, diceva, eccessivo il contrabbando. Gl' Inglesi, tiranni del mare, servirsi del Cantone quasi di magazzino per dispensare le loro merci. Ora che i principi germanici erano in procinto di aderire al sistema continentale, avviarsi tutte le mercanzie nel cantone Ticino, già esserne piene Bellinzona e Mendrisio. Il bene pubblico domandare che si usassero rimedj efficaci: ma stesse pur tranquillo il popolo ticinese, che del contrabbando in fuori, non si sarebbero i napoleonici impacciati d'altro ». Sì fatte voci allora si divulgavano, ma scopo segreto dell'invasione era di astringere i Ticinesi a chiedere l'unione all'italico regno. Si cominciò con le insidie, e si affaccendarono gl'invasori a trovar partigiani; danaro, spie e quanto la corruzione suggerisce, tutto fu posto in opera: quindi si venne alle aperte domande. Alcuni acconsentirono, e segnatamente tra i giacobini del 1798, trovaronsi di quelli che avrebbero venduta la patria, ma il governo del Ticino protestò contro l'invasione, protestarono il

Landamano della Svizzera e la Dieta federale. Dubbie risposte si ricevettero dall' imperiale Parigi, le quali però non atterrirono il popolo ticinese che stette fermo a favore dell'independenza. Al nuovo anno si sparse la voce accontentarsi la Francia del distretto di Mendrisio, allargati i confini del regno a Capolago, e incontanente tutti i comuni del distretto manifestarono con solenni e gravi parole al gran-Consiglio e alla Dieta, che a nissun patto si sarebbero smembrati dalla Svizzera. I napoleonici, vedendosi scoperti, insistettero, usando una di quelle voci che di botto fanno forza all' animo, ciò è che era necessario rettificare i confini. La Dieta, che dopo l'atto di mediazione era devota al mediatore, si piegò, e spedì a Bellinzona il deputato Rusconi, perchè inducesse il gran-Consiglio all'assenso. Rusconi fece l'uffizio e assicurò che la perdita di Mendrisio salvava il Cantone, se no, era perduto quanto paese è da Chiasso al S. Gottardo. Facilmente credono a lui i consiglieri degli altri distretti, chè nel danno di Mendrisio trovavano la propria salvezza; e alla discussione di fatto sì grave si elegge di presente un comitato, al quale solamente uno dei consiglieri di Mendrisio, persona molto innocente, potè partecipare. Rusconi scelto a segretario del comitato, mostra una lettera di Rheinard legato della Dieta a Parigi, che diceva: «se Mendrisio non si cede, temo il fulmine su l'intero Cantone». Tanto bastò, onde traboccasse la bilancia, e il comitato propose al gran-Consiglio, che la Dieta per causa di rettificare i confini, trattasse pure la disgiunzione di Mendrisio.

La proposta fu seme di discordia nel gran-Consiglio. I più assennati ripugnavano, parendo loro che la cessione di una parte fosse scala alla domanda di tutto il Cantone, e negando giustamente a se medesimi il diritto di vendere una parte di popolo; gli altri inchinavano alla cessione per questo, che pareva loro impossibile salvare il Cantone in tanta potenza della Francia. Quegli che pretende Mendrisio non è forse quel Napoleone, dicevano, che con un tratto di penna crea e distrugge i regni? Non sarebbe vanità la nostra resistenza? Aggiungevano a 96 i consiglieri allorchè si mise a partito la proposta; 54 si trovarono favorevoli, 42 contrarj. Giambatista Maggi di Castello, uomo procacciante e vivo alle imprese, il quale voleva le prime parti tra i consiglieri del distretto di Mendrisio, si segnalava tra gli oppositori. Corse anche voce si fosse accostato ai forestieri, e non vedesse di mal occhio la discordia nel gran-Consiglio, perchè se il distretto si aveva a cedere, ambiva essere lui il negoziatore.

Maggi, significati suoi pensieri al generale Ballabio che comandava allora i napoleonici, scrive una protesta, la fa soscrivere da altri quattro consiglieri delle parti inferiori del lago di Lugano, poi la squaderna innanzi al gran-Consiglio, che la rifiuta. Sdegnati quelli, si assembrano ad altri consiglieri sublacuali, e abbandonata Bellinzona pigliano loro viaggio alla volta di Mendrisio. Comanda il governo al commissario di Mendrisio, che proibisca loro ogni assemblea; ma fu inutile divieto, poichè convennero insieme a' dì 6 agosto nella terra di Riva S. Vitale, distretto allora di Lugano, e, imbandito un pranzo, vi proposero se dovevasi eleggere un deputato alla corte di Milano. Nicchiarono alcuni, ma comparve a proposito una lettera del generale Fontanelli, indirizzata a Maggi, la quale diceva: «Mendrisio è tuttavia in tempo, se prima di essere separato ama la conferma di qualche privilegio». Si guatano in viso i banchettanti, e travolti allora tutti dal medesimo senno, scelgono Maggi, perchè gisse a Milano, chiedesse che il distretto si lasciasse unito alla Svizzera, se no, gli offerti privilegi. Maggi visita a Milano il suo Fontanelli, a Monza Beauharnais; quindi indettatosi con Mejean compila uno scritto da presentarsi a Napoleone. Lo scritto si rimanda da Parigi a Soletta, residenza della Dieta, e la Dieta crea un comitato, perchè togliesse in esame lo stato del cantone Ticino. Certo l'adunanza di Riva era clandestina, priva di pubblico mandato, e non sappiamo come i napoleonici l'avessero per buona. Non proibisce l'atto della confederazione ai Cantoni ed ai distretti qualunque peculiare trattato politico coi forestieri? Ai disastrosi accidenti che immantinente seguirono, dee il Cantone la propria salvezza, e più che il Cantone la dee a loro il distretto di Mendrisio, perchè ingolfati i napoleonici nell'impresa di Russia, non poterono applicar l'animo alle cose della Svizzera. Partivano nel novembre del 1813 i loro soldati, e giù dall'Alpi scendevano al loro posto i soldati della confederazione. La gioia del popolo fu grande e sincera.....

Napoleone provoca alle armi la Russia e già in sembianza di vincitore ha posti i suoi quartieri d'inverno in Mosca. Il gelo prima, poi l'Europa congiurata distruggono il fioritissimo suo esercito. Il regno italico, assalito a un tempo da Austriaci e da Napoletani, minacciato dagli Inglesi, rotto da discordie intestine tra i capi, ruina. L'Austria ricupera la Lombardia, e nell'aprile del 1814 piglia possesso di Milano e di Como. Occupa del pari la Valtellina e i contadi di Bormio e di Chiavenna. Gli antichi confini vengono assicurati al cantone Ticino e la sua independenza; soltanto la valle Leventina si obbliga a lieve tributo in favore del cantone d'Uri.

La caduta dell'imperatore di Francia annientò l'atto di mediazione, sicchè i popoli volsero il pensiero a confederarsi con nuovo patto e a nuove costituzioni. Forse più degli altri collegati erano i Ticinesi in bisogno di riformare la costituzione. Un posto nel gran-Consiglio era diventata la precipua ambizione dei cittadini. Esclusi da quell'onorevole consesso non più, come accennammo, potevano partecipare agli altri uffizj dello stato. Vi erano bensì leggi severe sull'ámbito, ma poste in dimenticanza o vilipese. Che se si trovarono ottimi consiglieri, e molti se ne potrebbero nominare a cagione d'onore, era bontà loro, chè non abusavano del potere, non bontà della legge che ne vietasse l'abuso. L'invasione de' napoleonici era più forte stimolo a non procrastinare la riforma, ammettendo la distinzione dei poteri, poichè guasti i costumi, non più, come nei primi anni della costituzione, si poteva confidare nella bontà degli uomini. Un concittadino, in cui non sappiamo se sia maggior lode, o il ben istruire o il bene scrivere, certo che queste qualità sono in lui cospicue, mise in bella luce tale verità e ne citiamo alcune sue parole: « Gran ruina, gridava egli, all' onesto vivere apportò nel paese nostro l'invasione e dimora di tre anni, che fecero gli eserciti forestieri: accidente particolare a noi, non comune colle altre repubbliche confederate. E nel vero si trova in tutte le storie notato, che ogni paese il quale abbia patito invasione guerresca e avuto stanza di stranieri eserciti, sempre precipitò ne' vizj. A che pro dissimulare? Quell'avvenimento funestissimo, ha pur troppo infermata la nostra piccola repubblica: sicchè ora ella ha nelle vene dei mali umori che l'affligono. Peggiorarono in quel triennio tristissimo i costumi del paese nostro oltre a quel grado a che iti sarebbero da sè per malignità naturale nel giro di tre secoli. Poichè quelle genti attentandosi in più guise, e non sempre indarno, di spegnere nei petti dei cittadini la carità della patria, e di sradicarvi ogni sorta di virtù civile, fecero propriamente strage de' buoni costumi. La nostra repubblica adunque è un corpo avvelenato, che ha bisogno di gran perizia nel medico e di gran virtù nella medicina per essere richiamato a sanità. Questa riflessione odiosa, ma vera, ne conduce a stabilire la massima, che non possiamo nè dobbiamo confidar troppo nella bontà delle persone, potendo la suprema autorità cader tra le branche di chi non amò, nè ama sinceramente la patria; che dobbiamo ordinare lo stato con particolare accortezza e sagacità in guisa da poter frenare e l'insolenza de' magistrati e la licenza del popolo ». Questo savio ed accorto ordinamento era poi la distinzione dei poteri.

La Dieta congregata in Zurigo invitò nel febbraio del 1814 i magistrati del Cantone, chè esaminassero la costituzione, e sì la riformassero, che non fosse discorde alla nuova confederazione. Il gran-Consiglio, che sapeva la volontà del popolo e che non aveva ancora preso a contendere della riforma, trovò a' dì quattro marzo la nuova costituzione, e con questa stabilì che nissuna persona potesse a un tempo esercitare il potere legislativo, esecutivo o giudiziario. La Dieta, e con essa gli ambasciadori dei principi alleati, non conoscendo forse abbastanza quanto importasse pel cantône Ticino questa distinzione dei poteri, o prestando troppo facile orecchio alle voci di tali, cui piaceva andassero le cose all'antica, negò pertinacemente di approvare. Si diè mano ad altra costituzione e a' dì 29 luglio fu posta e pubblicata. I cento dieci consiglieri si riducevano a 76, si riteneva la confusione dei poteri, si accrescevano a undici i membri del piccolo Consiglio, cui si mutava il nome in quello di Consiglio di stato, e, forse per conservarsi in uffizio, il gran-Consiglio si poneva tra gli elettori.

Il popolo si sdegnò. Peggiorarsi, diceva, la costituzione, ridotte in più pochi deputati le magistrature; mettere omai salde radici l'oligarchia; non esservi una censura, un sindacato independente; ruinare ogni cosa. Se non che ricevette conforto pensando, che nei comizj banditi pel giorno 21 di agosto, avrebbe almeno rimostrato con frutto. Spunta il dì fisso, si raccolgono i cittadini, ma nel più bello il presidente dell'assemblea trae un bando suggellato del governo, lo apre e legge: « è vietato ogni richiamo, e si proceda senz'altro alle elezioni secondo la nuova costituzione ». Più della metà dei circoli protestarono e dalle elezioni si astennero; e molti pur degli altri, che il furor di parte sospinse ad eleggere, chiesero nel medesimo tempo che la costituzione si riformasse. Gli animi si riaccendevano. Degno di molta commendazione sarebbe stato il gran-Consiglio, se innanzi di pubblicare la costituzione del luglio, ammaestrato avesse schiettamente il popolo, che fine aveva avuto la riforma proposta nel marzo. Tardò, ed *il Manifesto* stampato sulla fine dell'anno non potè disfare il già fatto, dispiacquero anzi le acerbe parole, e niuno non tenne nemmeno per tutto vero, quanto vi fu asserito.

Proibite le rimostranze, anzi tolte le vie di farle dirittamente, e stimolato il popolo da necessità, si ricorse ad altro mezzo. Nuovi deputati di varj circoli e comuni si raccolsero nella terra di Giubiasco, e v'invitarono gli altri deputati per la giornata del 29 agosto, onde provvedere alla salvezza della patria. I più dei circoli assentirono, e l'assemblea di Giubiasco assunse il nome di Consiglio cantonale. Si divulgava tra il popolo avere già il gran-Consiglio scritto alla Dieta, che la costituzione del luglio era stata di comune consenso accettata. A tal voce molti dei Ticinesi s'insospettirono che la Dieta si fosse a bella posta con falsi annunzj, così in questo, come nel resto tratta in inganno. Quindi nacque maggiore diffidenza tra il popolo e il gran-Consiglio, e subito ne seguitarono le nimicizie aperte e il dover fare, presupponendo lo stesso popolo che la Dieta, chiarita della verità, non avrebbe tenuto per sedizioso il moto, anzi lo avrebbe favorito e lasciato compirsi.

Il piccolo Consiglio, ed in questo gli si deve lode somma, rinunciò e preferì a' proprj vantaggi la quiete della patria. Ben s'ingannò il Consiglio cantonale accettando la rinuncia. Se avesse tenuto in sede il piccolo Consiglio riconosciuto dalla confederazione e dai principi alleati, lo avrebbe avuto a difesa delle proprie deliberazioni; imprudentemente creò in sua vece una Reggenza temporanea. Nulla valse il formale avviso, che se ne diede ai Cantoni ed agli ambasciadori dei principi alleati; vana tornò pure un ambascería spedita a Zurigo. D'altra parte il fatto riferito incontanente alla Dieta e agli ambasciadori e adombrato, come si volle, da coloro che amavano la costituzione riprovata dal popolo, fu sentito molto gravemente. Proponeva intanto il Consiglio cantonale (4 settembre) la riforma della costituzione, fondata su la distinzione dei poteri e sovra saggi provvedimenti per l'amministrazione della giustizia.

Il presidente della Dieta Rheinard, scelto Luigi de Sonnenberg a commissario civile della confederazione presso il cantone Ticino, lo mandava al di qua dei monti, perchè restituisse il piccolo Consiglio e cacciasse la Reggenza. Uscito questi a Bellinzona avvisava la Reggenza, venir lui a difesa dell' antico governo. S'ingegnò il Consiglio cantonale istitutore della Reggenza, di mostrare che gli antichi deputati avevano perduto l'amore del popolo, che la cagione delle controversie era la negata distinzione dei poteri, ma le sue parole non ebbero effetto. Entrò bene il commissario nel Consiglio cantonale, e con grave discorso perorò perchè si rimettesse in seggio l'antico governo; e quando vide recarsi in piedi uno del Consiglio per rispondere, partì di presente. Per la qual cosa non valendo gli ufficii amichevoli, si disciolse il Consiglio, e non istette ferma che la Reggenza.

Il commissario si trasferì poscia a Lugano e ammonì con pubblico bando i comuni, chè non obbedissero alla Reggenza. Frattanto a Bellinzona si avvicinavano i soldati della confederazione. Ad aumentare la paura si aggiunse che i legati del Consiglio cantonale spediti alla Dieta scrivevano, che il cangiamento seguíto non si voleva; si cedesse, altrimenti si sarebbe usata la forza. La Reggenza, non volendo precipitare nella civil guerra il Cantone, con bando dato a' dì undici settembre narrò al popolo le cose fatte, lo esortò a stare tranquillo, a confidare nella Dieta, e nella protezione de' principi alleati, poscia rinunciò al potere. Il piccolo Consiglio fu riordinato. Null' ostante i soldati confederali imprigionavano il presidente e due altri della Reggenza. Il popolo s' infuriava, correva all' armi e li restituiva a libertà. In mezzo a tale trambusto, essendo il piccolo Consiglio fuggito a Rovereto in Mesolcina, lassù si mandò una deputazione, la quale convenne a questi patti:

vi fosse oblio del passato, si cessasse dalle armi, e si desse opera in comune a riformare la costituzione del luglio e accontentarne la Dieta. Quietavano gli animi. Mentre trasmigrava nel Cantone il piccolo Consiglio, corse voce che le condizioni della pace erano vane. Un bando esposto con parole non troppo caute (17 settembre) ingrossò gli umori mal repressi, sicchè il popolo, veloce sempre ai partiti rischiosi, riprese le armi e si affollò nelle vicinanze di Lugano, dove nacque acerbissimo caso. I sediziosi pensavano entrare in Lugano per ricongiungersi a quei borghigiani, come avevano già fatto poco prima nell'impresa contro Bellinzona quando liberarono la Reggenza; credevano invece i Luganesi venissero quelli al saccheggio; e si appiccò una mischia cittadina. Alcuni perirono e le strade di Lugano furono sozzate di sangue. Debellati i foresi, rifecero impeto al nuovo giorno (21 settembre), e riuscito loro meglio, si posarono nel borgo. Vi ebbe qualche insulto, impossibile a vietarsi in quel rimescolamento, ma nessuno si volse a saccheggi o uccisioni.

Nell'atto che più bollivano gli animi, uscirono due bandi, che furono ottimo balsamo a tante ferite. Il primo (19 settembre) era del piccolo Consiglio che radunava un comitato consultivo di un deputato per circolo, affinchè esaminasse la costituzione del luglio: il secondo bando (24 settembre) era del nuovo commissario della Dieta il presidente de Salis-Sils, il quale in mezzo ai plausi del popolo, benchè durasse tuttavia la sedizione, era stato accolto in Lugano. Aveva il de Salis-Sils maniere cortesi ed ingegno conciliatore; era umano, non gli piacevano i tumulti, e nemmeno aveva vaghezza di dominio assoluto in casa altrui. Portò il suo bando, che non uno ma due deputati per circolo convenissero all'assemblea di Bellinzona e la costituzione discutessero. Queste provvisioni per sè eccellenti furono aiutate da ciò, che passati i primi bollori, si era già tra i partigiani della riforma ed il piccolo Consiglio (22 settembre) stipulata a queste condizioni la pace: che fossero perpetuamente dimenticate le vicende state nel Cantone dal ventun agosto in poi; che i debiti fatti andassero a carico di tutto il Cantone; che il comitato consultivo non solo potesse riformare la costituzione del luglio, ma eziandio proporre nuova costituzione. La pace era sottoscritta dall'ottimo de Salis-Sils.

I deputati raccolti senza indugio a Bellinzona, incominciarono l'opera della riforma. Intervenivano all'assemblea il piccolo Consiglio e il commissario de Salis-Sils, che senza nuocere alla libertà delle discussioni, diceva talvolta suo parere. Facile ed affabile a tutti, nemico degli abusi, era amato e in venerazione. Sparsa la voce che aveva a partire, gli furono attorno i deputati a pregarlo che si fermasse. Non accondiscese, chè non poteva, ma li confortò di sì buone parole, che la sua memoria nel Cantone sarà sempre riverita e cara. In cambio venne a commissario un tal Hirzel di Zurigo, uomo di poco discorso, d'indole crudele, e preparato in ogni caso ad usare estremi rimedj. Non d'imperio dimezzato si piaceva, ma di assoluto. I deputati, quando se lo videro innanzi, dissero con profetiche parole: *è ita la riforma.*

Ripigliate le discussioni, si guardarono i deputati (difficile impresa), di porgere occasione all'Hirzel d'impacciarsi nelle cose loro e volgerle a suo senno. Se si proponeva un'ammenda, vi era sempre qualche deputato che mostrava lo scritto del suo circolo, in cui si ordinava non fosse vinta; pure alla lunga senza ombra di tumulto si accordavano. Restava a decidersi una questione, che sempre ha guaste le migliori provvisioni e inveleniti gli animi, cioè, qual sarebbe la capitale del Cantone. Bellinzona, Locarno e Lugano pretesero tanto onore. La disputa s'inacerbiva e nulla si risolveva. Il presidente dell'assemblea, travolto dallo studio di parte, avvisa Hirzel del dissidio; ed Hirzel che se ne stava come in agguato, coglie l'occasione, entra nella sala dell'assemblea preceduto da due araldi, e col corteggio di quattro capitani delle truppe de' confederati, e chiesta licenza, non avendo l'uso dell'italiana favella, legge in francese questo comando: « La vostra opera, deputati, non piace alla Dieta. Siete sciolti. Obbedite; altrimenti vi avverto che ho qui a' miei cenni due reggimenti di soldati; un terzo reggimento di truppe veterane è pur in cammino dal S. Gottardo ». Nissuno osò zittire. Ben il segretario non seppe frenare lo sdegno: almeno, esclamò, lasciarci compire quest' opera! *Non importa*, soggiunse Hirzel che gli era vicino. Poco dopo visitato dallo stesso segretario, che voleva spiare quale animo si avesse verso il Cantone e sentito dirsi: non sarebbe bene, che i Ticinesi domandassero l'antica forma di governo che era prima del 1798? *Ottimamente*, replicò Hirzel: *questo è da farsi.* La qual risposta insospettì il Cantone, che si volesse attentare alla sua libertà. Non ardiremo affermare che l'Hirzel avesse in proposito qualche segreto mandato; piuttosto sarebbe a credersi, che per fellonía propria cadesse nel laccio che gli fu teso.

Sciolta l'assemblea dei deputati, fu richiamato il gran-Consiglio, che dopo le vicende dell' agosto aveva pigliata in gara la costituzione e inchinava a vendetta. Il piccolo Consiglio, la data fede osservando, propose i patti da lui segnati e dal commissario de Salis-Sils, perchè fossero raffermi. Il gran-Consiglio ributtò con isdegno la proposta e invece a' dì 25 ottobre fece un editto, col quale, calpestate le forme costituzionali, conferì ad una corte speciale, cui la Dieta avrebbe scelta, il più pieno ed assoluto arbitrio (sono sue parole) di esaminare, riconoscere e definitivamente giudicare quanti avevano in qualche modo contrastato alla costituzione del luglio. Il cantone Ticino, e con quale prudenza si è poi veduto, venne in balía posto a giudici sconosciuti che poterono invece della legge seguire il talento. Hirzel riferì alla Dieta, e la Dieta scelse la corte speciale di giustizia, presidente lo stesso Hirzel, cui si aggiunsero Schweizer, altro zurigano di natura alla sua consenziente, e due o tre altri d'oltremonti, piuttosto scrivani che colleghi. Il tremendo tribunale taglieggiò a suo senno le persone e i comuni, e non furono pochi. I debiti, che si era convenuto si pagassero dallo stato, s'imposero ai partigiani della riforma. Nei processi l'Hirzel non finiva dal dire: *è necessario che i Ticinesi ricevano ancora l'antica signoria. Ben meriterebbe della patria chi a questo si adoperasse.* Più petulante lo Schweizer perorava pubblicamente la stessa causa, e giurava: *i Ticinesi non essere capaci a governarsi da sè.* Ma i Ticinesi maledicevano e bestemmiavano l'insolito tribunale; ne restava attonito lo stesso gran-Consiglio. Il capitano Francesco Airoldi e Angelo Maria Stoppani, principali tra i riformatori, appena videro in trono l'Hirzel, che si posero in salvo abbandonando il Cantone. L'Airoldi benchè lontano si processò e dannò a morte. Lo Stoppani rispose da Como, dove viveva rifuggito, che avrebbe ripatriato, se gli si accordava salvocondotto.

Gli si manda il salvocondotto, ma gli amici lo confortano a non commettersi alla fede di un tribunale che instituito a capriccio, a capriccio procedeva. Franco egli d'animo e scevro di delitto passa il ponte di Chiasso, e in Lugano si presenta all'Hirzel; il quale subito dopo il primo atto di processo lo gitta in prigione, ed a lui che si difendeva col salvocondotto, dà per risposta: *essere il salvocondotto concesso pel ritorno nel Cantone, non per l'uscita.* Scellerata scusa al rompimento della fede. Cavato morto da prigione, si diè voce che avesse da sè posto violentemente le mani nel proprio sangue; altri dicevano avere nel bujo della notte sentite le strida dell'infelice, che domandava mercede. Il tribunale rammassati quei danari che volle, e fatto ben provare al gran-Consiglio, quanto sia dannoso e inescusabile, commettere altrui la propria autorità, si sciolse. Hirzel, tali sono i giudizj di Dio! era poi trovato morto nelle vicinanze di Zurigo, non si sa, se per sua o per altrui colpa.

La costituzione del luglio di nuovo si pubblicò nel 17 dicembre con variazioni di leggerissimo momento, e si stabilì che ogni biennio si creassero due Landamani che a vicenda presiedessero il gran-Consiglio ed il Consiglio di stato, e che la capitale del Cantone si tramutasse ad ogni sei anni in Bellinzona, Locarno e Lugano, innalzate all'onore di città. Gravi furono sempre le contese, come accennammo, per sì fatta capitale. A questo modo un piccolissimo stato ha tre città capitali, e forse è sopita, non è spenta la gara perniziosa. Udimmo da un Ticinese, il quale ai tempi della venuta d'Hirzel era nell'assemblea di Bellinzona, che alcuni dei deputati si dolsero, appena sciolta l'assemblea, di non avere pensato per finire ogni questione, di mettere una volta per sempre all'incanto la eletta della capitale. L'erario del Cantone si sarebbe impinguato, dicevano essi, ed il danaro da contarsi perchè la propria terra natia fosse capitale, avrebbe fatta tacere ogni invidia.

La memoria del tribunale irzeliano costrinse i Ticinesi a piangere in segreto le sorti della patria allora perdute. Poche persone occuparono il supremo potere, e chi era in voce di nemico, fu tenuto lontano dai pubblici impieghi. La libertà della stampa, quanto alle cose del Cantone, spaventava e fu repressa. Si mosse qualche pratica per fondare nel Cantone una compagnia, che avesse cura della educazione, dell'industria nazionale e dei poveri, e la quale non sarebbe stata che una imitazione della stessa compagnia svizzera che era oltremonti; ma fu subito interrotta la pratica, temendosi fino nel mezzo di una repubblica, qualsivoglia unione di uomini. Vi erano buone leggi, o nuove del pari buone si stabilivano, ma quasi fossero trovate ad ostentazione, niuno ad esse poneva mano. I consiglieri di stato signoreggiarono, e si tennero tutti, fino ai giudici, obbedienti ai loro cenni. Gli altri consiglieri furono nei loro distretti a guisa di padroni nel loro feudo. Le assemblee di circolo ed i collegi elettorali si raccoglievano più per serbare le apparenze, che per autorità che avessero; conciossiachè le elezioni erano prima preparate. Pochi arricchirono, l'erario impoverì, più e più si depravò tra il popolo, corrotto da continui brogli, la morale pubblica.

Fin da principio primeggiarono il Maggi di Castello e Giambatista Quadri della Magliasína, uno anch'esso di coloro, che nel 1798 ebbero parte nelle mutazioni accadute nei baliaggi. Rifuggito in Francia al nuovo anno fu ascritto all'esercito delle Alpi, con questo calò in Italia e vide le guerre della Calabria; ripatriato, s'intromise continuamente ne' pubblici fatti ed ebbe varie vicende. Di fermo coraggio e sagace anche pel molto uso delle cose del mondo, si accorse che la imposta costituzione dava in mano ad un solo, purchè il volesse, la somma delle cose; si accinse all'impresa e in poco tempo vi riuscì. Salito in alto e afforzatosi sdegnò compagni nel dominio, ed escluse dal Consiglio di stato il Maggi.

Non vogliamo inasprire mali antichi ricordando con esempj particolari quanto si è sopra significato; ciò che è impossibile a noi, sarà uffizio dei futuri scrittori, chè non deve esserne spenta la memoria. Diremo tuttavia senza ira nè favore, come lontani dalla cagione, che valicato qualche anno, il popolo prima con segreto bisbiglio, poi con aperte mormorazioni si dolse dell'usurpata signoria. Venute le cose quasi agli estremi tramarono alcuni, più per voglia d'impero che per altro fine, di uccidere di veleno il Quadri; ma scoperti, furono sostenuti in prigione, e contro le leggi dello stato si creò a bella posta un tribunale che giudicasse del misfatto. Il processo si tirò in lungo, si tennero sospesi gli animi e si consumò altro danaro. In certa parte si feriva anche il Maggi, perchè tra gli accusati erano persone a lui affini. I Ticinesi chiosarono il fatto a loro talento, e benchè lo detestassero, nacque in loro vivo il desiderio di distruggere la potenza del Quadri ed emendare la costituzione; ondechè spinto da queste cagioni e dalla memoria del perduto dominio si arrischiò il Maggi nel giorno 23 giugno 1829 di proporre nel gran-Consiglio qualche piccola riforma alla costituzione. Fu ributtata la proposta, quasi sovvertitrice delle leggi fondamentali dello stato, e uscì bando in cui onestata col nome di prosperità la miseria che dominava, s'inveì contro ogni cangiamento: vana dimostrazione e la quale ad altro non valse che a vieppiù inimicare gli animi.

La sedia del governo si era già tramutata nella città di Lugano, dal Quadri vilipesa e posta in fondo. Entra l'anno 1830 e rapidamente si sparge pel Cantone un libricciuolo reso alle stampe in Zurigo senza nome di autore, nel quale i difetti si discutevano della costituzione, s'indicavano le ammende da farsi e di sì validi argomenti si confermavano le asserzioni, che chiunque leggeva, non avvisava per lo più di trovarvi espresso l'altrui parere, ma il proprio. L'eloquentissimo libretto iva nelle mani di tutti, si alzava un grido generale che chiedeva riforma, e se taluno era stato dubbioso, adesso correva allo stesso grido trascinato dalla piena. Quadri più stringendosi al potere, quanto più presto era per fuggirgli di mano, fece una tal quale risposta, che eccitò prestanti ingegni alla difesa dello stesso libretto, sicchè alla lunga ei doveva cedere il campo. Pensò di essere in tempo a menomare le forze dell'improvviso turbine e con una piccola concessione salvare tutto: quindi permise che il consiglio di stato (6 marzo) attestasse pubblicamente, essere la costituzione suscettiva di ammende. Per forza si era ciò conseguito, e per questo non badandosi alle sue suggestioni, chè voleva i comuni la pensassero a suo modo e la riforma riuscisse ancora a lui favorevole, si fecero sentire più gagliarde voci, colle quali non si aveva riguardo, posposti tutti i rispetti, che ai bisogni della patria. Autorevoli parochi predicarono a'popoli la necessità della riforma, perchè molto caleva loro de'buoni costumi, i quali là sempre fioriscono dove buone leggi si osservano; ottimi cittadini, che avrebbero stimato colpa lo starsi neghittosi e tranquilli fra tanti che si affaticavano per la patria, si diedero pure a divulgare colle stampe i loro pensamenti su la riforma. Tra questi ricorderemo Battista Monti di Balerna, perchè co' suoi scritti aveva massimamente inteso a fondare lo stato sulla moral disciplina. Questo dabbene uomo che fa sua vita privatamente senza ambir nulla nè parteggiare, indusse parimente nel pubblico favorevole opinione de' suoi scritti, e si confessarono giudiziosi.

Quadri che non aveva ancora patito sconfitta, stimando opportuno un forte esempio, diede un bando arditissimo (21 aprile) e consegnò a' suoi tribunali, come rei di capitale delitto, i compilatori di una gazzetta, che illuminando il popolo era a lui sommamente molesta. Arrivava l'istante più pericoloso per la repubblica. L'atto si tenne per assoluto; i popoli già mossi da tanti discorsi di riforma e che non potevano più tornare addietro, pensarono se ne volesse soffocare ogni memoria, e si presagì anco dai meno accorti imminente una sommossa. Quadri che ne attendeva lo scoppio, il quale di necessità avrebbe chiamate le truppe della confederazione a raffermare la combattuta costituzione, abbandonò il Cantone. Tra i consiglieri di stato non sedeva che Giulio Pocobelli di Melide, caro alla patria per la generosità dell'animo e l'efficacia con che resistè ai Cisalpini nel 1798, e che invano aveva chiesta ai capi maggior moderazione. Ponderò l'imminente pericolo, poscia pieno di fidanza si volse ad uno di quei partiti magnanimi che solo ponno negli estremi salvare uno stato pericolante. Sospende di sua autorità l'esecuzione del bando fatale, finchè si sia raccolto per la finale decisione il Consiglio di stato; il quale raccoltosi tostamente approva a maggioranza di voti quanto si è fatto dal Pocobelli, e così finisce il dominio di Quadri. Per la qual cosa a Giulio Pocobelli ed ai consiglieri che approvarono la sua risoluzione si deve onore di patria salvata. Che sarebbe avvenuto del Ticino se differendosi di alcuni mesi la riforma, che più in là non si poteva, avesse sentito la terribile scossa che quindi agitò tutta la Svizzera? In vece l'opera della riforma tranquillamente procedette nei modi legali, e il cantone Ticino acquistò egregia fama di civili costumi presso l'intera confederazione.

Tutti i comuni, durante il mese di maggio, presentarono con mirabile consentimento le loro istanze al supremo magistrato, nelle quali instarono per la riforma. Il Consiglio di stato che vide essere universale in ciò il voto della nazione, propose al gran-Consiglio, adunatosi sotto la presidenza di un Lotti, dolce ed accomodante persona, la riforma della costituzione; e il gran-Consiglio esaminate che n'ebbe sottilmente tutte le parti, la ratificò a' dì ventitre giugno.

La letizia dei popoli fu straordinaria, e la dimostrò con grandi luminarie, con rappresentazioni teatrali e col suonare a festa de'sacri bronzi; ma prima che questo festevole suono si udisse, ci ferì l'orecchio un suono da morto. *Che è questo*, domandavamo l'un l'altro; fu risposto: *le esequie dell'estinta costituzione.* Nel giorno quarto di luglio le assemblee de'circoli approvarono la riformata costituzione, tutte di unanime consenso, tranne il circolo della Magliasina.

Il gran-Consiglio fu aumentato a 114 membri, i quali si eleggono direttamente dal popolo, stanno in carica quattro anni e non ponno, tranne i municipali, esercitare alcun altro impiego. Nelle elezioni, che loro appartengono, danno segreto il voto, la qual cosa favorisce la libertà del giudizio e toglie ogni personale rispetto.

Il Consiglio di stato fu ridotto a nove membri, eletti dal gran-Consiglio, ma da lui disgiunti. Durano in carica quattro anni, ponno essere raffermi per la seconda volta, ma per la terza elezione devono inframmezzarsi due anni. I Landamani si chiamano per l'avvenire Presidenti.

Ogni anno si deve stampare uno specchio, o come altri dice una statistica dell'amministrazione dell'erario, tanto rispetto alle spese fatte nell'anno che finisce, quanto per le spese probabilmente da farsi nel nuovo anno. Legge eccellente.

Accresciuto così il consesso legislativo, tolta la confusione dei poteri, trovato l'annuo rendimento dei conti, si stabilì che nessuna ammenda si potesse fare alla riformata costituzione, se non dopo il corso di dodici anni. Veramente può solo la pratica chiarire se vi ha ancora difetti. Ma si è pensato di ovviare il broglio delle assemblee popolari? Non sarebbe bene che il bóssolo di cui si serve pei voti segreti il gran-Consiglio, si usasse in tutte le assemblee sì comunali, che circolari? Non nuoce all'amministrazione della giustizia, che i membri dei tribunali debbano appartenere al circolo in cui siedono, e che, massime ai giudici di prima istanza, non si domandi l'attestazione di quella scienza che loro è assolutamente necessaria? Del resto i Ticinesi hanno già conseguito molto, ed assai più devono sperare dal benefizio del tempo e dalla sapienza dei presenti loro maestrati.

LIBRO OTTAVO

Sommario.

Notizia dei sinodi e di altre leggi ecclesiastiche. Sinodo tenuto nel 1013 per provvedere alla ruina dei cenobj. Altro nel 1342 per correggere parecchi abusi. Il vescovo Volpi raccoglie il sinodo detto il primo. Sua lettera di convocazione. Apertura e cerimonie che vi hanno luogo. Ammonizione del vescovo ai padri. Discorso di uno di loro sulla monarchia ecclesiastica e sul sinodo diocesano. Processione solenne dei padri per tutta la città. Seconda sessione e atti di essa. I padri ricevono i decreti del Tridentino e anatematizzano le eresie. Un padre rende conto al vescovo del suo ministero, e gli altri lo imitano. Terza sessione. In questa sono letti i casi riservati. I padri giurano al vescovo ubbidienza. Quarta sessione. Discorso del vescovo sulla ecclesiastica disciplina e suo egregio atto di umiltà. Si pubblicano molti decreti vescovili. Saggio di questi. Il sinodo è obbligato riceverli. Quinta ed ultima sessione, che si passa col leggere i nomi dei padri. Osservazioni su gli atti e decreti del sinodo. Bonomi delegato apostolico visita la diocesi e ci lascia più ordini. Proibisce i veneficj, gl' incantesimi e le malie. Decreti da lui fatti contra gli eretici; i bestemmiatori; in favore dell'inquisizione; sulla collazione dei sacri ordini; per la fondazione d'un seminario, per la fabbrica delle chiese e de' cimiterj. Savj avvisi che dà al vescovo. Sue leggi e di altri sopra i funerali. Nostre osservazioni in proposito. Ordini per li parochi, monachi e le confraternite laicali. Secondo sinodo sotto il Volpi. Discorso puerile recitatovi da un Salici prevosto. Vi si legge la bolla in coena Domini. *Alcuni decreti di esso sinodo. Il vescovo Archinti si reca con solenne pompa alla cattedrale. Ne imprende la visita. In che questa consisteva. Celebra un altro sinodo detto il terzo. Relazioni in questa occasione venute dalla Valtellina. Progressi fattivi da' Calvinisti. Strane fogge negli abiti dei preti. Due canonici si rendono per la loro opposizione memorabili nel sinodo. L'Archinti fa rapporto al papa dello stato della diocesi. Cose in essa notabili. Altra sua relazione e lodi che ei fa di alcune terre della Valtellina. Suoi decreti ai canonici e controversia che ne nasce. Notizie che i canonici davano alla curia. L' Archinti celebra un altro sinodo. Terribile divieto fatto dal podestà di Traona a' preti Valtellinesi, di non intervenirvi. Pochi preti vi concorrono, e il sinodo passa il tempo in far nulla. Numerosi e gravi danni che recano gli esorcisti nel 1606. Lazaro Carafino celebra il quinto sinodo. Alcuni suoi ordini. Sue usurpazioni dei diritti civili. Sua relazione a Roma dello stato della Diocesi. Numero de' monisterj, delle parrocchie, degli ecclesiastici e dei monaci nel 1630. Il vescovo Torriano tiene il sesto sinodo. Suo eloquente discorso su gli obblighi de' preti. Corregge l'audacia di alcuni predicatori. Strano costume ne' matrimonj delle vedove. Patti simoniaci, frequenti. Miserabili in gran numero. Il vescovo Ciceri tiene il settimo sinodo. Esso fa caso riservato il vendere stabili ad eretici e lo alloggiarli. Altri suoi ordini. Conclusione del libro.*

La materia, di che ora siamo per dire, è di molta importanza, e maggiore che alcuni forse non pensano, come quella che risguarda le fine leggi che la prudenza dei preti ha trovate e stabilite per proprio governo e dei popoli. Il clero è ancóra, e massime pel passato fu tanta parte e sì principale d'ogni stato cattolico, e tanta è stata l'efficacia del suo esempio e de' suoi provvedimenti sopra i popoli, i costumi, la educazione, le lettere e la prosperità o infelicità di questi, che conoscere le loro leggi ed ordini a tutti importa e più ancora a' filosofi. Questo si può bene affermare, che quanto presso noi per alcuni secoli è stato di bene e di male, si deve a' preti e alle loro leggi principalmente attribuire; e quantunque i nostri non abbiano fatto altro che ricevere l'impulso che da più alto motore veniva loro comunicato, tuttavia anch'essi alcuna cosa ci offrono di specialmente osservabile, e se non altro, giova credere come il moto generale fu in particolare assecondato. Perchè poi ogni punto appartenente a religione, e che anche in qualche modo le si attiene, come il presente è, deve essere con somma riverenza trattato, noi procederemo assai cauti, e non di rado lasceremo che solamente parlino i fatti (1).

L'uso di celebrare concilj e sinodi benchè sia antichissimo nelle chiese, nondimeno la positiva memoria che troviamo del primo sinodo celebrato presso di noi, è alquanto posteriore al mille, ed è in una scrittura dell'anno 1013 (2). Per mezzo di esso il vescovo Alberico ricercando gli statuti, i costumi e gli atti de' suoi antecessori, indagò se era effetto della trascuranza di alcuno di essi, la ruina totale de' cenobj di tutte le chiese comasche (pare pei cenobj voglia significare i luoghi ove i cherici vita comune vivevano), e trovò tutto desolato. Il secondo nostro sinodo fu raccolto da altro nostro vescovo Bonifazio da Modena nell'anno 1342, e ne fa menzione Giovio Benedetto (3). Esso vietò le vigilie solite a farsi da' cristiani nelle chiese la notte precedente alle principali feste dell'anno; ridusse a più breve giro le Rogazioni, le quali da' cittadini si facevano a grande lontananza, e da' forensi a traverso burroni e valli con indecenza; comandò ai cherici di tenere mensa comune secondo l'antica usanza; decretò la deposizione dal grado ed uffizio ai cherici fornicatori; proibì si atterrassero le case e guastassero i poderi de' banditi per fazione, e fece altre leggi. Di questi due sinodi nè speciali notizie, nè gli atti si conoscono da noi, e però venghiamo a'tempi noti.

Tra le prescrizioni del concilio di Trento era questa, che i vescovi dovessero ogni anno congregare i sinodi diocesani, e ad essi tutti quelli che cura di anime esercitavano, essere presenti. Quel concilio ebbe fine nel dicembre del 1563. Tornato fra noi il vescovo Volpi, che fu uno di coloro che intervennero alle ultime sessioni e che sottoscrissero al concilio, tosto volse il pensiero alla convocazione del suo sinodo. Diedene in data dell'aprile 1565 la citazione, con che intimava a tutti i dignitarj, a' canonici, a' parochi, agli ecclesiastici e regolari in cura di anime, e a tutti quelli che per qualsivoglia titolo avesser obbligo d'intervenirvi, dovessero pel dì sedici maggio convenire alla cattedrale personalmente, o in caso di legittimo impedimento, per procuratori; che in difetto avrebbe contro loro proceduto con gravi pene secondo i canoni ed anche arbitrarie; e ordinava tuttavia che per idonei sostituti o in altra guisa fosse per loro provveduto, durante la loro assenza, a' bisogni spirituali de' parrocchiani. Venuto il giorno prescritto, fu in Como grande concorso di ecclesiastici, e immensa la folla del popolo delle vicinanze, e anche da luoghi remoti accorso a uno spettacolo nuovo e non più veduto. Nessun prete, o forse due o tre appena, vi si vedeva de' Valtellinesi e Chiavennaschi, perchè soggetti essi popoli a' Grigioni uomini di contraria fede, avevano questi agli ecclesiastici da loro dependenti vietato l' intervenirvi. Il vescovo vestito della cappa pontificale, preceduto da grande turba di popolo e immediatamente seguíto dal numeroso clero, si avviò alla cattedrale, dove fatte tutte quelle cerimonie e orazioni che sono di rito, ascese all' altare maggiore e alla sinistra di esso sedette. Il clero indossata la cotta assisteva nel coro aspettando a che il fatto volesse riuscire. Erano stati nel giorno innanzi eletti dal vescovo alcuni uffiziali del sinodo, ciò sono un promotore, tre ad ordinare il modo e il luogo e l' ordine con che i padri dovevano sedere, tre ad esaminare i mandati e le scuse degli assenti, uno a leggere le lettere scritte al sinodo, e tre notai a scriverne e rogarne gli atti. Allora avanti al vescovo si fece il promotore e supplichevolmente chiesegli si degnasse dar principio al sinodo, continuarlo e finirlo, e oltre ciò pubblicare gli ordini che aveva già scritti per regolarlo. Al che il vescovo avendo assentito, un Paravicino canonico gli si inginocchiò al piede, baciògli la mano e ricevuti da lui i sopraddetti ordini, salì sul pulpito e di quivi li lesse ad alta voce. Essi dicevano: che tutti in virtù della santa ubbidienza e sotto pene gravissime ed arbitrarie, quanto comandava, eseguissero; ciò era che ciascuno si confessasse, celebrasse spesso durante il sinodo, pregasse per l'esaltazione della cattolica chiesa, per la pace de' principi cristiani, per la distruzione dell' eresia; che in chiesa e fuori si mostrassero sobrj, modesti e irreprensibili, non contenziosi ma amanti l'un l'altro. A togliere ogni cagione di liti, era stabilito che nessuno acquistasse o perdesse nuovo diritto, o privilegio, pel modo, ordine o grado con che sedesse, o dicesse la propria sentenza, o fosse nella processione: e che per qualsivoglia tolleranza, rassegna, denominazione o simile, avesse luogo nel sinodo; nessuno perciò nuovo titolo, onore o diritto acquistasse, ma tutto restasse nello stato di prima. Erano date da ultimo positive regole del modo di sedere, di andare nella processione, poi dell' osservare silenzio durante la congregazione, del non porre contese, non istrepitare, non ridere, non molestare, non aizzare chicchessia; e si conchiudeva col prescrivere che nessuno osasse partire senza licenza, prima che fosse terminato il sinodo.

L'ordine del sedere era questo. Primo sedeva il diacono, quindi il prevosto della cattedrale (mancava l'arciprete, allora secondo in onore); poscia i canonici ne' loro seggi elevati, e più basso tutti gli altri sedevano sopra sgabelli disposti nel coro. I costituiti in dignità erano distinti da cotta e stola, i procuratori degli assenti di loro, erano adorni della cotta colla stola alla foggia diaconale e in sedie più alte delle comuni, e in fine il volgo de' parochi e preti con semplice cotta. I *sessionarj* od ordinatori pur essi in cotta e impugnata una bianca verga si aggiravano tra' preti designando i posti a ciascuno.

Recitate le ore canoniche, il vescovo cantò la messa dello Spirito Santo, benedisse il popolo, concessegli indulgenza, disse col coro le preci, il vangelo e l'inno soliti nella celebrazione de' sinodi, sempre osservando le minute e infinite cerimonie del pontificale romano, e in ultimo tenne un breve discorso in latino. In esso diceva che il concilio di Trento aveva fatta ogni opera per comprimere le eresie, tornare in vigore l'ecclesiastica disciplina rovinata o pei vizj del clero, o per colpa dei tempi; che in proposito aveva fatti forti decreti e ordinato che fosse restituito l'uso antico de' sinodi. Convenire che tutti impiegassero in ciò le proprie forze, e mostrassero ogni pietà ed impegno. Li ammoniva di non ostentare nel sinodo nè forza di eloquenza, nè la scienza de' giureconsulti, nè l'acume de' dialettici, nè la sapienza de' filosofi, nè svariata dottrina; ma che ad esso recassero soltanto umiltà, semplicità e pietà; dicessero con ischiettezza e senza contenzione quanto stimavano esser utile alla chiesa e alle anime; così rispondessero alle dimande; conoscendo seminatori di eresia o perturbatori della chiesa li denunziassero; rendessero sincero conto della cura delle anime loro commessa, che per tal modo ristorerebbero la disciplina ecclesiastica, si acquisterebbero buon nome ed avrebbero mercede di gloria in cielo. Finito che egli ebbe di favellare, un Paolo Malacrida prevosto del capitolo, baciata prima la mano al vescovo e da lui avuta la benedizione, recitò una lunga orazione, piena di ampollosità; nella quale s'incontrano sentenze dommatiche non esatte, proposizioni avventate e cose non conseguenti. La sua proposizione fu di parlare sommariamente dell'ecclesiastica monarchia, poi dire del sinodo diocesano, della cagione e del fine per cui erano ivi congregati. Affermò che sempre da' più prudenti fu stimata migliore quella forma di governo, che pochi e buoni e sapienti ottenevano, ma che tuttavia prevaleva in prosperità quel comune che da un solo ottimo principe era retto, perchè è difficilissimo, diceva egli, il trovare in un popolo molte persone di uguale e segnalata virtù, e per contrario è più agevole assai trovarvi un solo sapiente. Se un solo è che regola, non si destano dissidj, e non potendo a tutte le leggi provvedere, egli a tutti è legge. Questa è la felicità de' cristiani, che per re e capo hanno Gesù Cristo. Fondata che egli ebbe la sua monarchia, e nel mutuo amore, perchè tutti lo amassero, ad essa propose S. Pietro, cui solo affidò la cura del suo ovile. Credere che con lui abbia ad altri commesso lo stesso uffizio, è cosa non solo empia, ma assurda. Nientemeno sono nella chiesa molti gradi, conciossiachè al papa ubbidisce tutto il mondo; il mondo è diviso in provincie, in diocesi e parrocchie, che sono governate da' vescovi e da' parochi, i quali riferiscono al papa la loro autorità da cui l'ebbero, come da fonte. Proseguì a dire che i sinodi diocesani sono tenuti per trattare degli affari parrocchiali, che anticamente due volte l'anno si celebravano, e poi solo una volta e da ultimo se ne lasciò affatto l'uso. Che la celebrazione de' sinodi è necessaria, perchè non si può ne' generali e provinciali concilj provvedere a' particolari bisogni delle chiese, non solo diocesane, ma parrocchiali eziandio. Uffizio dei sinodi essere l'esaminare la fede e diligenza de' parochi e farli render conto del loro ministero; ascoltare le lagnanze dei popoli; correggere, istruire questo e quello secondo il bisogno; finire le controversie; deputare questori alla visita della diocesi; pagare certo tributo detto *cattedratico* al vescovo, per segno di ubbidienza e rispetto. Insegnò che in essi il vescovo dà le leggi da sè, sebbene talvolta si abbassi ad udire il voto de' padri congregati, onde con più maturità deliberare. Passò a recitare lodi grandissime del concilio di Trento e del vescovo Volpi, ivi presente; e conchiuse il discorso con qualche affetto, dicendo: che, se mai per l'addietro, era allora vieppiù agitata e naufragante la navicella di Cristo e che tuttavia non avevano di che paventare, sedendone al governo lo stesso Cristo. Sembrare in vero che dormisse, ma lo eccitassero, gridassero a lui soccorso, in guisa però di non essere accusati di poca fede, e sarebbe cessata la burrasca. Fatto che ebbe fine, tornò di nuovo a baciar la mano del prelato.

Si cominciò la processione, e prima apparve la croce della pieve di Mandello, poi di Dongo, Mendrisio, Menaggio, poi i frati domenicani quai parochi di Rezzonico, poi quella di Olgiate, Riva S. Vitale, Nesso, Cuvio, Sorico, Bellinzona, Locarno, Bellagio, valle Intelvi, Isola, Chiavenna, Balerna, Agno, Lugano e Fino. Seguiva il clero suburbano e della città preceduto immediatamente dalla pieve di Zezio; indi i canonici di S. Fedele coi parochi di S. Donnino, S. Giorgio, S. Fedele; e ultimi i canonici del duomo ed il vescovo. Fatto il giro di tutta la città, tornò la processione alla cattedrale, ove il vescovo tutti licenziò, invitò il clero a nuova sessione per l'ora decimanona dello stesso dì, e vietò, sotto pena della scomunica, a'laici lo intervenirvi o intromettersi nelle cose del sinodo. Chiese in fine il promotore, che di tutto fosse fatto strumento.

Venuta l'ora della seconda sessione e standovi tutti nell'ordine ed abito sopraddetto, il vescovo ad istanza del promotore, fece recitare alcuni decreti del Tridentino, intorno la giustificazione, i sacramenti, il purgatorio, le indulgenze. Stando ancora sul pulpito il recitatore di questi decreti, il vescovo ripigliò la parola e disse: tre essere le parti del concilio di Trento, la dottrinale, quella che contiene gli anatematismi, e quella della ecclesiastica polizia o disciplina; che rigettando le due prime si è empio ed eretico, e non osservando l'ultima si commette delitto e si può essere dal suo giudice punito. Qui il recitatore chiese a' padri se ricevevano e promettevano osservare quanto dal Tridentino era stato definito e decretato; se promettevano e confessavano vera ubbidienza al santissimo papa e alla chiesa romana, se dannavano, abborrivano e anatematizzavano tutte le eresie e quelle massime condannate dal Tridentino; e tutti e ciascuno risposero affermativamente. Lesse i nomi degli esaminatori, già prima eletti dal vescovo, de' concorrenti a' vacanti benefizj e interrogò i padri se quelli piacevan loro e se ne approvavano la scelta, e tutti risposero che sì; pubblicò del pari gli eletti ad esaminare le cause ecclesiastiche, spirituali e spettanti al foro ecclesiastico; e furono approvati secondo la forma. Andò quindi innanzi a recitar i decreti del Tridentino intorno agli uffizj e doveri de' curati. Dopo di che il vescovo disse, volere che da loro fossegli reso conto del proprio ministero, e da essi intendere quanti e quali fossero i sacramenti e quale la loro forma e materia, se dominassero presso loro scismi ed eresie, come recitassero le ore canoniche, e fece altre domande sì fatte.

A questo seguì breve silenzio, poi sorse il prevosto di S. Fedele e rese ragione del suo ministero, dichiarò intorno a' sacramenti quale era la sua fede e pratica; aggiunse che se alcuno nella pasqua ricusava ostinatamente di confessarsi (il che di pochi suoi parrocchiani accadeva), cacciavalo di chiesa e lo denunziava alla curia. Confessò quanto alla predicazione, che come uomo rozzo che egli era, non faceva troppo bene il suo uffizio, ma che in avvenire avrebbe dato opera per essere anche in questo senza difetto. Disse che avrebbe i gravi peccatori e scandalosi ammoniti e ripresi, e che non riconoscendosi, li avrebbe accusati al vicario generale. Conchiuse col dire che se mai fosse stato o imprudente, o trascurato nel suo uffizio, il che essere non negava, chiedevane supplichevolmente perdono, promettendo che in avvenire adoprerebbe in guisa da rendere giusto conto del ricevuto talento. Posto fine al suo favellare, tutti i curati attestarono la stessa fede, confessarono gli stessi difetti, chiesero, come lui, perdonanza e le stesse cose promisero. Domandò il vescovo se eravi querela contro alcuna persona del sinodo e rispostogli del no, ebbe fine la sessione e ne fu rogato istrumento al solito.

La sessione della mattina del seguente giorno fu aperta con le consuete solennità, fu cantata messa e distribuita indulgenza. Il vescovo, perchè era in procinto di pubblicare i casi, la cui assoluzione riservava a sè, non volle che i laici fossero esclusi dalla chiesa, onde conoscessero gli eccessi, che dovevano principalmente evitare. Alla loro pubblicazione egli premise un lungo discorso intorno la riserva. Disse che a' sacerdoti si dà bensì la podestà di assolvere da peccati mediante l'ordinazione, ma che l'uso di quella non ottengono se non quando ricevono dal vescovo alcun benefizio curato, ovvero facoltà di esercitarla. E perchè i vescovi dal sommo pontefice hanno la giurisdizione, e i parochi dal vescovo, parve sempre cosa giusta, nè contraria alle sante Scritture, che i vescovi di certi enormi delitti a sè riservassero l'assoluzione.

La lista di que' riservati, allora dal pulpito letti e annunziati al clero e al popolo che aveva ripieno tutto il duomo, forma appunto la storia migliore dei costumi di que' tempi, essendo noi accertati pel discorso sopraddetto, che il vescovo riservava a sè que' peccati, verso i quali vedeva i suoi diocesani più disposti; e di vero nessuno poteva conoscere ciò meglio di lui e dei padri del sinodo. Riservava adunque a sè « quelli che non denunziassero al vescovo, o all'inquisitore gli eretici, scismatici, apostati, che i loro libri leggessero, stampassero o possedessero. I bestemmiatori, gl'incantatori, per patto espresso o tacito coi demonj; i sortilegi, gl'indovini; quei che abusassero dei Sacramenti; gli spergiuri; quei che non celebrassero le feste comandate o introdotte da antica consuetudine o da voto; i violatori dei voti; i profanatori delle chiese e cimiterj; chi seppellisse scientemente nella chiesa uno scomunicato, interdetto od usuraio notorio; i violatori delle chiese; i sacrileghi; i violatori delle ecclesiastiche franchigie; chi alienasse i beni delle chiese e luoghi pii, non sentito il voto delle ecclesiastiche podestà; chi con saputa occupasse i beni della chiesa e de'luoghi pii, e non impiegasse le loro rendite negli usi cui erano destinate; chi non pagasse i legati alle chiese e luoghi pii; i curati che non risiedessero; chi s'accostasse senza licenza a' monasteri delle monache; chi non osservasse i digiuni prescritti dalla chiesa e mangiasse carni, ova, latticinj in tempo vietato; chi incorresse nella sentenza della scomunica in virtù de' monitorj generali; i simoniaci; i percussori violenti de' cherici; gl'irregolari; chi celebrasse non digiuno o senza i sacri arredi, o sopra altare non consacrato; i promossi per salto; gli ordinati dal vescovo non proprio e senza licenza del proprio; chi battezzasse il suo figlio, o lo tenesse al battesimo, od alla cresima; chi lasciasse morire i figli senza battesimo; chi li uccidesse, soffocasse o esponesse; chi facesse sconciare o isterilire femmina; chi i figli mandasse o gli altri recasse allo spedale; chi concepisse da altrui marito e al proprio ne attribuisse la prole; chi percuotesse il padre o la madre; i contraenti matrimonio dopo avere con altra persona celebrati con giuramento gli sponsali; i contraenti contro la costituzione del concilio di Trento e chi avesse parte in esso contratto; i contraenti in tempo proibito; gli omicidi; gl'incendiarj; chi ritenesse beni o cose d'altrui ragione scientemente; e gl'involatori e chi da questi scientemente comperasse; gli usurai; i contratti usurarj benchè palliati; i non restituenti le cose d'incerto padrone; gli adulteri; gl'incestuosi; chi cadesse in fallo colla figlia o con persona congiunta di parentela spirituale; il seduttore di monaca; i peccati contro natura, con bruti, con donna giudea o saracina; che spulzellasse fanciulla per furto; il rapitore di vergine; i falsi testimonj tanto nelle cause civili che criminali, sì nelle accuse che nelle difese; i falsificatori d'istrumenti o di checchessia con danno del terzo; chi inducesse altri a fare le dette falsificazioni; chi impedisse le deposizioni de' testimonj così nelle cause civili, che criminali; finalmente tutti i delitti enormi e manifesti ». Instò il promotore perchè tutti i padri promettessero e rendessero ubbidienza al vescovo; e questi dichiarò quanto fosse ciò conforme all' uso e ai canoni della chiesa, e che tale loro obbligo non andava soggetto a prescrizione. Ad uno ad uno i padri presentandoglisi, inginocchiatisi e stati colle mani giunte, promisero quanto da loro fu chiesto. Instò ancora il promotore perchè ciascuno pagasse al vescovo il *sinodattico*, ma egli fecene per quella volta a tutti dono, onde dar loro alcuna prova di affètto. Con questo finì la sessione.

In quel giorno all' ora decimanona si tenne altra sessione, alla quale i laici non furono ammessi. Il vescovo vi recitò un grave discorso sull' ecclesiastica disciplina. Si dolse che questa era guasta; che il clero era caduto nella invidia, nell' odio e nel disprezzo de' laici; toccò delle ultime eresie e del danno che apportarono pei pravi costumi; disse che a seccare la fonte del male, conveniva riordinare i costumi. Esser equo che dal capo cominciasse la riforma, ondechè tutti supplicava e ciascuno lo avvisassero in faccia de' suoi errori, de' vizj, de' difetti ed eccessi sì della sua vita che del suo ministero. Al che avendo tutti taciuto, egli di nuovo pregavali per le viscere di Cristo, ne lo ammonissero, chè ciò avrebbe riputato sommo favore e tenuto in conto di ottimo amico lo ammonitore. Ancora si fece silenzio. Per la terza volta soggiunse che se non volevano in pubblico, ne lo ammonissero in privato. Tutto il sinodo rispose con voci concordi, che la sua umanità, l'umiltà sua era troppa; lui essere irreprensibile e che abbandonavalo alla propria coscienza. Il recitatore lesse alcuni decreti del Tridentino sulla riforma, poi certe vescovili costituzioni già pubblicate l'anno 1561 ed altre fatte allora. Ordinavasi per quelle, che i diaconi e gli altri cherici minori, che non portassero tonsura almeno dell'ampiezza di un'ostia piccola, e i preti di un'ostia grande, incorressero per la prima volta nella multa di scudi venticinque, e se fossero recidivi, venissero sospesi dagli ordini e cassi dal benefizio. Che il cherico il quale attendesse a divinazioni o incanti, o sortilegj, o negozj vietati dai canoni, soggiacesse alla pena di scudi venti. Che tenendo in casa o fuori concubina, o altra tale su cui cadesse sospetto, pagasse scudi quaranta in pena, o maggiore ad arbitrio del vescovo. Che se ballasse o portasse maschera, o desse opera ai giuochi della zara, o portasse armi, o entrasse nelle osterie non mosso da necessità, o conversasse con laici, o tollerasse giuochi, od altra cosa indecente nelle stanze della chiesa, fosse condannato in venti scudi. Chi bestemmiasse il nome di Dio, della Vergine e dei Santi, pagasse scudi venticinque, se fosse la prima volta e in privato, ma se in pubblico, fossegli duplicata la pena; e se recidivo fosse gittato in prigione e castigato ancora più duramente come più piacesse al vescovo o al suo vicario. Il cherico non vagasse per le piazze; nè passeggiasse in tempo de' divini uffizj o della predica, sotto pena di scudi otto. Non facesse contratti illeciti, e massime usurarj, sotto pena di scudi cento, ovvero maggiore ad arbitrio. I preti non celebrassero più di una messa al giorno sotto pena di scudi tre. I benefiziati celebrassero e adempiessero al legato nel modo, luogo e tempo, che fosse secondo l'uso del paese, sotto pena di soldi quaranta per la prima volta, e per la seconda di un ducato, di sei ducati per la terza e di peggio; e del loro mancamento fosse dato fede alla semplice relazione del sagrestano. Essi, e i cherici che avessero i sacri ordini, ommettendo di recitare le ore canoniche, perdessero i primi, se è la prima volta, i frutti di un anno e pagassero scudi venticinque, e gli altri fossero sospesi dall'ordine; che se le tralasciassero per la seconda volta, fossero i benefiziati cassi di tutti i benefizj sì nel fatto che nel diritto, e gli altri sospesi, ed anche incarcerati, secondo tornasse meglio. E perchè a' rei, per essere malagevole la prova contro loro, non fosse lasciata la speranza d'impunemente peccare, ordinavasi che se interrogati i cherici dal vescovo, o dal suo vicario, o da altra persona da questi deputata, non rispondessero tosto qual uffizio si recitasse in quel dì, se fosse comune, se doppio o semplice, quali ne fossero le antifone, i salmi, le lezioni e di sì fatti particolari non dessero contezza, da ciò si giudicasse che non avevan detto l'uffizio, e fossero puniti come è prescritto. I curati, sotto pena di scudi dieci e di altra maggiore, non lasciassero d'indagare e denunziare i concubinarj, gli eretici e i libri eretici, nelle loro parrocchie, quando ve ne fossero. Pubblicassero nella prima festa dopo la domenica in *Albis* nominatamente entro la Messa solenne in chiesa quelli tutti che nella pasqua non si fossero confessati e comunicati, e li cacciassero di chiesa; e nelle tre consecutive domeniche ripetessero allo stesso modo quel bando, sotto pena di scudi dieci. I cherici che con parole avessero offeso altro cherico o monaco, pagassero scudi dieci, se questo accaduto fosse in luogo privato; e se con fatti li avessero offesi, ne pagassero venti, ma se l'offesa fosse stata pubblica, la pena fosse del doppio. Nessuno tenesse libri eretici o sospetti di eresia sotto le pene poste dai canoni e di scudi venticinque; e in questa pena incorressero altresì quelli che conoscendone i colpevoli, non li denunziassero alla curia. Nessuno disputasse in pubblico o in privato di cose spettanti alla fede, e del pari nessuno dicesse o facesse cosa eretica o sospetta di eresia, e chi in ciò mancasse, oltre le pene canoniche, pagasse scudi cinquanta e alla stessa condanna soggiacesse chi sì fatte cose udendo o vedendo non denunziasse i rei nello spazio di tre giorni. Verun comune o privato conducesse presso di sè alcun maestro quando innanzi non lo avesse presentato alla curia per esservi esaminato in proposito della sua fede, e ciò sotto minaccia della scomunica, o di più grave pena. Ogni uomo si confessasse e comunicasse almeno alla pasqua, e ove nol facesse, cadesse nelle pene di diritto e di scudi venticinque, e fosse sospetto di eresia. Questi e molti altri sono i decreti contenuti nella ordinazione memorata del 1561; quelli che ad essi seguono e furon fatti all'occasione del sinodo, non sono con questi comparabili per la loro bontà. Dopo fu comandato a nome del vescovo, che tutti sotto pene gravissime li dovessero osservare. Fatta la quale intimazione, chiese ancora il recitatore de' decreti al sinodo se li approvava, e se piacevagli che a quelli fossero aggiunti pur altri, e il sinodo rispose con affermare. Instò il promotore perchè sei uomini probi fossero trascelti alla visita della diocesi, e allora il vescovo diede al recitatore la lista degli eletti a questo uffizio, e questi ne lesse i nomi, interrogò i padri se lor piacevano; e avendo risposto del sì, fu con ciò chiusa la sessione.

Nel giorno susseguente adunatisi e fatte tutte le cerimonie di rito e cantata la messa, furono i laici mandati fuori. Poi lettine i nomi si fece la rassegna di tutti quelli che dovevano intervenire al sinodo, e il promotore e poi tutti i padri vollero che i preti valtellinesi, i quali pel severo divieto lor fatto da'Grigioni non vi erano venuti, nullostante si punissero acerbamente, onde a tutti fossero di esempio. Ma il vescovo facendo osservare che la cosa ricercava più maturo esame, sventò quelle domande immoderate, e il sinodo ebbe termine.

Gli uomini prudenti nel leggere gli atti di questo sinodo, chiederanno perchè mai fosse congregato e perchè da luoghi anche remoti fossero colla comminazione di tante pene costretti a intervenirvi numerosi parochi; quando quivi non dovevano deliberare in comune de' bisogni della chiesa comasca, nè proferire il proprio voto? Se intenzione era del vescovo di comandar loro l'osservanza dei decreti del Tridentino e loro comunicare le sue particolari costituzioni, non conveniva perciò scommodare tutto il clero di una vasta diocesi e bastava valersi degli ordinarj mezzi. È manifesto che ivi di sinodo, secondo il vero valore di questa voce, non era neppure l'apparenza. Giusta il sentire di quelli, che più sono devoti all'autorità episcopale, appartiene nei sinodi diocesani ai padri congregati il diritto almeno del voto consultivo (4). Ma non ci è ignoto che altri mantengono in contrario, che ai detti padri compete nei sinodi diocesani il diritto del voto decisivo, benchè il voto del vescovo vi preponderi sempre a quello di ciascun particolare, e debba sempre essere ascoltato con rispetto. Confortano essi la loro opinione col dire che anche ai semplici sacerdoti fu dato coll'imposizion delle mani nella sacra ordinazione lo Spirito Santo, che è spirito di sapienza e d'intelletto, che pur essi ricevettero l'autorità di predicare il vangelo e d'insegnare, di prosciogliere dalle colpe, di consacrare e di offerire, in che massime è riposta la dignità sacerdotale; che questo non inferma l'ordine gerarchico necessario nella chiesa e stabilito da Gesù Cristo, perchè confessano a' vescovi competere non solo la superiorità dell'ordine, ma anco della giurisdizione, in quanto ordinano i preti, loro assegnano diverse porzioni del gregge da pascere, li vigilano e loro compartono secondo i canoni pene, premj, avvisi, e in certe particolari necessità pur formano leggi che ove siano conformi alla mente della universale chiesa cristiana, hanno forza di obbligare il clero e il popolo. Aggiungono pure che a' tempi apostolici quando i capi della chiesa erano animati dalla sola carità, e certe sottili distinzioni trovate dopo erano ignote, lo stesso principe degli apostoli radunò non solo gli apostoli, ma anche i presbiteri al concilio gerosolimitano che è descritto nel capo quintodecimo degli atti apostolici, e il decreto in quello formato dettò non solo a suo nome, ma a nome degli apostoli e de' presbiteri congregati; che i vescovi ne' primi tempi sentivano il consiglio e voto del loro presbiterio, poi del capitolo, dove in tempo meno felici, essi nulla più nè al presbiterio nè al capitolo riferirono, e tutto ordinarono colla sola loro prudenza, avendo soltanto più o meno potere sulla loro volontà alcun prete che o più fortunato, o più scaltro degli altri seppe acquistare la grazia del suo vescovo e l'animo signoreggiarne.

Vero è che il recitatore dei decreti interrogava il sinodo, se quelli piacevangli e approvava; la qual cosa è pur prescritta dal pontificale romano. Ma in questo era evidente contraddizione, perchè quando ad alcuno domandasi approvazione di una cosa, si suppone certo che quegli abbia facoltà di giudicarne e in conseguenza di ammetterla o rigettarla; dove nel nostro caso qual libertà rimaneva al sinodo, se prima il vescovo aveva di que' suoi decreti comandato sotto gravissime pene l'osservanza? Oltre ciò molte essendo e varie le cose pubblicate al sinodo, e tante che anche ad uomo fornito di gran memoria era impossibile, finita la lettura, ricordarle con qualche distinzione, si metteva il sinodo nell'impossibilità di poterne con cognizione di causa giudicare. Cose di tanto momento, e non è chi nol senta, dovevano essere a parte a parte proposte, e date da esaminare maturamente. E già sappiamo come ne' più riputati concilj con giudizio, tempo e scrupolosità somma sono state le cose pesate fino ai minimi apici e punti, innanzi di approvarle e dar loro forza di legge. Molti anche stimeranno che nel discorso tenuto dal vescovo, col quale voleva i padri recassero al sinodo sola umiltà di cuore, semplicità e pietà, lasciata ogni ostentazione di scienza ed eloquenza, dicesse bene quanto alla ostentazione; ma avesse il torto a non far maggior conto pure della scienza, giacchè anche di questa illustri vescovi ne' concilj si valsero specialmente dopo invocato l'aiuto di Dio, a definire le contese, a condannare gli errori e stabilire i canoni. Egli è un opporsi all'ordinamento di Dio che vuole che i sacerdoti sieno scienti e dotti della legge, ed un tentare Dio, presumendo che senza i mezzi umani, tutto attendiamo dalla divina assistenza.

Quanto al discorso del prevosto Paolo Malacrida, vedesi che molto erroneo e confuso concetto aveva de' diversi reggimenti civili. Troveranno poi tutti i diritti teologi, e non invasi da spirito di parte, falsa senza dubbio la sentenza che solo a S. Pietro sia stata da Cristo affidata la cura del suo gregge: e ciò con tanta ingiuria massime de' vescovi, i quali benchè minori a Pietro e a lui subordinati secondo certi canoni, pure anch' essi ebbero questo uffizio. Del pari biasimeranno l'oratore, che abbia detto dei vescovi e pastori, che dal papa come da fonte ebbero l'autorità loro, e non anzi da Cristo; e non approveranno che dicesse che il vescovo si abbassa quando ricerca il sinodo del suo voto. In generale il Malacrida troppo a' pontefici attribuiva con danno dell' autorità de' vescovi, e troppo pure a questi con offesa de' sacerdoti; nè avvisava che i santi pontefici e vescovi sono alienissimi dall' arrogarsi un' autorità da cui la loro umiltà abborre, e che è contraria a quella carità, su cui è fondato il loro ministero. Il conto che il prevosto di S. Fedele rese di sè e del suo uffizio, è evidentemente una scena dapprima tra le parti ordinata, ed è cosa da ridere la protestazione che fecero dopo lui a una voce tutti i padri, quasi fosse possibile che anche in ogni particolare per l' appunto, meglio che quattrocento preti praticassero tutti, nè più nè meno, quanto il prevosto, tutti come lui fossero solo nella predicazione difettosi, che tanto egli con affettata umiltà di sè confessava.

Troppo estesa e male specificata è la lunga serie de' peccati, cui il vescovo a sè riservava, con che poneva in sommo imbarazzo i confessori per la molta incertezza de' casi, e insieme obbligavali tutti ad essere in viaggio ogni giorno o a mandare incessanti messi alla curia per riportarne loro la facoltà in proposito; e in fatti i successori vescovi conobbero la necessità di menomare d' assai il numero de' reservati e di specificarli meglio. E non è una contraddizione voler che il popolo sia presente alla lettura de' reservati e leggerli nel latino? O se il vescovo presuppose che così sarebbono intesi, come non vergognarsi al sentir bandire da un sacro pergamo, in un solenne tempio, davanti a un consesso sì augusto, e davanti immenso popolo alcuni nefandi peccati coi proprj nomi? Il discorso tenuto da lui nella sussecutiva sessione, da tutti sarà lodato non meno per ischiettezza che per gravità, e sopra tutto pare insigne l'apostolica sua umiltà, chè instantemente e per tre volte chiese di essere de' proprj falli ammonito pubblicamente o almeno in privato. Questi atti onorano davvero il ministero pastorale e a quello affezionano i cuori, così come il rigore e l'alterezza li ributtano.

Molte più cose sarebbero a notare intorno alla ordinazione del 1561 rinnovata nel sinodo. È cosa strana che pene pecuniarie siano state imposte pei vizj de' cherici, perchè con ciò usurpavasi un diritto competente a' principi temporali, e si perturbava l'ecclesiastica disciplina. Le armi della chiesa sono le censure, ma le multe, le carceri e ogni uso di forza materiale, a lei non fu accordato dal suo divino fondatore. E come mai volle infliggere pene in danaro a quelli, il cui uffizio è stabilito in povertà, cui disse Cristo, voi non porterete nè sacco nè tasca, cui quanto sopravanza a un mediocre sostentamento, devono ai poveri per termine di giustizia? E par bene che i preti sieno stati tenuti in conto di mercatanti, che servi dell' interesse e tutto dì studiando alle usure, bisognasse per contenerli, impor loro la pena più conveniente al loro mestiere e più sentita. Tutti ancora non approveranno che sieno state intimate pene arbitrarie, per ciò che le pene devono essere certe, note, determinate, e per norma altrui ed onde il giudice non dia luogo alle passioni. Nè è lodevole esempio sforzare con gravi pene i laici a ricevere i sacramenti nella pasqua, perchè posti gli uomini nella necessità o d'incorrere nella pena o di simulare finta pietà, eleggono la simulazione e si fanno ipocriti e sacrileghi: senza che tale constringimento opponsi al detto di Cristo che non vuole sia alcuno sforzato a seguitarlo. Di soverchio minuta sembrerà pure quella cura di spiare se il cherico recitasse le ore canoniche, e ridicolo il mezzo proposto per ciò; e sì fatte colpe sono di quelle di cui i tribunali non devono fare ricerca, ma abbandonarle alla coscienza di ciascuno e al divino giudizio. Aggiungasi che non si vede serbata giusta proporzione e misura nel castigo, essendo imposta pena di dieci scudi del pari al cherico che conversa con laici, come a quello che veste maschere e dà opera a' giuochi zarosi. Trovasi vietato al prete sotto pena di tre scudi il dire più di una messa al giorno, e in vece chi sola una volta omettesse di recitare le ore canoniche, condannato a perdere i frutti del benefizio per un anno. Il non vestire abito nero e talare, e non portare la tonsura è punito con venticinque scudi, così come il bestemmiar Dio. Chi poi potrà spiegar con parole, a quanti sospetti e rancori, e private nimicizie, e vendette e inquietezze di animo, si apriva l'adito con quelle rigorose accuse di eresia e anche di semplice sospetto di essa? Imperfetta adunque, anzi spesso puerile e ingiusta fu la scienza legale e canonica di que' nostri padri; nel qual difetto caddero per aver abbandonata la pratica della chiesa primitiva, per aver preteso, il che è impossibile sempre, di rimediare a ogni disordine, e finalmente per aver confusi i diritti de' governi civili e della chiesa. Sono stampate insieme con questo primo sinodo altre costituzioni del Volpi, le quali sono molto più discrete, che le accennate non sono. In appresso ne troveremo alcune che sono anche crudeli e sanguinarie.

All'entrata dell'anno 1569 fu qui un Giovanni Francesco Bonomi delegato da papa Gregorio decimoterzo alla visita della diocesi, e la eseguì in tre mesi o poco oltre, ricercando le chiese, parrocchie e luoghi pii, ascoltando i richiami e le informazioni di ognuno, ammonendo, pregando, riprendendo, minacciando, quando tutti, quando i particolari, e in pubblico e in privato, giudicando le controversie sommariamente, le lunghe e complicate riportando al tribunale del vescovo, amministrando sacramenti, dispensando abbondevolmente grazie e favori spirituali.

Ci lasciò quindi un libro di prescrizioni che fece anche stampare, e le quali concernono il vescovo, i canonici, i parochi, i cherici, i monaci, le pie confraternite laicali, gli spedali, i laici; e in tutte non poche cose si notano veramente evangeliche, in altre per contrario è manifesta la ignoranza de' tempi e del visitatore: noi ne leveremo pochi saggi.

Vieta ai vescovi l'uso delle cortine e de' tappeti intessuti a varj fregi, li ammonisce che tutta la loro domestica suppellettile non debba essere nè elegante nè preziosa; nota specialmente indegna cosa essere che appariscano sulle loro mense e nelle loro camere vasi e candellieri d'argento, con che potrebbero alimentare molti poverelli, e ricorda che la tavola vescovile deve essere povera e a tutti esempio di santa frugalità e temperanza. Avverte che proprio e principale uffizio del vescovo è la predicazione, cui senza potente causa non può ommettere, e che quando ad altri la commette, pur deve a quella essere presente nella cattedrale, se necessità non lo scusa; e vuole che pur costringa i canonici ad esservi. Prescrive che ogni maestro di lettere umane debba prima fare dinanzi a lui la professione di fede secondo la formola mandata da Roma, e che egli gravemente punirebbe chi non la facesse. Considera con tutta verità che i dì festivi sono quelli in cui il popolo trascorre a commettere in maggior numero e più enormi le colpe, per ciò il vescovo dia opera a toglierne gli abusi, e recita alcuni savj decreti in proposito, e poi vuole che passi ad ordinare, che chi vetturеggia od espone in tali dì merci venali o cose somiglianti, perda in pena merci, vettura, tavole, trabacche, strumenti e checchè altro serve a' suoi commerci e lavori. Comanda che non si dipingano figure contenenti falso dogma, o che traggano in errore gli spettatori, e che nel colorire l'immagine di alcun santo non si rappresenti in quella il volto di uomo vivente, e che nelle processioni non sieno atteggiati fatti che si riferiscono alla vita de' santi. Certo in questo avevan luogo molte scene ridicolose, e il costume durò sino a' nostri giorni in alcun villaggio. Varj gruppi di villani in varie positure e con istrani atti e gesti e abiti difformi e volti talvolta dipinti raffiguravano sconciamente fatti scritturali, misterj, vite di santi, e ciò lungo le strade ed anche nella stessa chiesa. A questo riguardo è sovrattutto memorabile una festa di S. Giovanni Battista, detta comunemente il *mistero*, che quei del paese d'Isola sul lago, recandosi sopra il terreno della Comacina, celebravano già con immenso concorso di popolo. Si avvicendava ogni anno con quest'ordine, che nel primo anno era figurata la nascita del precursore, nel secondo la sua decollazione. Verso l'età nostra il vescovo Mugiasca si adoperò con molta perseveranza per abolire un tal costume, ma non vi riuscì; ora però per l'insistenza del paroco è affatto disusato (5). Del resto sconcezze somiglianti rivolsero a sè, non ha guari tempo, l'attenzione del maestrato civile, il quale ordinò che tali spettacoli non si rappresentino senza l'approvazione del curato (6). Il Bonomi toccò pure alcuna cosa degli usi superstiziosi, che meritano di essere ricordati perchè formano la storia della credenza di quei tempi. Proibisce lo impiegare statue, immagini, anelli con caratteri ignoti nella curagione d'uomini e di giumenti infermi; lo usare veneficj, incantesimi, stregonerie e fasciature con alcuna strana osservanza e medicamenti sconosciuti; il trattare piaghe con certo segno di parole o numero determinato di preci, e con lini o checchessia non approvato dal medico; il raccogliere felci e loro semi od altre erbe, o cespugli in giorno o notte stabilita colla credenza che raccolti in altro tempo o con altra legge debbano essere vuoti d'effetto. Vuole che i maghi e indovini sieno puniti dal vescovo con severità, e che sia ancora più accurato in ricercare e più severo in punire le fattucchiere e streghe, che sogliono, dice il delegato apostolico, ammaliare i fanciulli ed anche ucciderli; indurre gragnuole e sterilità e far patti col demonio; e di cui credesi vivere alcune nelle parti montane della diocesi. Così il Bonomi mostrò di prestar fede pur esso alle streghe e alla loro sognata potenza.

Più di tutti è forte il decreto contro l'eresia. Ordina al vescovo che ogni anno faccia per pubblico bando tutti avvisati, minacciata la scomunica ai disubbidienti da incorrervi di presente, dell'obbligo di denunziare nello spazio di quindici dì alla sua curia o all'inquisitore, ogni eretico o sospetto di esserlo, o che nutra opinioni discordi dalla fede cattolica, o che da questa si scosti in qualsivoglia modo, o che legga o tenga presso di sè libri di eretici, o proibiti per autorità della sedia apostolica. In oltre che detto decreto, unitamente a quella parte delle lettere pontificie lette ogni anno nel giovedì santo, la quale concerne gli eretici, sia da' curati due volte fra l'anno in giorno di domenica nella maggior frequenza del popolo solennemente in chiesa pubblicato, tranne i luoghi dove ciò non potessero senza correr pericolo della vita. Ordina pure che sia pubblicata la costituzione di Pio quinto contro chi offendesse le fortune o le persone della santa inquisizione; e che si tenga in ogni settimana congregazione dal vescovo coll'inquisitore, con alcuni teologi, avvocati, canonisti, notai e segretarj, per farne processo sopra gli eretici e sospetti. Stabilisce contro i laici che bestemmiassero Iddio o la beata Vergine, la pena per la prima volta di venticinque monete d'oro, per la seconda di cinquanta, e per la terza di cento, e l'esiglio e l'infamia; ma se non avessero con che, determina che per la prima volta rimanessero colle mani legate a tergo, genuflessi, penitenti, per un intero giorno di festa sul limitare della chiesa; che per la seconda volta fossero condotti pubblicamente per le piazze e contrade della città, e vergheggiati; e per la terza che fosse loro forata la lingua con acuto chiodo, e poi fossero dannati al remo in perpetuo. Che se tale fosse un cherico, vuole che per la prima volta avesse a perdere i frutti di un anno intero d'ogni qualsivoglia suo benefizio; per la seconda venisse spogliato d'ogni benefizio; e per la terza degradato e dannato a perpetuo bando. Se non tenesse benefizio, la prima volta fosse punito di pena corporale o pecuniale; la seconda cacciato in carcere a vivervi finchè paresse e piacesse al vescovo; e la terza degradato e dannato per sempre alla galea. Mette altre pene contro chi bestemmiasse i santi; e comanda a un tempo fossero pubblicate le indulgenze pontificie in favore di chi denunziasse i bestemmiatori, e de' giudici che contro quelli esercitassero il giudizio. Segue il capo intorno alla collazione degli ordini, nel quale non è posta regola, che non sia buona e prudente. In questo proposito è da ricordare che determina, che per ogni testimoniale d'ordine conferito, non si pagasse al notaio cioè cancelliere più della decima parte di uno zecchino, e intíma gravissima pena a chi osasse di più esigerne. Ciò è conforme alla mente del Tridentino, che per qualsivoglia testimoniale pose l'istessa tassa, certo discreta, anzi leggiera; tuttavia fu indarno che ora con questo o con quell' altro specioso titolo, ora anche senza, si è da' curiali estorto il danaro dalle borse de' cristiani, non eccettuati punto i miserabili. Quindi come uffizio sommamente lucroso fu sempre appetito quello di cancelliere vescovile, e chi l'occupò, si è in poco tempo, non ostanti i canoni, arricchito. Questo troviamo esser vero, che tutti in ciò che riguardavanli, sforzaronsi di render vani i decreti del Tridentino, il che a' più forti meglio è riuscito. Ora il principe diminuì molto tasse sì fatte con mirabile soddisfazione del clero e de' laici, e provvide in guisa che l'avara frode non eludesse per l'avvenire le benefiche sue leggi. Resta ancora a desiderare che sia posta certa regola alle tasse per le testimoniali di dispense di matrimonio, d'indulti e privilegj che si spediscono a Roma; nel che vediamo molto essere l'arbitrio (7).

Comanda al vescovo di fondare il seminario, di che mancava la diocesi, e che pativa grande inopia di buoni preti; e per dotarlo dispone che i benefizj d'ogni sorta, come che posseduti da cardinali, salvo quei curati la cui annua rendita è minore dei venti zecchini, debbano pagare perciò la metà della decima delle loro entrate ogni anno. Quale effetto abbia partorito questo ordine, per le seguenti cose sarà chiaro. Vengon dopo alcuni decreti intorno all' amministrare i sacramenti, al risiedere e visitare la diocesi. Giudica spediente che il vescovo nel triduo antecedente la pasqua si segga per alcune ore col suo bastone impugnato nel confessionale del maggior penitenziere del duomo, ad ascoltarvi le confessioni. Che la visita diocesana eseguisca almeno ogni due anni, e non abbia al suo séguito più di dieci uomini e di sette giumenti, e non soffra che alla mensa gli sieno apposti più di tre piatti con cacio e frutta, e punisca gravemente chi oltrepassasse tale misura. Fa lunghe e minute prescrizioni intorno alla fabbrica e alle suppellettili delle chiese. Quando la faccia della chiesa non fosse di marmo, nè adorna di buone pitture, si dovesse tutta colorire in rosso, tranne la parte soprastante alla maggior porta, in cui si dipingesse la immagine di alcun santo, e nella cima si piantasse una croce di marmo, di bronzo o di ferro. Che se entro un anno, ciò tutto non fosse per l'appunto eseguito, ne sottopone all'interdetto la chiesa. Si formasse di gradi impari la gradinata dell' altare maggiore; e cinque o al più sette altari bastassero a qualunque chiesa della diocesi. Pare da ciò che il nostro visitatore avesse alcuna fede al dispari numero. Fossero tolte le cassette o borse solite appendersi a' confessionali per ricevervi le offerte dei penitenti; e levati nello spazio di un mese da ogni chiesa tutti i sepolcri sublimi, o alle pareti congiunti, eccetto se non molto sporgessero da quelle, non fosser d'impedimento, e costrutti di bronzo o di marmo, chè in tal caso potrebbe il vescovo permetterli. Ma quelli che fosser collocati sul suolo, benchè non sorgessero che all'altezza di un braccio, e massime se di terra, venisser distrutti entro quindici dì o la chiesa interdetta. Esorta di far rivivere l'uso del seppellire ne' cimiterj, cui chiama ottimo, e per la formazione di questi dà precetti, de' quali alcuni ora sono in uso, altri meritano di esserlo. Vieta che si piantino alberi, che si facciano nesti nei cimiterj, e che nè ortaggi nè erbe da pascolo, vi si tollerino in verun modo. Ottimi provvedimenti, i quali tuttavia furono nulla o poco osservati. Nel duomo sorgono monumenti sepolcrali, che per la mole e ricchezza de' marmi pare gareggino con qualcuno de' vicini altari; cosa in vero non lontana da empietà che si innalzino e fregino nelle chiese gli avelli che racchiudono le fracide spoglie d'un mortale, del pari colle are erette alla divinità. Alla fondazione de' cimiterj allora e dopo, contrastò invincibilmente la superstizione del popolo, cui tal fatto parve empia cosa. Rinnovò senza effetto lo stesso ordine il vescovo Mugiasca nel 1776 per comando della real giunta economica di Milano. Si replicarono le istanze nel 1782, nel 1783 e nel 1785, ma tornarono vane. Da per tutto, dice Giambatista Giovio, si vedevano i cimiterj, ma non potevano mai questi vedersi in Como.

Gli stessi ordini si ripeterono dal prefetto di Como Boari nel 1804, e dopo lui dal governo del regno italico, a tale che si ottenne finalmente colla forza quanto i semplici comandi e la ragione non poterono, ed ora sono in uso i cimiterj in tutta la diocesi, tranne la parte svizzera. Del resto facciamo voti, perchè anche questa segua il nostro esempio oramai. Nondimeno molti ci affermano che le frequenti gragnuole de' nostri giorni procedono dal seppellire i cadaveri fuori delle chiese. Tanto cieca è la mente del volgo (8)! Voleva il Bonomi, che non servissero a pascolo le erbe de' cimiterj e con ragione, perchè sono parte di un sacro terreno; ma anche in questo parlò ai sordi; e nella civiltà di questo secolo nessuno si lagna che il contadino per pascere il bestiame giri la falce sopra la testa de' morti per mietere rigogliosi fieni fatti pingui dalle umane ossa. Ma con quali parole potremo noi detestare l'usanza di diseppellire le pacifiche ossa de' trapassati sotto gli occhi degli stessi loro più stretti parenti, frangerle colla zappa, calpestarle col piede, e non per dar luogo ad altri cadaveri, sì bene per piantarvi poche piante di gelsi?...

Nel capitolo seguente, che è intorno allo stare nelle chiese, ordina il Bonomi alle donne di entrarvi col capo coperto di denso velo e che un sol filo di capelli lasciando apparire, tanto delitto sia riserbato al vescovo in perpetuo.

Questa pena, ci avvisa egli, è più mite che non chiederebbe l'enormità del fallo.

Ammonisce il vescovo di non elegger sempre a vicarj foranei i soli prevosti ed arcipreti, dal che ne segue che talvolta ad uomini ignoranti ed inetti viene commesso un tanto uffizio, ma di trascegliere persone insigni per buoni costumi e a un tempo per dottrina e perizia delle cose umane. Gl'ingiunge di stabilire un'ora determinata per udire e consolare chi a lui si presenta, e di tutti piamente e umanamente ascoltare, e massime gli uomini della infima condizione, e d'invitarli confidentemente a sè, quando per troppa riverenza ne stessero da lungi. Ricordagli pure che sempre si proponga di far esso, di vedere e spedire tutto ciò che gli è possibile, commettendo nulla, senza necessità, nè pure al suo vicario. Avviso degno che si stampi con lettere d'oro, perchè bene spesso vescovi santissimi sono traviati da infedeli servitori, uffiziali e aderenti, i quali abusano della famigliarità che con loro hanno per raggirarli e con arte farli a' proprj fini servire. Parla molto a lungo de' canonici, e per eccitarli ad intervenire frequenti al coro ne' giorni più solenni, vuole che in questi sieno maggiori del solito le propine o distribuzioni corali, e comanda che le regole che dà loro, sieno affisse alla loro sagrestia e in volgar lingua, onde tutti essi le intendano.

Quanto alle esequie, egli nota che molti e gravi scandali all'occasione di esse, furono suscitati sì nella diocesi che in Como, non senza grande taccia di avarizia nei preti; anzi in alcuni luoghi con infame loro guadagno. Ordina perciò sotto gravi pene a' curati di non dinegare a chiunque è morto nella comunione della Chiesa la ecclesiastica sepoltura, se loro non sono pagati gli stipendj dovuti o per diritto, o per consuetudine, o per le sue stesse presenti costituzioni. Era allora la usanza di portar ne' funerali più grande o più piccola croce, di suonare la maggiore o minore campana della parrocchia, e secondo questa differenza i curati esigevano più o meno di stipendio; il che egli, qual cosa indegna, vieta loro, e stabilisce le tasse funerarie tenuissime, e dà più ordini per rimovere, quanto è possibile, da' cherici ogni simonia. Lazaro Carafini fece alcuna variazione nelle tasse, e nuovi decreti contro i simoniaci. Solevano i preti al suo tempo, come è notato nel quinto sinodo, partire tra loro con iscandali la limosina del funerale in mezzo della chiesa, lungo le strade e nella pubblica piazza. È ricordato per la prima volta nel sesto sinodo l'uso di vestire piviale di nero colore ne' funerali degli adulti, e di color bianco in quelli de' fanciulli; ritrovato per cavare con esso da' ricchi, alle esequie de' quali il piviale fu destinato, emolumento maggiore. Il vescovo Torriani, sotto cui fu celebrato quel sinodo, si palesò irresoluto quanto all'uso del pivial nero, cui nè approvò nè condannò, ma l'altro proibì assolutamente. Il settimo sinodo contiene simili querele contro i cherici; ma pur esso si mostra non animato da quello spirito, che diresse nella sua visita il Bonomi. Riforma le tasse e le aumenta, aggiudica a' curati ed a' cherici rispettivamente la cera de' funerali, permette formalmente l'uso del piviale e il suono della maggior campana col di più dello stipendio; e in somma autorizza la più solenne funebre pompa. Con editto del 31 ottobre 1787 il governo della Lombardia ordinò pur esso le tasse maggiori che le già stabilite dal sinodo, permise certe differenze ne' funerali secondo la diversa condizion delle persone, e vietò a un tempo quelle tutte che tornerebbero a disonore de' parenti del morto. Questo provvedimento fu vano quasi in tutta la diocesi; onde che nel 1792 la curia vescovile intimò a' parochi un decreto del barone di Wilzeck ministro plenipotenziario dell'Austria a Milano, con che veniva ancora loro proibito l'usare ne' funerali de' miserabili croce di legno, il tenére nell'eseguirli strada diversa dall'usata, l'entrare in chiesa per la men nobile porta; tutte arti per costringere con questo disonore i miserabili a sborsare quella limosina che non avevano. A' nostri giorni, per nulla dire di più grave, eccitato il vescovo vivente dalle forti rimostranze fattegli da' magistrati, dovette con circolar lettera del 28 giugno 1825 tornare in mente a' parochi le prescrizioni del Bonomi e del sesto sinodo quanto a funerare i miserabili gratuitamente. Le spesse e ripetute leggi sopra ciò dimostrano la loro inefficacia, la gravezza del male, e che in fine si deve di altra guisa ad esso rimediare. Noi non sappiamo risolvere se torni bene togliere ne' funerali ogni distinzione tra poveri e ricchi, come piaceva al celebre Scipione Ricci; ma perchè le parrocchie ora tutte sono dotate abbastanza per munificenza del principe, è da desiderarsi che i capi della chiesa esaminino, se sia bene per l'onore del sacerdozio e per togliere gli scandali, proibire con legge assoluta e precisa ogni stipendio funerario, e ordinare che i curati eseguiscanli per uffizio. Necessario e bramato dal voto di molti è almeno, che sieno uguali e certe in tutta la diocesi le tasse, le quali ora sono varie e incerte in ogni parrocchia, da che nascono molte contenzioni (9).

Nel capitolo che concerne i parochi, il Bonomi comanda loro di essere specialmente solleciti a denunziare i parrocchiani eretici o sospetti di eresia, anche senza prima ammonirli. Determina i libri che debbono possedere, minacciata pena ad arbitrio a chi ne sarà trovato senza e in oltre di tante monete d'oro, quanti sono i libri che loro mancheranno. Vuole che visitino due volte la settimana tutti i quartieri della parrocchia e le case, ricercando conoscere tutti gli spirituali e temporali bisogni del loro popolo. Guardisi, dice, verun sacerdote, benchè poverissimo, di esigere in qualsivoglia modo checchessia dal parrocchiano; ma faccia rapporto al vescovo, e questi costringa il laico a pagare le limosine consuete. Per conoscere quelli che si sono comunicati alla pasqua, ciascuno abbia dal proprio confessore un attestato dichiarante che si è confessato e che fu assoluto. I cherici non si facciano mallevadori per veruno senza licenza del vescovo, non alberghino femmina minore dei cinquant'anni di età, vestano l'abito da lui ordinato, e ove a ciò mancassero, paghino per la prima volta 25 monete d'oro, cinquanta per la seconda; e se sono poveri, sieno in cambio posti in prigione, sospesi o peggio. Se ostiarj sono, caccino di chiesa i cani e le donne che entranvi col capo non bene velato. Gli esorcisti di rado, pure talvolta sieno ammessi a discacciare dagli ossessi il demonio.

Segue de' regolari. Questi per tutto si erano interamente sottratti alla giurisdizione de' vescovi e formavano una congregazione da lui independente. Se ne richiamarono i vescovi nel concilio di Trento, e fu loro data qualche soddisfazione benchè leggiera, stante che li difese sempre la corte di Roma, cui tornava utile che fossero esenti dalla potestà episcopale, perchè così teneva in soggezione i vescovi e avevali strumenti de' proprj disegni in ogni luogo. Scopo di quella corte fu sempre, dopo i primi tempi apostolici, restringere e tener bassa l'autorità de' vescovi, per innalzare sè sulla loro depressione. Cosa in vero strana che avendo i frati fatta professione di ubbidienza intera, questa ricusassero prestare a' successori degli apostoli, unendo così ad un' apparenza estrema di umiltà la più vera superbia, che fu cagione di grandi mali e dissidj nella chiesa di Dio. Il Bonomi richiamò i regolari all' osservanza di quanto nel concilio di Trento era decretato di loro, e di più aggiunse contro di loro alcuna restrizione. Il Bonomi era vescovo.

Alle monache proibisce il vestire, anche nei dì solenni, i sacri arredi dei preti. Vuole che il vescovo ponga diligenza somma ad osservare se le fanciulle che voglion far professione, sieno a ciò sedotte o ingannate, o spinte da minaccie o violenza; che i muri de' monasterj, massime dove confinano coi conventi dei frati, sieno, quanto più è possibile, edificati altissimi; e abbattuti gli alberi e le viti, che presso o dentro le stesse mura sorgessero. Vieta a' confessori, sotto pena della sospensione, il ricevere dalle monache cibo o bevanda di alcuna sorta, benchè in minima quantità, ovvero altro dono; e alle monache il tenére calamaio, penna o altro arnese da scrivere nella cella; volendo che ogni volta e solo in caso di provata necessità, abbiano per ciò ricorso alla badessa. Comanda che ne' monasterj sieno carceri, ferree manette, ceppi e catene per quelle punire, che si allontanassero dalla ecclesiastica disciplina. Che non sienvi ricevute zitelle da educare, quando in casa avessero madre o parente, da cui potessero essere con onestà allevate.

Quanto alle confraternite laicali, stabilisce che se alcun confratello non si sarà senza legittima cagione nel dì primo d'ogni mese comunicato e nelle precipue solennità dell'anno, costui debba percuotersi con flagelli, alla presenza di tutti, le spalle nudate; e nota che il flagellarsi è debito massime de' confratelli disciplinanti, i quali sottopone a grave pena, se, non escusati da malattia, ometteranno la disciplina. Il cristiano non negherà che sia talvolta suo debito, ad imitazione dell'apostolo, castigare il corpo e renderlo servo alla ragione, ma il farlo per metodo e in luogo e tempo da altri determinato, è grande stoltezza, dovendo spesso accadere che si disciplini quando non è bisogno. Gli ultimi capitoli sono dell'amministrazione de' beni ecclesiastici, della fondazione de' monti di pietà, delle usure, delle meretrici e de' ruffiani, del concubinato, de' grandi secolari e del medico. Giudichiamo che di tutte le ordinazioni fatte per la chiesa comasca, sieno quelle del Bonomi, la cui lettura deve a noi preti meglio profittare.

Nel medesimo anno a' dì tre del settembre si tenne il secondo sinodo, sedendo vescovo lo stesso Volpi. Il discorso per l'apertura fu letto da un Salici prevosto di S. Fedele, che si propose di parlare della instituzione, dignità ed uffizio del sacerdozio. Disse « che i sacri ordini sono sette e che furono figurati nelle sette donne che, secondo l'oracolo d'Isaia, si ammogliarono a un solo marito. A provare l'onore in che si devono avere i sacerdoti cristiani, notò che Numa Pompilio instituì de' sacerdoti, che si dissero Flamini da un certo filo che portavan sul capo; e che Cornelio Cetégo fu privato del sacerdozio perchè nel sacrificare si lasciò cadere quel filo. Che anche l'Egitto ebbe i suoi maghi, e i Turchi hanno i sacerdoti detti Talismanni, e che in Babilonia siede il Califà supremo sacerdote, che tutti hanno in venerazione e stima. Fece un' apostrofe a' laici e disse loro: io l'ho con voi, che forse avete la trave negli occhi, e notate la paglia che è nell'occhio al prete. Portò a cielo la persona che recitò il discorso nel primo sinodo e il suo discorso. Citò subito dopo Virgilio, e affermò coll'autorità di un suo verso, che il concilio è un'adunanza di consiglieri ». Questo discorso del Salici è opera di puerile ingegno.

Sorse uno a render ragione del suo ministero parrocchiale, e disse appunto quello, che già nello stesso argomento era stato detto nel primo sinodo, e tutti poi la stessa cosa di loro con grido concorde affermarono. Fu pubblicata di nuovo la lista dei riservati al vescovo, ma di alquanti accresciuta; e furono pubblicati i casi compresi nella famosa bolla *in coena domini*, riservati alla curia romana. È noto al mondo il rumore che eccitò quella bolla, in cui la corte di Roma spiegò apertamente quali erano i suoi disegni; e si conosce l'offesa che con quella fu fatta alla maestà de' principi e delle repubbliche, che altamente se ne richiamarono e in fine la proibirono. In essa confondendosi i veri peccati, de' quali il giudizio spetta alla Chiesa, coi diritti e colle pretensioni meramente civili, si fece di tutti il caso gravissimo di coscienza. In tal guisa si gettarono nell'incertezza e ansietà gli animi de' cristiani, e i confessori nell'imbarazzo.

Il secondo sinodo si occupa assai a trattare de' sacramenti e contiene utili ammaestramenti in proposito. Proibisce che in occasione delle feste popolari, i preti, come solevano, si facciano incontro ai devoti per le strade che menano alla chiesa, facendo loro grande pressa, per avere le limosine delle messe. Menziona esser uso di fare a' sacerdoti alcune obblazioni dopo l'offertorio della messa, e proibisce loro vagare per la chiesa a raccoglierle, volendo che da' cherici sia sostenuta una tovagliuola nell'infimo grado dell' altare, e ivi ritto il celebrante le offerte riceva e gli offeritori ringrazii. Riprova la sciocca fede di molti che stimavano la prima moneta offerta per la prima messa della notte del Natale, avesse in sè certa eccellente virtù, e perciò sforzavansi a tutt'uomo di averla; e quel costume, che era in alcuni luoghi, di bevere gli sposi vino o altro liquore, subito spezzandone la tazza e praticare certe altre scioccherie o atti scurrili davanti all' altare nell' atto di prestare il solenne consenso al matrimonio. Minaccia di scomunica e di altre pene i parochi, i cherici e tutti i laici, che conoscendo persone sospette di eresia, loro prestassero favore, che stampassero, divulgassero, scrivessero, leggessero, trasferissero d'uno in altro luogo libri sospetti, e non li denunziassero alla curia o all'inquisitore. Comanda a' parochi di spesso nelle messe solenni pubblicare i decreti sul pagamento delle decime e della primizia; ai cherici di non portare armi, eccetto un pugnale, quando fanno viaggio (10); di non nutrire lunga ed irsuta la barba alla maniera de' soldati, ma di raderla, ovvero tonderla alcun poco e di recidere le basette che portavano come i musulmani. Dopo i decreti sulla vita e onestà de' cherici, seguono altri sulle chiese e beni di esse, de' luoghi pii, di varj delitti e massime della simonia, del sacrilegio, delle superstizioni, dell' usura, di alcuni contratti, de' legati pii, di non tener festini, balli, rappresentazioni sceniche nella chiesa; altri contro le donne di mala fama, per gli stampatori e librai; e aggiunge in fine che debba la sua curia a suo arbitrio infliggere a' colpevoli pena pecuniaria.

Nell'anno 1595 da Clemente ottavo fu creato nostro vescovo un Filippo Archinti da Milano. Questi nel 18 luglio del seguente anno imprese la visita pastorale della città e diocesi. Seduto sopra una mula, vestito della cappa e mitra vescovile, s'incamminò verso la cattedrale, accompagnato da numerosa servitù e dai nobili della città, tutti pomposamente a cavallo. Processionalmente i canonici con la croce alzata gli mossero incontro; de' quali alcuni colla cotta e cappa, altri col piviale apparivano. Nel punto dove si accozzarono era disteso in terra un tappeto su cui giaceva una croce. Lei prese l'arcidiacono e la porse da baciare al vescovo, che perciò era smontato dalla mula; sulla quale tosto rimontò entrando sotto il baldacchino cui portavano i nobili; e la processione così avviossi alla cattedrale, in mezzo alla immensa calca del popolo. Giuntovi il vescovo lasciò in sul limitare la sua cavalcatura, e fatte le cerimonie di rito, si portò all'altar maggiore, dove, secondo il costume, adorò, cantò messa, tenne discorso al popolo, lo benedisse e distribuì a molti la Eucaristia. Poi ebbe principio la visita. Questa in gran parte consisteva nell'esaminare quanti candellieri e addobbi, quante tovaglie e lampade servivano a ciascun altare, per quanti gradi vi si ascendeva, e sì fatte cose, le quali tutte benchè sieno importanti, pare tuttavia che fosse bene affidarne l'inspezione ad alcun commissario, e che tutta quella straordinaria pompa dovesse avere alcun fine più alto. Trovasi in vescovado la minuta descrizione delle suppellettili e dello stato della cattedrale in quella età.

Il vescovo interruppe la visita per recarsi al sinodo di Aquilea tenutovi dal patriarca Francesco Barbaro nell' ottobre del 1596. Al sinodo sottoscrissero il patriarca e dieci vescovi suffraganei compreso il nostro. Tornato l'Archinti fra di noi, proseguì in quello e ne' seguenti anni la visita e poi più volte la rifece da capo, essendosi mostrato sempre zelantissimo dell'ecclesiastica disciplina.

Nel settembre del 1598 celebrò il terzo sinodo diocesano, in esso pubblicando e facendo accettare l'aquileese, con altri suoi decreti. Così il terzo come il quarto sinodo non furono stampati, e noi del terzo poche carte e disperse trovammo nel vescovado. I vicarj foranei fecero alla curia in questi tempi relazione dello stato della loro chiesa e delle loro prebende. Per essa sono manifesti i grandi progressi che le dottrine luterane e la riforma avevano fatti nella Valtellina. In Sondrio le entrate d' uno de' quattro canonicati erano state assegnate a' ministrelli; una chiesa de' santi Naborre e Felice era da' riformati posseduta, ed altri luoghi delle circostanze erano in loro potere. Appare per la relazione del paroco di Teglio, che i non confessi e gli scomunicati in Granía erano in qualche numero, ma egli non si attentava di nominarli. Importante è la relazione dell'arciprete di Tresivio, che però in gran parte colle stesse sue parole riferiremo. Dice, che il governatore concedendo in iscritto licenza ai preti di andare al sinodo, temeva non solo di avere imputazioni, ma di pena. Che esso e i suoi preti erano posseduti dalla stessa paura; che col mezzo onde ogni grazia impetravano, avevano fatto prova di ottenerne licenza, ma senza effetto. Che venendo al sinodo avrebbero messo in pericolo non solo le sostanze, ma la vita. Giurava di osservare e di far osservare, quanto gli fosse possibile, tutto che in esso verrebbe decretato, e inoltre pubblicarne gli ordini per quanto gli fosse permesso. Proponeva si trattasse nel sinodo delle barbe de' sacerdoti. « Io dubito, diceva egli, che in questo paese abbia più sembianza di Turchi (non dico di tutti, ma di molti) anzi che di sacerdoti. Parimente nel vestire usano collari alle camicie ritondi e crespi alla bresciana. Le sottane pure con collari ritondi, cascanti sul collo, maniche scavezze e folte di bottoni, e veste quale portano gli sbardellati Bresciani... Stimo pur bene sia stabilito il modo di celebrare la messa; nel che veggo stravaganze assai... ». Il plebano di Villa riferiva che la sua chiesa doveva pagare certo numero di scudi al predicatore calvinista di Tirano, cui pure la madonna di Tirano ed ivi altre cappelle davano annuo tributo. In

Poschiavo predicavano i Calvinisti, così in Brusio, dove metà delle pingui rendite della chiesa di S. Agata era da' Calvinisti occupata. Presso Stazzona una chiesa di S. Bernardo non si poteva tener chiusa, che subito ne era infranta la porta, involate erano le ferramenta e ne era rubato fino al tetto. Un collegio di Calvinisti era fondato in Coira, e stimolava a seguire la riforma.

Nel terzo sinodo si resero memorabili un Alessandro Lucini e Settimio Ciceri canonici del duomo. Lettosi il decreto del concilio aquileese, che comandava al clero comasco di usare in avvenire del breviario romano in voce del patriarchino, essi fattisi capi o quai delegati degli scontenti, con energia apertamente si opposero. Tutto il clero, eccetto alcuni pochi e qualche Valtellinese, aveva con manifesta o tacita disapprovazione udito quel decreto. Ciò avvenne il tre settembre. Presentarono in mezzo al sinodo nel seguente giorno il Ciceri e il Lucini il loro richiamo al vescovo, chiedendo che ad alta voce in pubblico fosse letto. Il vescovo ordina sia consegnato al notaio del sinodo e registrato negli atti. Alcuni se ne lamentano, e affermano che deve ivi esser letto. In questa il Ciceri, non chiesta licenza al vescovo, sale il pulpito e ad alta voce legge il suo richiamo. Dopo recitate alcune ragioni, dice che protestano esso e il suo collega a nome del clero contro del decreto memorato, che non lo ricevono, che punto non prestano l'assenso e che hanno fermo di portar ricorso alla sede apostolica. Replica il vescovo non essere in suo potere mutare o levare nulla ai decreti dell'aquileese, e che all'uso del breviario romano la dilazione di quattro mesi concede. Riprende il Ciceri di nuovo la parola, stando sul pulpito, benchè non solo non assentisse, ma gli si opponesse il vescovo, e prosegue con intrepidezza a domandare che il vescovo degnisi per tôrre gli scrupoli e l'ansietà delle coscienze, far molti cangiamenti e togliere e mutare molte pene, che esso aveva in alcune sue constituzioni inflitto a' peccati cui nomina. Per verità è questa un' assai leggera questione, ma è degna che se ne tenga memoria per non defraudare della debita lode i due canonici, in quanto liberamente osarono aprire il loro concetto, mentre assembrati negli altri sinodi non altro sapevano, che applaudire e confermare in tutte le sue parti qualunque cosa loro ingiunta. Nel discorso del Ciceri è qualche immagine di vera eloquenza, tanto è vero che dai franchi concetti questa nasce. Del resto i canonici che in sì fatta questione ebbero ricorso alla corte romana, mostrarono d' intendersene niente. Ottennero la sentenza contraria. Erano circa quattrocento i preti che componevano questo sinodo, de' quali i Valtellinesi aggiungevano appena alla ventesima parte.

Il vescovo Archinti presentò al papa nel 1597,

poi nel 1600 e di nuovo ancora, relazioni dello stato della diocesi comasca, nelle quali sono alcune cose memorabili. La diocesi di Como, riferiva egli, ubbidisce nel temporale a tre diversi signori, ciò sono il re cattolico, gli Svizzeri, i Reti o Grigioni, e perciò di tutte in Italia è la più malagevole ad essere governata. I sudditi de' Grigioni arrivano al numero di centomila, i sudditi degli Svizzeri ai cento trenta mila, quelli della duchea di Milano ai novanta mila, città e borghi a sedici mila. Il popolo urbano e i soggetti del re cattolico sono pii, docili, caritatevoli; i soggetti degli Svizzeri non lo sono tanto, ma quanto più a Como prossimi di tanto migliori. La parte svizzera non solo non è contaminata da eresia, ma i maestrati civili severamente ne puniscono gli accusati, quantunque sieno questi pronti a rinunziare l'errore. Il seminario fu fondato dal vescovo Volpi, poscia chiuso per la tenuità delle decime che si riscuotevano solo dalla parte unita allo stato di Milano, ed anche queste non intere, perchè i cardinali (ciò è da notare) che hanno in commenda i benefizj più pingui in tutte le diocesi, ricusano di pagare le decime che, secondo il decreto del Tridentino, pur essi devono a sostegno de' seminarj. Nientemeno ho aperto un seminario in cui raccolsi dodici cherici con vesti di color violato, che usano alle scuole gesuitiche. La regione de' Valtellinesi e Chiavennaschi, non solo è fautrice e nutrice degli eretici, ma anzi accoglie manifestamente quelli che abbandonano la comunione romana e dà loro aiuto. Al qual danno è difficilissimo trovar rimedio, perchè i signori loro temporali sono eretici, e fanno ogni prova per turbare il divino ministerio e spegnere l'autorità di Roma. La visita pastorale non si è potuta in quelle parti effettuare per essergliene stato fatto divieto. Prega poi supplichevolmente il papa si degni provvedere a un male sommo, ciò era che le chiese plebane e massime le più ricche, venivano per indulto de' cardinali conferite; questi aggravavanle di enorme pensione, perciò non era possibile provvederle di abili preti, essendochè non vi potevan vivere con dignità al grado conveniente, e dovevano essi portare le fatiche e a' cardinali in Roma mandare il meglio delle entrate. Confessa che al primo suo entrare nella diocesi, vi trovava questi mali che tornavano a grande scandalo de' laici, e porgevan occasione agli eretici di detrarre a' cattolici, ciò sono la ignoranza de' preti, l'uso loro di andare armati, la loro lussuria e la totale imperizia in che vivevano dell' ecclesiastica antica disciplina. Nota ancora che in tutta la diocesi era maravigliosa penuria di uomini dotti.

Gli venne fatto nel 1614 di visitare personalmente quelle terre, e nel seguente anno ne mandò la relazione a Paolo quinto. A questa diede principio descrivendo la Valtellina, la cui rendita e fertilità, massime nelle parti montane, magnifica sopra il vero. « I monti, esso dice, da mano sinistra verso i Reti, benchè sieno altissimi, pure per l'opera degli abitatori sono in guisa coltivati, che sino alla loro sommità pel corso continuo di cinquanta miglia, solo vengono piantati a viti con tal arte disposte, che a chi vi guarda danno straordinario diletto, e ai paesani copia quasi immensa di vino; sono a destra i monti vestiti di castagneti. La pianura che spesso si allarga a tre miglia, produce ogni anno quantità grandissima di frumento e di biade, onde non a torto può essere detta la più ferace provincia di tutta Europa, perchè pure vi abbondano d'ogni sorta bestiami». Commenda que'popoli per l'affetto che hanno alla religione cattolica; e dice che « in quella esecranda libertà di vivere e dire quanto più piace a ciascuno », appena in tutta la Valle un tre mila persone avevano abbracciata la riforma. Cominciata la visita, tanta intorno a lui concorreva la moltitudine, e sì affollata in sul partire d'ogni villaggio lo accompagnava, che gli impediva il cammino, e tale spettacolo da molti esprimeva il pianto per tenerezza. Nota egli che il territorio di Bormio aveva diecimila abitanti; che i Bormiesi non erano totalmente soggetti de' Grigioni, ma loro uniti con certi patti, di molti privilegi godevano; che il pretore loro mandato da'Grigioni non poteva dar sentenza nelle cause civili e criminali, se non uditi i consiglieri del luogo; che tuttavia questi consiglieri erano tanto temerarj, che osavano sottoporre a' processi e condannare persone ecclesiastiche, non ostante avessero il privilegio del foro. Si stende assai nelle lodi di Tirano, borgo che per la sua postura, cinto da mura, irrigato dall'Adda, e per l'antichità e moltitudine degli abitanti, cui dice esser fama derivare dagli antichi Tirreni, potrebbe di leggieri essere stimato principale di tutta la Valle. Si duole che ivi cominciassero già a sorgere eretici, che dice in numero di cento cinquanta, e della vil plebe. Loda non poco la pietà dei Poschiavini e dei *Riusuensium* perchè, da quelli con cui vivono commisti e di contraria fede, impediti di ricevere il vescovo nella loro terra, tutti essi di notte per lungo cammino si avviarono a Tirano per vedere la faccia del loro pastore. Dice che Teglio era tutto diviso in parti, che dagli eretici, tra' quali alcuni nobili, erano fomentate per accrescere la setta di Calvino. Celebra Sondrio sopra tutti i comuni della Valle pel numero delle persone, per le ricchezze, per la residenza del primo maestrato; ma aggiunge che per poco fu che non potesse visitarlo, perchè essendo ivi gli eretici e per dovizie e per numero più che altrove considerevoli, e in oltre soccorsi dal maestrato, avevan più volte sopra ciò preso consiglio, avevano mandato un uomo principale a' Grigioni, e da essi ottenute lettere a tutti i prefetti de' comuni, che ordinavano di far tosto, con quel mezzo potevano, sloggiare il vescovo dalla Valtellina. Sondrio fu visitato perchè in tempo non giunsero le lettere contrarie; tuttavia i prefetti avvisavano il vescovo di affrettarsi, perchè eccitato il popolo da' ministri eretici, minacciava sommossa. Pericolosa tra le altre gli si mostrava la visita di Chiavenna. Perciò il vescovo mandò innanzi a sè alcuni doni al pretore per affezionarselo, il quale sbuffava e prorompeva in grandi minacce contro di lui. Tutti anche lo avvertivano che quei della valle Pregalia « acerbissimi e implacabili nemici della fede cattolica », avevano prese le armi, attruppati erano per correre sopra Piuro e di quivi a forza cacciarlo. Ma Iddio, dice, ammollì il cuore a que' feroci, e potè esso, con grande soddisfazione de' popoli, proseguirvi la visita. Afferma di Chiavenna, ma non senza qualche iperbole, che per l'ampiezza del sito e pel numero degli abitanti poteva essere comparata a moltissime città italiane. Ricorda con lagrime, che ivi il terzo delle persone era seguace della dottrina di Calvino, che vi si tenevano frequenti concilj di ministrelli, vi si facevano spesso adunanze contro la fede cattolica, collette per ammettere ed allettare quelli che rinunziavano la fede cattolica, e che la maggior parte de' più nobili uomini eran settatori di Calvino. Si rallegra nondimeno, perchè alcuni de' calvinisti tornavano in seno della Chiesa. Passato a dire dello stato delle chiese, che le più loda per decenza, nota che la sola parrocchiale di Ponte aveva oltre a venti calici di fino argento, e di paramenti di seta intessuti di oro un numero oltremodo grande, e un tabernacolo di bronzo lavorato con arte stupenda. Tocca in fine di questa relazione, che esso e il clero erano nell' uso della giurisdizione ecclesiastica maravigliosamente angustiati, massime nella provincia milanese, per parte de' regj ministri.

Visitata nel 1617 la cattedrale, fece il vescovo alcune ordinazioni contra i canonici, le quali, benchè concernano cose affatto leggiere, giova menzionare, perchè tra lui e loro grandi dissidj eccitavano, e allo spettacolo si volgevano con diverso affetto la città e la diocesi tutta. Di tali fatti allora si occupava il mondo! In quelle ordinazioni diceva ai canonici, che era costretto rinnovare contro loro i decreti già loro intimati, quanto al modo di recitare i divini uffizj, onde che ammonivali di recitarli con pietà e decoro, qual si conviene; voleva fosse segnato per assente colui che non cantasse in coro la sua parte o vi stesse parlando, o ridendo, o abbandonasse il suo posto; che ogni giorno cantassero messa conventuale, e quando era ufficiatura da morto, cantassero due messe, l'ordinaria e quella pei defunti; che, usandosi per due canonici andare ogni domenica dopo il mezzodì allo spedale, e per due altri alla casa della misericordia, quai delegati dell'amministrazione, perciò assentandosi dal coro nei vesperi, voleva un solo non due vi andassero, e nel resto dell'anno, nessuno per tal causa lasciasse il coro, altrimenti perdesse i frutti della residenza. Queste ordinazioni e insieme altre molte furono ai canonici intimate due volte. Deputati del capitolo comparvero davanti al vescovo chiedendo ne fosse differita la esecuzione, finchè giungesse in proposito decisione dal papa, o da' cardinali interpetri del concilio. Mandarono dunque ricorso a Roma, nel quale esponevano che delle ordinazioni del vescovo alcune erano superflue, perchè già messe in pratica, tale era loro ingiuriosa ed altre irragionevoli troppo. Affermavano quanto alla recita delle ore canoniche, che venivano assai offesi, supponendo il vescovo che in ciò commettessero molto eccesso; quanto al cantar due messe, che non ne avevano l'uso; che uffiziavano alla romana quasi per forza; che molte cose insolite, quasi ognidì loro erano imposte; che per essere freddo il duomo, umido e mal difeso nel verno, riusciva loro quasi inabitabile, e però non era bene vi stessero a lungo; che i canonici non invecchiavano più come per lo passato, dopo lasciarono per uffiziare in coro la loro antica cappella; quanto all'assenza dei quattro, che questa non era disdicevole punto, per essere molto il loro numero. Del resto, aggiungevano, la congregazione de' cardinali risolva tal questione a suo piacere, e tornerà loro più comodo essere al coro, anzi che andare a' luoghi pii, perciocchè nel verno, finiti appena gli uffizj della mattina, *si ha tempo di pranzare bene in fretta per recarvisi*, e nell' estate conviene andarvi nelle ore più calde.

Troviamo spettanti agli anni 1597, e 1617 molte relazioni fatte alla curia sopra i canonici ed altri cherici; le quali narrano l' età del soggetto, il dove aveva studiato, da chi e quando ordinato, quando e dove celebrava, con cui abitava, chi erane il confessore, quai libri teneva, di quante entrate godeva e cose somiglianti. L' indice de' libri è brevissimo, e in esso, eccetto la Biblia, che pure non tutti possedevano, appena ritrovi libro non che buono, mediocre. Lunga è d' assai la lista delle entrate di ogni maniera (11).

Fu celebrato nei giorni 16. 17 e 18 maggio del 1618 sotto lo stesso Archinti il quarto sinodo diocesano. Una lettera mandata dal vescovo a' prefetti e vicarj foranei ordinava loro di trovarsi in vescovado, ove terrebbesi congregazione nel giorno innanzi al determinato per l' apertura del sinodo, recando seco la nota di tutti i preti della loro pieve, di tutti gli scomunicati, interdetti e che non avessero nella pasqua ricevuta l' Eucaristia. In questa occasione un Michele Monti podestà di Traona, eccitato da' preti valtellinesi, pubblicò nel 21 aprile del sopraddetto anno un terribilissimo editto con che, avvalorando molte grida già fatte e allegando nuovo ordine del governatore della Valtellina, comandava a tutti gli ecclesiastici e religiosi di ogni sorta sotto pena della vita e della perdita di tutti i loro beni, non si attentassero di spedir lettere, o andar fuori dal dominio degl' illustrissimi signori loro. Minacciava anche a tutti quelli, che avendo notizia di alcuno uscito contro l'ordine e non avesserlo notificato, pena di scudi cento, e nel caso non avessero con che, pena pubblica di tre tratti di corda. Dugento nove padri intervennero al sinodo, tra' quali due o tre soli valtellinesi.

La prima sessione si passò in registrare i nomi degl' intervenuti, nelle formalità solite, processione, prescrizione del modo di vivere durante il sinodo, e nella lettura d' alcuni decreti del Tridentino. Dopo il mezzodì fu tenuta la seconda sessione, che si occupò nella lettura di altri decreti del Tridentino, e di alcune costituzioni pontificie. Nelle due sessioni del susseguente giorno furono letti i nomi di tutti quelli che dovevano essere presenti al sinodo e non sono più di 566. Instarono i promotori, che fossero puniti gli assenti, e fosse a tutti comandato di pagare il *cattedratico*. Nella sessione del terzo ed ultimo giorno si attese a riduzioni di legati. È manifesto che essendovi intervenuto sì scarso numero, poco erano considerati i decreti di convocazione. Il vicario generale, subito chiuso il sinodo, citò solennemente dinanzi a sè, quelli che senza addur causa non vi erano venuti, a scolparsi nello spazio di quindici dì, o sarebbero puniti secondo il diritto. I citati sono 28, tra'quali hanno alcuni sotto la signoria dei Grigioni. Un gran rumore fu eccitato in questo sinodo dal capo dei domenicani di S. Giovanni, perchè avendo essi frati la cura della terra di Rezzonico, pretendevano diritto di portare stola nella processione e sedere in luogo più onorato; perciò interposero appellazione al papa, e fuvvi grande controversia. Conveniva sempre porre molto studio alla distribuzione dei posti, perchè di questo particolare i padri disputavano o si mostravano gelosi, meglio talvolta che dei punti di fede e della ecclesiastica disciplina. Gli atti a penna di questo sinodo si conservano interi nel vescovado, ma non contengono cosa che valga.

Il vescovo Archinti fu assai operoso, e di lui si hanno molti decreti stampati. Da uno di questi, dato il sei aprile 1606, e che risguarda l'uffizio dell'esorcizzare, si raccoglie che presso di noi, anche allora, parecchi erano creduti indemoniati, e che molti preti e regolari e molti anche dei laici si arrogavano, senza licenza del vescovo, l'autorità di scongiurare i demonj impiegando, oltre i rimedj spirituali, anche naturali medicine, onde alcuni degli ossessi uccidevano, altri storpiavano o d'altra guisa offendevano non poco. Intese il vescovo col suo decreto a frenare l'audacia di costoro, e volle che nessuno potesse esorcizzare, se non impetrata licenza da esso lui o dal suo vicario, e che questi usassero del libro intitolato «flagellum et fustis dæmonum» di frate Girolamo Mengo (12).

Il vescovo Lazaro Carafini celebrava nel 1633 il sinodo quinto, e cagione di celebrarlo diceva essere i grandi abusi che aveva nella visita della diocesi veduto. Perchè questo e il sesto e settimo sinodo non si diversificano molto nella materia di quelli, di cui demmo contezza, per ciò poche cose ne ricorderemo. In questo comanda il vescovo a' predicatori, che dal pergamo l'uno non inveisca contro dell'altro, o gli detragga per invidia o gelosia, chè ciò partoriva troppo scandalo nel popolo; sottopone all'interdetto quel comune che tratterà male o non riceverà i predicatori da lui mandatigli, ovvero non pagherà loro le consuete limosine. Nota accadere talvolta nelle chiese omicidj e stragi per entrarvi i laici armati, onde comanda a tutti i diocesani di deporre le armi in sulle porte, essendo sconvenevole che davanti a Dio, re pacifico, stieno uomini armati, miccie accese, e il fumo della polvere di archibugio ivi s'innalzi in vece dell'incenso. Proibisce che, secondo l'antica usanza tramandata da' Gentili, nel primo giorno del maggio nelle piazze, in capo alle vie, davanti alle chiese e cimiterj della città, de' borghi, villaggi e casali si piantino grossi tronchi di alberi frondeggianti, il che era frequente occasione di risse e d'omicidj. Interdice a' mendicanti il distribuire immagini, croci, medaglie, corone, reliquie e cose sì fatte; ritrovato, egli dice, dell'avarizia per cavare le limosine da' creduli devoti. Scomunica tutti i cherici di qualsivoglia dignità, che aiuteranno o consiglieranno anche indirettamente veruno ad intraprendere checchessia in pregiudizio della immunità ecclesiastica. Minaccia a' giudici laici le pene portate dalla costituzione di Gregorio decimoquarto, quando facciano estrarre dalle chiese o luoghi sacri i delinquenti; il che, aggiunge esso, ora si fa da per tutto, sprezzate le censure. Comanda a' magistrati laici di non s'immischiare nelle cause de' preti, perchè queste spettano al foro episcopale affatto. Dichiara che alla sua giurisdizione appartengono non solo le cause beneficiali, di padronato, di fondazione de' benefizj, di feudi ecclesiastici, di decime, di diritti e rendite di ragione delle chiese e prebende de' monasterj e luoghi pii d'ogni sorta, ma eziandio tutte le cause che si movono contro i cherici, sieno reali o personali, civili o criminali e benchè concernano le loro eredità e loro privati beni: in oltre le cause tutte d'ingiurie fatte dai laici a' cherici, le cause delle vedove, de' pupilli, de' miserabili e di tutti coloro cui dagli altri fu dinegata giustizia; poi le cause dei laici, che nelle loro obbligazioni avevano rinunciato al foro laicale, e chiesta ragione al vescovo; e in fine quelle tutte, quali esse sieno, che i sacri canoni hanno riserbato al tribunale dei preti. Imperocchè, aggiunge egli, se per accidente riguardano in qualche punto cose temporali, pure di diritto l'accessorio dee seguire la natura del suo principale e la cosa più degna tira a sè la meno degna. Afferma da ultimo, che ogni contrario uso è corruttela, protestando solennemente contra gli usurpatori de' suoi diritti, ordinando che il suo vicario e i suoi uffiziali le cause rivocassero a sè, nulla ostante qualsivoglia richiamo, minacciando le pene canoniche e i giudizj di Dio contro quelli de' giudici laici che avessero osato nelle altrui cause ingerirsi.

Ciascun vede in ciò una brutta confusione de' diritti ecclesiastici e civili; e come il vescovo si arrogasse esso l'autorità de' principi. E qual cosa più indecente e in opposizione al mansueto ministero de' pastori, che avere sgherri e carceri a punizione de' cristiani, quando Iddio a loro altro uffizio non commise che di ammonire con carità i popoli, pregare pei loro falli, esser loro in ogni cosa esempio di mansueti costumi, e di formarsi un' anima che sa compatire alle altrui infermità, secondo l'immagine del loro divino esemplare? Con queste virtù venne fondata, con queste crebbe la chiesa di Gesù Cristo, e la vittoria che essa riportò del mondo, è da attribuirsi alla mansuetudine, santità e pazienza di lui. Erano nell' archivio vescovile numerosi processi criminali che furono, non è molto, distrutti, perchè molte infamie non venissero in luce.

Dopo gli atti stampati di questo sinodo è la relazione che il Carafini nel 1633 a' cardinali interpreti del Tridentino fece dello stato di sua diocesi. Ricorda in essa che egli in sette anni aveva distribuito delle sue entrate scudi duemila in sussidio dei poveri delle chiese e de' luoghi pii; che per varj diplomi d' imperatori la Valtellina fu data in dono alla chiesa comasca, onde il vescovo vi godeva di regali diritti e aveva titolo di conte; che in Chiavenna la chiesa de' santi Pietro e Paolo era stata dagli eretici occupata, e che egli nel 1628 distruttevi le loro opere e disotterratevi le loro ceneri, le aveva gittate nel fiume e ribenedetta la chiesa; che in Como erano cinque monisterj di monache, undici ne' sobborghi e nella diocesi sei. Tace quello di Montepiatto, soggetto all' arcivescovo di Milano, e la congregazione delle Orsoline. Questo stato troviamo dopo la detta relazione stampato. Chiese plebane e collegiate 35; un arcidiaconato; arcipreture parrocchiali 26; prevosture parrocchiali 12, non parrocchiali 4; abbazie in commenda 4; priorati 2 in commenda; canonicati 119; *mansionariati* 10; due maestri delle cerimonie; chiese parrocchiali 282; viceparrocchiali 97; benefizj semplici 225; oratorj 655; collegj de' cherici studenti 2; ospitali 14; luoghi pii 13; scuole del sacramento 255; scuole di fratelli disciplinanti 172!!!; della dottrina cristiana 225; sacerdoti secolari 978; cherici 285; referendarj delle due segnature 6; protonotarj apostolici 12; vicarj foranei 24; dottori in divinità 58; in amendue le leggi 34; nelle decretali 3. Conventi di frati 52; cioè di benedettini di monte Cassino 1; celestini 1; cisterciensi 3; canonici regolari 1; crociferi 1; gerolimini 1; gesuiti 1; residenti 2; somaschi 2; domenicani 4; serviti 4; eremitani agostiniani 3; agostiniani conventuali 3; francescani conventuali 4; minori osservanti 2; cappuccini 9; riformati della più stretta osservanza 5; francescani del terzo ordine 1; carmelitani 1; paolotti minimi 3; frati in tutto 466. Monisterj di monache 25; cioè di cluniacensi 1; benedettine 5; domenicane 1; agostiniane 11; francescane 1; umiliate 3; orsoline 3; monache in tutto 855. Totale delle anime della diocesi 166 mila, e 189. Se questo non concorda colla memorata relazione dell'Archinti, è da notarsi che la peste aveva ucciso meglio che cinquanta mila persone, fra le quali 100 frati e 160 preti.

Il sesto sinodo fu nell'anno 1672 celebrato. Il vescovo Giovanni Ambrogio Torriani recitò all'apertura di esso un discorso su gli obblighi del sacerdote, e usò della lingua italiana, per essere, come argomentiamo, in materia importantissima, inteso da tutti i preti, al cui maggior numero la lingua latina è oscura. Splende il suo discorso per veracità di sentenze, per franchi concetti, talvolta per robustezza di stile, nè sappiamo quale ragionamento dei nostri possa in ciò venire col detto a paragone. « Ben io m'avveggo, esclama egli, che senza timore dell'ira ultrice di Dio, senza esaminare la propria fiacchezza, senza por mente alla natura del contratto, ma per fini interessati e ingannevoli si fanno molti arrolare nella milizia ecclesiastica... Tanti, io dico, si affollano a questa dignità, che non so discernere se è per entrare in chiesa a cantarvi le divine lodi, come tante rondinelle, oppure a succhiarvi l'olio delle lampade a maniera di vipistrelli; questo so bene, e l'esperienza quotidianamente mel dimostra, che si corre d'ogni dove a'sacri ordini; e il ministero agli stessi angeli reverendo, è usurpato dagli uomini senza rispetto e senza darsene pensiero ». Propone quindi la parabola evangelica del padre di famiglia, che comandò ad uno de'figli di recarsi a coltivare la vigna, il quale disse che non vi anderebbe, e poi vi è andato; comandò all'altro de' figli la stessa cosa, e questi promise e poi non attenne la parola. « Or chi non vede, ripigliò il vescovo, che nel primo figliuolo sono adombrati i laici, i quali non si vollero obbligare nè a voto di castità, nè a menar vita ritirata e spirituale, anzi nell'eleggere la vita spirituale mostrarono, per dir così, piuttosto di non volere a Dio ubbidire; ed essi nondimeno, o molti di loro con grandissimo fervore vi attendono. Nel secondo quali altri sono significati, che noi ecclesiastici, i quali con finte promesse dimostriamo di voler servire a Dio, conservare la purità e l'innocenza di vita dedicandoci a lui e alla sua Chiesa, e poi ci lasciamo da' laici e dalle donnicciuole superare? Due osservo che sono i capi principali da' quali, come da profondissime radici inviscerate nel cuore di alcuni ecclesiastici, derivano i maggiori scandali, che pervertiscono il mondo, ciò sono avarizia e impurità... Esaminiamo il nostro animo, indaghiamo il vero. Forse che vi degnate voi cantare una messa, o battezzare alcuno, o seppellire un morto, senza prezzo o promessa? Forse che non desiderate più tosto la morte de' ricchi, che la loro guarigione? Ecco in qual guisa voi lupi siete... L'impurità è fuor d'ogni dubbio essere un fango, che arriva a insozzare fino i più candidi lini sacerdotali ». Passando ad altro capo così proseguiva. « Intendete, o consacerdoti miei, non essere fortezza d'animo, ma codardia valersi dell'uffizio sacerdotale per vendicare le ingiurie proprie e private. E nondimeno quanti pastori di anime e sacerdoti, quanti, Dio immortale! non si servono del sacro ministero dell'altare e dell'autorità concessa loro per chiudere le porte del cielo e spalancare quelle dell'abisso?...

Quanti si espongono ad ispiegare il santo vangelo, affettando di animare il loro gregge a seguire Gesù Cristo; e poi essi a un tempo appariscono superbi, iracondi, bestiali, e danno a divedere ben tosto, che la predica non è per zelo nè indrizzata alla correzion pubblica del vizio, ma sì per motteggiare individualmente questi e quelli e per trafiggerli con acerbe parole per fino dagli altari?.. Quanti intronizzati in quel confessionale, impongono altrui pesi insopportabili, con chi più loro piace, mentre tralignando dalla pietà cristiana, danno al sentir le colpe de' penitenti, in così fatte smanie, sbuffano, mugghiano, si battono e si contorcono di maniera, che altri vedendoli, stanno in dubbio se il diavolo sia partito dall'anima de' penitenti ed entrato in quella del confessore... E se ne fanno maraviglie, assalendo il penitente con sì mordaci invettive, che non delle colpe ma della confessione il fan pentire; ond' egli che si credeva trovar giudice pietoso, incontra rigoroso fiscale, fugge il confessionario come patibolo.... Dunque voi, che avete l'uffizio del pastore, del confessare, predicare, correggere, ricordatevi della pietà e mansuetudine. Sovvengavi che il prossimo, quando pecca, è infermo; ha bisogno il meschino di rinfreschi, non di tortura; portate con voi a lui le consolatorie, e non le bravate; come capi, abbassatevi, senza alcuna estimazione di voi stessi, e con ogni maggior destrezza procurate il medicamento, sanate le ferite all'infermo ». Poi rivolto il discorso a' Costantini, Teodosj ed altri creduti grandi sostenitori della dignità sacerdotale, disse: « Quanto rimarreste voi stomacati al mirare, che oggi dal corrotto mondo, si tengon per ischiuma della plebe quelli che voi ammiraste e chiamaste fiore del cristianesimo; allora chi diceva prete, pareva nominasse un angelo, ora per l'avidità par che méntovi un' arpía. A quei tempi ogni studio loro era vestire le sacre immagini e gli altari; ed adesso o soverchiamente abbigliano sè medesimi e compariscono sulle piazze, sulle contrade e sino nelle chiese con sì sfoggiati abiti ed improprj della profession religiosa... che si rendono esosi agli occhi di Dio e degli uomini di più sano giudizio... o passando agli estremi si lasciano cader cenciosi la veste dal dosso, non decido, se per dappocaggine, o per povertà, o per avarizia... Il sovrano monarca ci fece atlanti a sostenere santa Chiesa, e non pochi partendosi dalla nostra diocesi, vanno ad avvilire il grado, impiegandosi in esercizj meno degni e sino a dar il braccio alle donne... Eh dite, e direte il vero, che non hanno misura la crapula, non ritegno le lascivie. Dite, dite e direte il vero, che il sacerdozio è fatto negozio; il chiericato, mercato, il sacrario, erario ». Così un santo vescovo con profetico zelo parlava a tutto il suo clero, e perchè la sua ammonizione a tutti fosse nota e durasse nella memoria, faceva pubblicare in Como colle stampe il suo discorso, che tuttavia non avremmo osato ricordare, se l'autorità del santo uomo che lo disse non iscemasse invidia alle nostre parole, e se non servisse maravigliosamente alla storia dei costumi.

Il sesto sinodo scomunica i predicatori, che specialmente riprenderanno i costumi e le azioni dei vescovi o d'altri ragguardevoli prelati; dichiara che erano fatte tanto vili e facili le ordinazioni dei preti, che quasi senza preparazione gl'idioti, i rustici, i facinorosi, le persone date a' negozj presentavansi all'ordinazione a torme. Proibisce questo notabile costume che era allora. Quando donna vedova passava a seconde nozze, mentre ella si recava in casa del marito, il popolaccio le tenea dietro e per la strada e davanti la casa, batteva caldaie, padelle, fischiava, strepitava e faceva simile baccano; usanza che non è ancora dismessa. Duolsi il vescovo, che quante più leggi faceva per togliere i vizj, questi anzi maggiori e più feroci divenivano; e gli abusi, benchè di correggerli si fosse con somma cura provato, pure ogni giorno aumentavansi, nè solo erano corrotte le persone, ma anche turbati i riti, gli ordini, la giurisdizione ecclesiastica e tutto il popolo. Dà ordini per provvedere a' poveri, notando che il loro numero era maggiore dell'usato, che per soccorrere alle loro necessità erano pingui legati, ma ne venivano frodati per altrui colpa. Dice in altri suoi decreti, aver esso osservato palpabilmente nella sua pastorale visita, che si mettevano all'incanto le vicecure, si patteggiavano condizioni inique e simoniache, messe a otto soldi, funerali senza candele, senza croce, senza sacerdote.

Il settimo sinodo, che è l'ultimo, fu tenuto dal vescovo Carlo Ciceri nel 1686. Questo stabilisce che nessuno trasporti in eretici come che sia il dominio di cose stabili, loro non appigioni case, non le conceda ad abitare per qualsivoglia pretesto; e chi il fa, sia reo di colpa mortale riservata al vescovo, e stimato indegno dell'assoluzione sin quando fia tolto il contratto. Il caso è ancora compreso nella lista de' riservati impressa da qualche anno. Ordina a' sacerdoti, che quando assiste nella chiesa uomo eretico non celebri, e se ha cominciata messa, la interrompa se è innanzi alla consacrazione e necessità non lo stringe a terminarla. Vuole che le sacre reliquie siano racchiuse a molte chiavi, e molti ne sieno i custodi, perchè, dice il sinodo, il molto numero delle chiavi accresce il prezzo e la stima delle reliquie nel popolo. Vieta le orazioni funebri solite dirsi in alcune chiese della diocesi, anche pei morti plebei, essendo indegno, aggiunge esso, e non conveniente alla santità del luogo, che con false lodi siano adulati i morti, quando anzi tornerebbe meglio ammonire i cristiani commossi per la morte del loro vicino. Insegna in proposito dell'assistere gl'infermi, che i demonj sagittarj e frombolieri sono essi, che i moribondi assaliscono; che i sacerdoti non verrebbero ripresi da Dio, se almeno i riti osservassero nel celebrare (13).

Esso vescovo prima del sinodo si fece spedire da Roma una lettera della più volte memorata congregazione di cardinali, in cui gli era detto, « perchè le pretensioni del capitolo e del clero quanto alla facoltà di determinar le cose ne' sinodi, suole spesso turbarli; perciò ripetevano a lui quanto già avevano scritto al suo antecessore, che il vescovo può ne' sinodi diocesani far decreti senza il consenso e senza l'approvazione del clero; che deve sentire il consiglio del capitolo, ma non è obbligato seguirlo, fuor i casi posti dalla ragion canonica ». È manifesto per un editto del Ciceri sulle monache, che molti abusi erano ne' monisterj, massime pel troppo facile accesso de' regolari e de' laici; e quegli abusi essere stati enormi da questo conghietturiamo, che il re cattolico Carlo secondo dovette da Madrid iscrivere nel 1682 lettera al vescovo, perchè contro quelli usasse di efficaci rimedj.

Pervenuto lo stato di Milano sotto la dominazione della casa d'Austria, vecchie usanze cessarono ed altre migliori ebbero luogo. Le scienze, le belle arti, le lettere e la filosofia, che prima giacevano affatto, cominciarono a risorgere e a godere di tanta libertà, che da quasi un secolo e mezzo non conoscevano, e col risorgere di queste si fecero più civili e miti i costumi; la filosofia tolse o scemò abusi che prima dominavano. Non già che tutto fosse subito cangiato in meglio, chè questa è lenta opera del tempo, nè ancora compiuta.

Padre de' popoli e legislatore sapiente, venne l'imperatore Giuseppe secondo, di cui ci esulta l'animo poterne ripetere l'elogio. Veduti gl'infiniti mali che dalla confusione degli ecclesiastici e civili diritti nascevano, cominciò a distinguerli bene, non ostante i richiami di chi era interessato in contrario. Cancellò ingiusti privilegi e feudali diritti, e diminuì in Como il numero soverchio delle chiese e parrocchie, chè a troppo peso de' cittadini tornava il mantenerle con decoro. Menomato anche il numero de' claustrali e alquanto quello de' preti secolari, furono minori gli scandali e men bisogno si ebbe di ordinar pene e canoni contro loro. Il vescovo fu ristretto a usare della sua autorità spirituale, spiritualmente. Sparvero dalla sua curia gli sgherri, furono chiuse le sue prigioni, e anch'esso nelle cose temporali fu, secondo l'ordine di Gesù Cristo, a' civili tribunali sottoposto. I preti che prima, come vedemmo, formavano quasi uno stato independente in mezzo allo stato civile, furono agguagliati agli altri e fatti ritornare nella classe de' cittadini; e tolte molte esenzioni di che godevano con danno del pubblico erario. Si abolirono gli sponsali, come contrarj a quella pienezza di libertà, di che tutti devono godere nella elezione dello stato prima del vincolo matrimoniale; e che essendo obbligatorj e vero contratto, riducevano quasi a una sola formola ecclesiastica il sacramento del matrimonio (14). Questi ed altri vantaggi si devono alla sapienza di ottimi e liberali principi, ai progressi del sapere e alle dottrine del clero gallicano. Il vescovo nostro Mugiasca per buoni e affabili costumi memorabile, diede nel 1767 al suo clero l'editto e la lettera pastorale, che ancora è spesso ricordata e che paragonata alle sinodi nostre, prova evidentemente quanto meglio, che un secolo innanzi, nella sua età si facessero canoni secondo la mente della Chiesa (15).

Ciascuno può di leggieri avere inteso per la breve notizia che data abbiamo de' sinodi, quanto vani riuscivano tutti quei provvedimenti a togliere gli abusi, e che anzi per testimonianza de' vescovi, la corruttela si faceva ogni giorno maggiore. La civiltà del presente secolo ha cangiato in meglio anche i costumi de' preti, nè più sono comparabili con quelli di due secoli addietro; ma i buoni essendo ancora scarsi, nullostante le numerose e severe leggi che sempre si sono fatte, bisogna scemare il numero dei preti, a giudizio di tutti eccessivo, ed essere meno facili nell'ammettere al chericato. E perchè tale scemamento non potrà mai aver luogo, tale è la calca e la frode con che molti si presentano a' vescovi, è d'uopo dunque andare alla radice del male, riducendo a discreta quantità i numerosi benefizj e provvedendo che ogni ricchezza sia dal clero rimossa in perpetuo. Finchè i benefizj saranno in tanto numero e i loro possessori potranno godere di molto ozio e copiose rendite, di necessità saranno molti quelli che i benefizj ambiscono e ottenutili, non potranno andar esenti da que' mali che procedono dalle dovizie e dall'ozio. Persone religiose fondarono le ricche prebende, o concorsero con limosine a dotarle, credendo che quanto sopravanzerebbe all'onesto vitto e vestito dell'ecclesiastico, sarebbe ceduto a sostentamento de' luoghi pii e de' poveri; ed è questa la mente della Chiesa. Ma poichè la sperienza costante di tanti secoli ha dimostrato che, certo non tutti, ma sì la maggior parte, o sordidamente avari ammassano nelle arche i danari per trasmetterli a' nepoti, o in conviti e piaceri li dissipano, è d'uopo dunque che per legge loro si tolga quel soverchio, che loro non appartiene, e si converta in usi migliori e pii. È anche un altro male. Quando vaca alcuna ricca prebenda, molti a stormo verso quella, come a preda, si avventano per conquistarla; e intanto si vede un correre, un brigare, un affaccendarsi continuo e non lasciar pietra intentata. Fu spesso casuale o non proporzionevole la fondazione delle entrate parrocchiali, avvegnachè alcune in ameni luoghi poste, facili e piccole parrocchie godono le larghe rendite, e altre malagevoli o popolate, o poste in cima de' monti, o sepolte nel seno delle valli, più del dovere ne scarseggiano. La ragione corregga adunque l'errore del caso o di chiunque, e di qua tolgasi quanto là abbisogna. Ben è vero che non è sì misera prebenda parrocchiale, che ad uomini di spirito apostolico non somministri quanto al vitto e vestito è bastevole; ma perchè in molti è scarso il fervore della carità, li allettino a quelle i premj temporali, se l'amore del prossimo non è di stimolo sufficiente.

Questo abbiamo detto con libera loquela, persuasi che se da una parte alcuni le nostre parole non approveranno, dall'altra molti le loderanno. La sana filosofia ha fatto grandi progressi, benchè di qua la superstizione, di là la irreligiosità le facciano contrasto: sono oggi anche da' popoli credute verità manifeste, certe cose che ne' passati secoli erano riputate errori; e se dura ancora la pugna delle tenebre colla luce, pare oramai che la luce prevalga.

(1) Do la nota de' libri stampati e manoscritti che ho usato per la compilazione del libro ottavo.

Acta primae et secundae Synodi dioecesanae comens. etc. *Comi apud Hieronymum Frovam* 1588.

J. Francisci Bonhomii ... episcopi Vercellarum et visitatoris ap. in civitatibus et dioecesibus Comi et Novariae etc. Decreta generalia in visitatione comensi edita, adjunctis item summ. Pont. Sanctionibus ex Trid. Concilii decretis, quae certis anni diebus enunciari, vulgarique debent. *Vercellis apud Gulielmum Molinum* 1579; *et Comi apud Balthassar et Melch. fratres de Arcionibus* 1618. Il Bonomi di patria cremonese oltre all'essere stato dotto in teologia « si dilettò di poesia latina e fu assai studioso delle cose romane e dell'antichità ». (V. Giammaria Mazzuchelli nell'opera degli Scrittori d'Italia. Brescia 1762. Vol. II. Part. III. p. 1678-1680).

Concilium provinciale aquileiense primum, celebratum anno 1596 etc. *Comi apud Hieronymum Frovam* 1599.

Cathedralis Rev. Philippi Archinti ab anno 1596 ad annum 1618. MS. È un grosso volume manoscritto, che contiene frammenti del sinodo terzo, gli atti del sinodo quarto, visite pastorali della diocesi, relazioni del vescovo al papa sullo stato della diocesi, quistioni del vescovo col capitolo della cattedrale e sì fatte memorie. È nella curia vescovile.

Giudico che possa essere di pubblico interesse il dar qui contezza delle reliquie descritte dall'Archinti, perocchè sono portate in processione per la città al tempo delle Rogazioni. Stanno in un'arca adorna di lamine d'argento con eleganti bassorilievi, lavoro di un Angelo Carpano. Fu donata alla cattedrale nel 1586 dal vescovo Volpi. Sopra essa è istoriata la visita della Vergine a S. Elisabetta, la nascita del Precursore, lo sposalizio della Madonna, la presentazione al tempio, l'Annunziata e l'Assunta. Le reliquie in essa contenute sono queste; della veste di G. C. e del suo cinto; dell'abito della Vergine, del sangue di S. Giovanni Battista; della spugna con che fu dato l'aceto a Gesù Cristo; del legno della croce; delle undici mila Vergini, e di S. Francesco; de' capelli della Vergine; reliquie di S. Stefano, de' santi Celso e Terenzio martiri, delle vesti di santa Agnese, di sant'Agata; delle vesti di S.

Giovanni Evangelista. Molte sono senza titolo. È pure un'altra grand'arca di legno, che quanto quella, e più ancora contiene di reliquie, tra le quali poche menzioneremo. Reliquia del latte della Vergine; della forchetta di santa Maria Maddalena; minuzzolo della pietra su cui stava Gesù Cristo quando gli fu detto: *beato il ventre che ti ha portato;* frammento del vaso in cui lavò i piedi; d'una pietra della camera della Vergine; della carne arrostita di S. Lorenzo e la lingua dell'apostolo Andrea.

Synodus Diœces. Comens. V. etc. *Comi ex typographia Amantii Frovae* 1634.

Synodus Diœces. Comens. VI. etc. *Comi ex typographia Pauli Antonii Caprani* etc. 1674.

Synodus Diœcesana Comens. VII. etc. *Comi ex typographia Pauli Antonii Caprani* etc. 1687.

Registro compendioso de' decreti, editti e di altri avvisi parrocchiali da pubblicarsi nelle feste dell'anno ecc. *Como per gli eredi di Paolo Antonio Caprani* 1691.

Editto e lettera pastorale di ecclesiastica disciplina di Giambatista Mugiasca vescovo di Como.

Viridarium reservatum, seu de casuum reservatorum omnigena disputatione etc. a Defendente Quadrio canonico theologo in collegiata S. Mauritii Ponti vallis Tellinae. *Comi anno* 1657.

Quest'opera si estende a 600 e più pagine in foglio. Tratta de'nostri casi riservati, che sono quelli stessi riservati al presente, eccetto alcuni particolari e l'ultimo. È in vero cosa da far le maraviglie, che intorno a que'casi abbia potuto scrivere un sì grosso volume. Move poi stomaco con quelle oscenissime dispute dalla pagina 388 alla pagina 416, che sembrano state scritte non da un teologo pio qual fu, ma in un postribolo dal più impudico epicureo. Egli contende con lo sporchissimo Sanchez nella troppo famosa sua opera del matrimonio. In questa materia disdice il particolareggiare ed estendersi a trattati, dovendo a tutti bastare il buon senso e alcuna regola generale per la intelligenza del caso. Diamo un saggio delle molte inezie, di che il Quadri riempì il suo volume in foglio.

Casus XV.

Mulier ingrediens ecclesias capite non velato.

N. 1563. *Mulier*, quæ a mollitie dicitur, quasi mollis, sicut vir a virtute propter discretionis integritatem. Et licet Vulpianus eam appellet mulierem, quæ virgo non est. Quod si, inquit, ego me virginem emere putarem, cum esset mulier emptio non valebit etc. etc.

1564. *Ingrediens ecclesias*, cujus tamen nomine non veniunt loca pia, et hospitalia, licet auctoritate episcopi ædificata etc.

1565. *Capite non velato*, cujus limites et fines eo usque porriguntur, unde incipit vestis; quantum resoluti crines occupare possunt, tanta est velaminis regio, ut cervices quoque ambiantur. Ipsæ enim sunt, quas subjectas esse oportet, propter quas potestas supra caput haberi debet; velamen jugum illarum est etc. etc.

Virgo etiam ecclesias ingrediens capite non velato, hanc reservationem incurrit.

1568. Probatur; omnis mulier ingrediens ecclesias capite non velato reservationem incurrit; sed virgo in sacris litteris persæpe mulier vocatur, ut Apocal. 12. de B. Virgine dicitur: apparuit signum in cœlo, mulier amicta sole. Et iterum: mulier circumdabit virum etc. etc.

Objicies. Caput, faciemque velare signum est meretricis, ut patet Genes. cap. 38. de Thamare sedente in bivio et pallio aestivali etc. etc.

1571. Respondeo, non quod faciem velasset scortum creditur Thamar, sed quod in viis publicis vaga sederet. etc. etc.

1572. Puellas non viripotentes sub casu non esse comprehensas, cum hæ nomine mulierum non veniant, utpote in minori ætate constitutæ etc. etc.

La repubblica di Venezia con decreto del 1648, inflisse pena di 500 ducati contro i mariti, che avessero consentito alle loro donne di entrare in chiesa con traverse innanzi e senza velo sulla testa!!!

(2) Tatti. Op. c. Tom. II. p. 828.

(3) Hist. pat. p. 175.

(4) Polit. Jus paroch. Qu. IX.

(5) In una carta pubblicata nel giorno 11 gennaio 1683 e sottoscritta da Giambatista Gelpi vicario generale del vescovo (Como per l'Arcioni stampatore del santo officio), si racconta che l'origine della festa si deve ad un celeste avviso, che un angelo vestito da pellegrino diede a quei d'Isola, se volevano essere salvi dalla gragnuola, che già da sette anni continui aveva ruinate le loro campagne. « Si tralasciò poi qualche anno la processione, si prosegue a dire, e subito tornò la tempesta a disertare le vigne e la campagna, onde l'arciprete Turchino Salici accorgendosi che ciò succedeva per essersi raffreddata la sua greggia nella pietà e

riverenza del santo, ripigliò ... il culto tralasciato ... Faccia dunque il popolo d'Isola il conveniente capitale e stima di questo avviso celeste; continovi a fare la sua solenne e pomposa processione ... ».

(6) Vedi l'ordine della Delegazione Provinciale dato il 2 giugno 1827.

(7) Prima del decreto imperiale dato a' dì 24 marzo 1821 pagavasi per l'istituzione canonica di una parrocchia una doppia di Genova e di una vicaría la metà di una doppia. Ora per una parrocchia, se ebbe aumento, si pagano lire dodici italiane, se non ebbe aumento lire venticinque. Per le vicaríe pagansi lire quindici.

(8) Il nostro concittadino Giuseppe Nessi, che fu professore di ostetricia all'università di Pavia, pubblicò nel 1800 un discorso « sopra i pericoli del seppellire i morti in chiesa » e sappiamo che s'indusse a scriverlo, perchè assistendo nella chiesuccia di S. Nazaro alla messa, vi respirò un' aria tanto infetta per le esalazioni sepolcrali, che ne contrasse una malattia. Nell'agosto del 1799 entrato in duomo dopo le cinque ore pomeridiane, stette a un pelo, che per lo stesso motivo non cadesse in deliquio. Si soleva talvolta di buon mattino accendere fuoco nel duomo o abbrucciarvi incenso per purificarne l'aria.

(9) Costumavasi, ora fa pochi anni, all'occasione de' solenni funerali d'un ricco invitare i preti con pubblico avviso a celebrare pel defunto, e nell'invito era notata la quantità della limosina, che, secondo era maggiore o minore, più o meno numerosi i preti attraeva. Ora quell'obbrobrio di determinare la limosina fu tolto dagli avvisi; ma perchè è notissimo che è straordinaria in tali casi, quindi vi concorrono frequenti non solo dalla città e da'sobborghi, ma dalle vicine terre e attruppati nelle sagrestie fanno grande calca per occupare primi il calice, i sacri arredi e l'altare. A così fatti preti, che si affannano correndo in busca delle limosine e de' funerali, il volgo dà presentemente il nome di preti *vetturini*.

(10) Arma ne ferant, præterquam brevissimum ensem, itineris causa. Syn. Diæc. II. p. 136.

(11) Saggio delle informazioni che allora erano date alla curia. Questa che citiamo è in lingua latina e dell'anno 1597.

« Il molto reverendo d. Elia Paravicino canonico della prebenda sacerdotale, figlio del quondam Giacomo, di anni 58.

Abita nella propria casa colla cognata, e suoi cinque figli, con una fanciulla di otto anni, con due serve, l'una di anni diciotto e l'altra di anni venticinque.

Facoltà di tenére la dette serve. *È ommesso se avesse o no licenza di tenerle.*

Diede opera alle lettere umane.

Fu promosso alla prima tonsura dal rev. Paolo Giovio vescovo di Nocera, con licenza del capitolo della cattedrale, vacando la sedia vescovile l'anno 1550, 4. maggio.

Ai quattro ordini minori fu promosso dal rev. d. Antonio Volpi vescovo di Como l'anno 1569, 26 marzo.

Al sacro ordine soddiaconale fu promosso dallo stesso reverendissimo, col titolo della sua prebenda canonicale e sacerdotale, l'anno 1569, nel 24 settembre.

Al sacro ordine diaconale fu promosso dallo stesso l'anno 1569 a' dì 17 del dicembre.

Al sacro ordine presbiterale fu promosso dallo stesso l'anno 1570, nel dì 18 del febbraio.

Fu provvisto della prebenda canonicale e sacerdotale dalla sede apostolica in forza di *regresso* l'anno 1560, nel terzo delle calende di gennaio.

Fece la professione della fede nel capitolo e davanti al vescovo reverendissimo.

Confessa i suoi peccati al reverendo arciprete di S. Giorgio quando nè ha uopo, ovvero tre, o quattro, o spesse volte al mese.

Celebra messa nella cattedrale quattro volte la settimana per la mercede di lire 60, le quali paga il reverendo prete Giovanni Sala canonico d'Isola, titolare della cappella di S. Bartolomeo nella cattedrale.

Celebra pure in tutti i giorni festivi per divozione o nella cattedrale, o nella chiesa delle monache di S. Cecilia, dove è confessore delle stesse monache.

Indice dei libri.

Rendite del canonicato.

È tesoriere della sagrestia, il cui uffizio è esigere la metà dei frutti della prebenda canonicale pel primo anno che viene conferita a qualche canonico, e con questi frutti sono comprati i paramenti necessarj. In oltre amministra le entrate di diritto capitolare.

Canta la messa conventuale per torno nella sua settimana.

Sa nulla quanto alla fondazione della chiesa cattedrale.

Gli statuti sono nell'archivio della sagrestia.

Le chiavi sono presso lui e il reverendo D. Nicola Coquo, qual tesoriere della sagrestia.

Segue d'altro carattere in italiano.

L'indice dei libri, che sono appresso di me Elia Paravicino canonico della chiesa maggiore di Como.

Una Bibia granda.

Doi volumi grandi della vita dei Santi.

Un' libro chiamato cento raggionamenti del Beatissimo Panigaroli.

Il Mannuale del Navarro.

La summa Armilla.

L'instruttione de Confessori del Rever. Medina.

Le ordinationi generali del Revér. visitatore appost.

Le opere de Jacomo de Valenza sopra salmi.

Notta del' intrata del Cannonicato di detta Elia.

Ommetto questa nota lunga e molto particolarizzata e ne do la somma.

Di Formento,	*moggia*	25	*staia*	6
Segale . .	»	30	»	4
Miglio . .	»	1	»	-
Orzo	»	—	»	6

Capponi sedici.
Lino libbre due.
Rendita in danaro, lire 261.

Non sono computate le rendite giornaliere per la residenza corale che ascendono ogni anno ad alcune centinaia.

Queste informazioni dovevano essere date da tutti i canonici, parochi, cappellani, beneficiati, cherici, ogni qual volta il vescovo faceva la visita della diocesi.

(12) Gli uomini allora in qualunque fatto straordinario, raffiguravano tuttavia l'opera di folletti o streghe, ovvero la presenza di un demonio. Nel nostro convento ora distrutto di santa Croce, un frate a notte avanzata attendeva a fare distillazioni secondo era suo costume. Un vaso pieno di acquavite gli si rovescia per caso su la tonica e gliela inzuppa. Mentre egli fa opera di ripararne il rovesciamento si accosta inavvedutamente alla fiamma di una candela che ivi ardeva, e il fuoco gli si appicca all'abito. Non riuscendo a spegnerselo di dosso, si slancia dalla cella nel contiguo corridore e grida misericordia, aiuto. I frati dalle loro celle traggono tutti al rumore. L'infelice era tutto circondato dalla fiamma e in quelle tenebre offriva uno spaventoso spettacolo. Vederlo i frati, fuggirsene alle loro celle e racchiudervisi tremando fu tutt'uno, immaginandosi che quello fosse un demonio. Non aiutato il misero, invano chiamati a nome questo e quel frate, corse,

mandando sempre orribili grida, e si attuffò in una fontana del convento, con che aggiunse esca all'incendio e ivi consunto spirò. Nessuno de'frati, tanto fu lo spavento, sorse a cantare il mattutino e si attentò di uscire dalla cella se non quando fu ben chiaro.

(13) Non arguentur Ecclesiastici in sacrificiis suis a domino, si eorum holocausta in conspectu Dei sint semper, vel saltem juxta rubricarum leges altissimo exhibeantur (Syn. VII. p. 78. Const. VI).

(14) Reca molto stupore che i Ticinesi non abbiano ancora pensato all'abolizione degli sponsali, quantunque si lamentino sempre dell'imbarazzo che seco portano. Devono ricordarsi, che prima che tra di noi si pensasse a riforme di qualche momento, avevano essi già tentato di togliere di mezzo gli *stati liberi*, spinti da ciò dalle giuste rimostranze di un dotto e pio teologo il curato di Arogno Giambatista Rusca; e che quindi non hanno fatto, che inopportunamente arrestarsi sul cammino (*V. Consulto teologico di Giambatista Rusca curato di Arogno ec. nel quale si dimostra non essere necessarj li stati liberi, per que' nazionali, li quali dimorati per qualche tempo fuori di diocesi e ritornati alla patria, si vogliono nell'istessa diocesi ammogliare. Parma per gli eredi di Paolo Monti* 1769). La curia di Como, che, levati gli stati liberi, perdeva nel solo baliaggio di Lugano un 200 filippi all'anno, perseguitò il Rusca, ma questi ebbe sempre per difensore lo stesso vescovo Mugiasca.

(15) Non essendomi possibile comprendere nel corpo della storia tutti i vescovi, perchè la vita e le opere di alcuni sono niente memorabili, perciò ne presento qui la loro serie, segnandone i nomi rispettivi, la patria, l'anno in cui furono creati nostri vescovi e quello della lor morte.

SERIE CRONOLOGICA

DEI VESCOVI DI COMO.

NOME E PATRIA	ANNO DELLA ELEZIONE	ANNO DELLA MORTE
1. S. Felice	379	391
2. S. Provino	391?	420?
3. S. Amanzio	420?	450?
4. S. Abbondio, tessalonicese	450	470?
5. S. Consolo	—	—
6. S. Esuperanzio	—	—
7. S. Eusebio	—	—
8. S. Eutichio, comasco .	—	539
9. S. Eupilio	—	—
10. S. Flaviano I.	—	—
11. S. Prospero	—	—
12. S. Giovanni I.	—	—
13. S. Agrippino, coloniese	dal 607, al 612	620, circa.
14. S. Rubiano	—	—
15. S. Adelberto	—	—
16. S. Martiniano	—	—
17. S. Vittorino	—	—
18. S. Giovanni II.. . . .	—	—
19. S. Giovanni III. . . .	—	—
20. S. Ottaviano.	—	—
21. S. Benedetto I.. . . .	—	—
22. S. Flaviano II.	dal 700 al 712	—
23. Diodato	721?	—
24. Gausoaldo	—	—
25. Angilberto I.	—	—
26. Lupo	—	—
27. Teodolfo	762?	—
28. Adelongo	—	776?
29. Pietro I.	—	814?

NOME E PATRIA	ANNO DELLA ELEZIONE	ANNO DELLA MORTE
30. Leone I.	—	833?
31. Perideo	—	—
32. Amalrico	842	855?
33. Angilberto	874?	885?
34. Liutardo I.	885?	905
35. Gualperto	911	916
36. Liutardo II.	—	—
37. Pietro II., pavese. . .	—	—
38. Azzone.	937	945?
39. Gualdone.	—	667?
40. Adelgisio	967?	990?
41. Pietro III., pavese . .	990	verso il 1004.
42. Everardo	1004	1010
43. Alberico I.	1010	1028
44. Litigerio	1028	1049
45. Bennone	—	1061
46. Rainaldo	1061	1084
47. Eriberto	1085	1092?
48. Artuico	verso il 1092	—
49. Guido Grimoldi, di Cavallasca	1095	1125
Landolfo da Carcano, vescovo scismatico.		
50. Ardizione	1125	1159
51. Enrico della Torre, comasco	1159	1167?
52. Giovanni IV.	1167	—
53. Anselmo	—	1193
54. Ardizione II.	1193	1197?
55. Guglielmo della Torre, di Mendrisio . . .	1197	1227
56. Uberto	1228	1259?
57. Leone II. degli Avvocati, di Lucino . . .	—	1261

NOME E PATRIA	ANNO DELLA ELEZIONE	ANNO DELLA MORTE
58. Raimondo della Torre, di Valsassina . . .	1261	*Passò nel* 1274 *patriarca ad Aquilea*
59. Giovanni V. degli Avvocati, comasco . .	1274	1293
60. Leone III. Lamberteghi, comasco . . .	1294	1325
61. Benedetto II. della famiglia Asinago, comasco.	1328	1339
Valeriano Rusca, vescovo scismatico.		
62. Beltramino Paravicino, di Caseglio, pieve d'Incino	1339	*Lasciò la sede nel* 1340.
63. Bonifacio da Modena .	1340	1352
64. Bernardo I., francese .	1352	*Passò nel* 1356 *al vescovado di Ferrara.*
65. Andrea degli Avvocati, comasco	1356	1361
66. Stefano Gatti, milanese.	1362	1369
67. Enrico da Sessa nella pieve di Agno . .	1369	1380
68. Beltramo Brossano, milanese	1380	1395
69. Luchino Brossano, milanese	1396	1408
Guglielmo Pusterla, milanese.	*Eletto da Gregorio XII., non si volle ricevere in Como da Franchino II. Rusca, che in cambio fece porre sulla sedia vescovile*	
70. Antonio I. Turcone, comasco	1409	*Rinunziò nel* 1420.
Francesco Crivelli, vescovo scismatico.		
71. Francesco Bossi, milanese	1420	1434
72. Giovanni VI. Barbavara, novarese	1436	*Nel* 1437 *passò a Tortona.*
73. Gerardo Landriano, milanese	1437	1445

NOME E PATRIA	ANNO DELLA ELEZIONE	ANNO DELLA MORTE
74. Bernardo II. Landriano, milanese	1446	1451
75. Antonio II. Pusterla di Tradate	1451	1457
76. Martino Pusterla di Tradate	1457	1460
77. Lazaro I. Scarampi, di Asti	1460	1466
78. Branda Castiglione, milanese	1466	1487
79. Antonio III. Trivulzio, milanese	1487	1508
80. Scaramuzza Trivulzio, milanese	1508	1527
81. Cesare Trivulzio, milanese	1527	1548
82. Bernardino Croce, di S. Vitale	1548	*Rinunziò nel* 1559.
83. Gianantonio Volpi, comasco	1559	1588
84. Feliciano Ninguarda, di Morbegno	1588	1595
85. Filippo Archinto, milanese	1595	*Rinunziò nel* 1621.
86. Aurelio Archinto, milanese	1621	1622
87. Desiderio Scaglia, cremonese	1622	*Rinunziò nel* 1625.
88. Lazaro II. Carafini, cremonese	1626	1665
89. Ambrogio Torriani, milanese	1666	1679
90. Carlo Ciceri, comasco .	1680	1694
91. Stefano Menatti, di Domaso	1694	1695
92. Francesco Bonesana, milanese	1695	1709
93. Giuseppe Olgiati, milanese	1710	*Rinunciò nel* 1735.

NOME E PATRIA	ANNO DELLA ELEZIONE	ANNO DELLA MORTE
94. Alberico II. Simonetta, milanese	1735	1739
95. Paolo Cernuschi, milanese	1740	1746
96. Agostino Maria Neuroni, luganese . . .	1746	1760
97. Giambatista I. Albrici Peregrini, comasco.	1760	1764
98. Giambatista II. Mugiasca, comasco . . .	1764	1789
99. Giuseppe Maria Bertieri, di Ceva . . .	1789	*Passò al vescovado di Pavia nel* 1792.
100. Carlo Rovelli, comasco	1793	*Rinunziò nel* 1819.
101. Giambatista III. Castelnuovo, di San Fermo in Brianza . .	1821	

LIBRO NONO

Sommario.

Arti liberali. Lodi del cantone Ticino, e della valle Intelvi. Memorie degli architetti. Marco da Campione ed altri artisti. Edizione dell'opera di Vitruvio eseguita in Como. Domenico Fontana innalza l'obelisco vaticano. Carlo Maderno muta di croce greca in croce latina la pianta del tempio di S. Pietro in Roma. Biasimo che glie ne segue. Francesco Borromini segna una nuova via nell'architettura. Altri buoni architetti. Chiesa cattedrale di Como. Sua storia e descrizione. Teatro della città. Palazzo Gallio a Gravedona. Antichi nostri pittori. Valore dei tre fratelli Recchi nei dipinti a fresco. Lodi del cav. Isidoro Bianchi e dei tre Bustini. I Procaccini di Bologna aprono scuola in Milano, e allievi che formano tra' Comaschi. Si passa a dire degli allievi di altre scuole italiane. Notizie degli scultori: Guido da Como e Giacomo Porrata. Studj di Ercole Ferrata. Fonditori di bronzo, e incisori.

Como ha fornito un numero prodigioso di buoni, ed anche di eccellenti artisti, i cui nomi onorandi risplendono di bellissima luce, fatti immortali nelle storie del Baldinucci, del Lanzi e del Cicognara; ma con tutto ciò, se fosse sorto tra di noi qualche scrittore delle arti del disegno, come in Toscana, tanto diligente favellatrice delle sue cose, ci sarebbe forse concesso di vantarne un maggior numero e in questo alcuni vissuti tra le tenebre dei secoli barbari, dovendosi pure giudicar falsa l' asserzione del Vasari che prima dell' età del Cimabue, nato nel 1240, fosse spento affatto il numero degli artefici, quasi che prima, non che in Como, in tutta l' estensione d' Italia non si fossero fabbricate chiese, palazzi, torri e castella che dimostrassero scienza di disegno nell' architetto, e che non si fosse saputo adornarle con opere di statuaria e di pittura.

Il cantone Ticino massimamente, e la valle Intelvi sono quelle parti dell' agro comasco, che a buon diritto si ponno gloriare di essere state culla di molti ed egregi artisti (1). L' accademia milanese di Brera annovera tra' suoi più riputati professori, alcuni Ticinesi, ed a cagione di onore ricorderemo il cav. Giocondo Albertolli che quanto agli ornati architettonici richiamò gli artisti alle maniere smarrite del buon secolo. Non è molto tempo che la valle Intelvi teneva una tal quale accademia di belle arti a Laino, e gli artisti vi convenivano a trattare delle cose loro, e qualcheduno in tempo dell' italico regno sperò che si potesse rinnovare, fondatavi una scuola di disegno; ma l' esperienza tuttavia in contrario dimostra che i grandi artefici si formano nelle grandi città, dove hanno grandi esempi, occasioni, eccitamenti e ogni opportunità di studj.

I più antichi dei nostri architetti nel rinascimento delle arti prestarono l'opera loro alla fabbrica del duomo di Milano, ed anzi è da notarsi che il primo architetto di cui resta autentica memoria nei registri di quella fabbrica è Marco da Campione, morto alli otto luglio 1390; nè cano storici (2) che a lui ed a Simone d'Orsenigo attribuiscono l'originale disegno. Vuolsi parimente che sia suo il disegno del grandioso ponte sul Ticino a Pavia. Con lui era Zeno da Campione, al quale nel 1393 successe Bonino da Campione, di cui avremo a parlare tra gli scultori. Altri architetti da Campione vi operarono agli stessi tempi, e sono Giacomo, Simone e Matteo: quest'ultimo ito a Monza vi fece per la Cattedrale il disegno della facciata, del battistero e del pulpito, come si deduce dall'iscrizione ivi posta in suo onore. A Giacomo commise il duca Visconti l'erezione della Certosa di Pavia, e si racconta che nell'anno 1397 ad essa attendeva.

Tra gli architetti dello stesso duomo di Milano sono ricordati nel 1399 Gaspare, Tomaso e Marco, tutti e tre da Carona, essendo il primo ingegnere alle cave della Gandoglia; e insieme ad essi, Giorgio Pagano da Maroggia ed Enrico da Gravedona. Nel sette febbraio 1415 è menzione di Antonio da Muggiò o Muccio che sia, perchè il suo nome si legge così espresso: *Antonius de Mugloc.* Finalmente alli venticinque novembre 1448 si trova memoria di un Bertola da Novate, quello stesso architetto, cui i capitani e difensori della libertà milanese dopo la morte del duca Filippo Maria Visconti, affidarono la costruzione di un carroccio, avúto riguardo « al suo ingegno ed esperienza in simili lavori ».

Giorgio Vasari annovera tra gli scolari di Filippo Brunelleschi che morì nel 1446, un tal Domenico del lago di Lugano (3). A Maroggia su questo lago nacque Tomaso Rodári o Rodéri, che oltre all'essere venuto in buona fama quanto alle opere di scultura, riuscì bravo architetto, siccome ne fa a noi fede il disegno della tribuna del nostro duomo, e passò da questa vita verso l'anno 1526. Di un altro Rodári che ebbe nome Bernardino, si fa parola nelle biografie patrie, e fu esso che nel 1505 abbellì di sculture la chiesa di S. Stefano in Mazzo (4).

A questi tempi fiorivano in Italia grandi maestri di architettura: alcuni si rendevano celebri coll'innalzar fabbriche che per magnificenza emulavano le antiche di Roma; ed altri coll'illustrare i monumenti che si erano fino a noi conservati, o col commentare le opere di Vitruvio. A sì nobile gara parteciparono i Comaschi, perocchè a spese e ad istanza del concittadino Agostino Gallo e di Luigi da Pirovano patrizio milanese, venne dall'architetto milanese Cesare Cesareano tradotto e commentato Vitruvio, che per Gottardo da Ponte si stampò in Como l'anno 1521. L'edizione è mezzanamente bella, ed ornata di non ispregevoli figure incise (5). Il Cesareano si occupò della stampa fino al capo settimo del libro ottavo; poi mosso da ragioni che ignoriamo, lasciò Como e fors'anche la Lombardia, giacchè il Serlio alla fine del quarto libro dell'architettura, ci avvisa che nel 1540 dimorava in Bologna; e per questa fuga si dovette affidare l'impresa a Bono Mauro bergamasco e a Benedetto Giovio lo storico, i quali la recarono a compimento. Si lamentò il Cesareano che Benedetto avesse pigliato parte alla continuazione dell'opera, siccome impariamo da una lettera che questi gli scrisse a propria discolpa, e nella quale dopo avergli parlato dell'antica amicizia, soggiunge: «... Tu non ignori di quanta autorità sia presso di noi Agostino Gallo regio referendario... Dopo la tua partenza venne in mia casa tutto turbato e pieno di mal animo contro di te... e mi pregò e ripregò, perchè insieme a Bono Mauro prestassi la mia assistenza nell'edizione di Vitruvio. Io per verità, come poco in tali lavori esercitato e non pratico di architettura, confessai che non mi sentiva capace, ma essendosi egli formato di me un concetto maggiore del vero (perchè quantunque ami le lettere, non sa però giudicarne), tenne per un pretesto le mie scuse. Quindi (ingenuamente lo dico, e tu conosci la sincerità dell'animo mio), stante che gli stampatori sollecitavano il lavoro e si querelavano del referendario, mi arresi alla sua volontà e mi aggiunsi compagno al Mauro. E senza alterare i commenti da te già fatti, ci mettemmo senz'altro a esporre le regole dei gnomoni e degli orologi, che l'autore aveva indicate con qualche oscurità... Poscia trattammo delle macchine; e di questo passo andando, finimmo. Nè per questo abbiamo usurpate le tue fatiche; nè l'edizione porta in fronte il mio nome; e appena una volta lo leggerai indicato così di passaggio. Che se le opere lasciate imperfette dai loro autori, non fosse lecito agli altri terminarle, giustamente si potrebbero condannare Ircio che fece un'aggiunta ai commentarj di Cesare, e Maffeo Vegio che ardì comporre il decimoterzo libro dell'Eneide... Sovvienti che tu spesso hai confessato a me, che quella parte che io e Bono Mauro in qualche modo illustrammo, avevi pensiero di ommettere del tutto, o pubblicare adorna sì di figure, ma senza commenti. Non devi dunque rimproverarmi. Nemmeno ti voglio io rinfacciare i benefizj che ricevesti; soltanto ti ricorda che la mia casa, quando eri in Como, ti fu aperta; che se era in me qualche cognizione di lettere, ne fui teco liberale; che ti giovai sempre secondo il mio potere, e schiettamente ti consigliai a non rompere i patti che avevi segnati col referendario... » È importante questa lettera, che finora non si è mai conosciuta colle stampe, perocchè ci rivela l'indole bizzarra del Cesareano che invidioso, se altri conduceva a fine il suo commento, avrebbe forse voluto col lasciarlo imperfetto, nuocere più che poteva al Gallo ed al Pirovano, che se ne avevano addossata l'impresa. Ben meritò della patria il Giovio che accondiscese alle istanze del Gallo, e co' suoi studj si provò di portar luce sopra le ultime pagine dell'opera vitruviana, che gl' intelligenti giudicano difficilissime: e gli è pur di lode l'avere accolto in sua casa e favorito il Cesareano lasciando un imitabile esempio ai superbi ricchi, che in vece di consumarsi in ozj, piaceri e pentimenti, dovrebbero aiutare e promovere la bisognosa virtù, di nient' altro più solleciti che di dare qualche utile cittadino al mondo; e se il Cesareano ebbe cagioni di dolersi col Giovio, stimiamo piuttosto colpa della fortuna, che sua. La versione del Vitruvio è distesa in barbaro stile, e le illustrazioni non rischiarano sempre il testo, ma giova riflettere alla somma difficoltà del lavoro, avvegnachè nessun libro dell' antichità sia più arduo in molte sue parti. Francesco Lucio di Castel Durante e Giambatista Caporali di Perugia, che nello stesso secolo pubblicarono il loro Vitruvio, non fecero in molte cose, che trascrivere il Cesareano, da cui, secondo l'osservazione del marchese Poleni, si potrà sempre raccogliere oro, come Virgilio faceva dalle poesie di Ennio.

Un altro illustratore di Vitruvio è Gianantonio

Rusconi celebre architetto, di famiglia comasca, il quale divise la sua fatica in dieci libri e la corredò di 160 figure, in cui delineò le regole dell'arte servendosi delle stesse parole dell'autore per le spiegazioni. Verso l'anno 1550 aveva pressochè finita l'opera, onde Claudio Tolomei con lui si congratulò, dicendogli in una lettera: « Con tanta diligenza e studio vi siete posto ad accomodare gli architetti che potranno per l'avvenire pigliare certissimi precetti dal padre dell'architettura, le cui difficoltà (quanto odo) avete snodato in guisa, che non sarà più ripreso Vitruvio di oscurità. Seguite dunque felicemente sì commendata impresa; e quantunque sono certo che non mirate alla gloria, ma all'utile che dalla vostra fatica piglierà il mondo, tuttavia vi seguirà quella riputazione, che accompagna le degne imprese (6) ». Ma il Rusconi non potè ultimare l'opera, e i Gioliti la pubblicarono imperfetta con le stampe di Venezia nel 1590, e col titolo: « Dell'architettura di Gianantonio Rusconi con 160 figure disegnate dal medesimo secondo i precetti di Vitruvio, e con chiarezza e brevità dichiarate ».

Mentre si occupavano i nostri nelle illustrazioni di Vitruvio, nacque, volgendo l'anno 1543, a Melì o Melide sul lago di Lugano il cav. Domenico Fontana, che se si risguarda alla grandezza delle opere fatte ed alla novità delle invenzioni, si deve riputare eccellentissimo fra gli architetti de'suoi giorni, talchè il suo nome conseguì fama eterna. Egli si adoperò da principio nell'arte di stuccatore, ed apprese insieme le matematiche, nelle quali fu profondo. Che se per apprenderle si richiede attento ingegno e sottile, sono del pari le matematiche, giusta l'avviso del sommo Galileo, la pietra del paragone degli stessi ingegni. Nell'età di venti anni si trasferì a Roma, invitato da Giovanni Fontana suo fratello maggiore che vi attendeva all'architettura, e dove la vista di quei venerandi monumenti dell'antichità gli fece abbandonare gli stucchi, e darsi a copiare quelle reliquie preziose e le opere dei grandi architetti che allora fiorivano, massime se di Michelangelo. Il cardinale Montalto, egregio conoscitore degli uomini virtuosi, lo creò suo architetto, e gli commise la fabbrica della cappella del presepio in S. Maria maggiore e del palazzo del giardino, che guarda la stessa Basilica. Non badava alle scarse sue fortune il Montalto, chè era generosa persona; sicchè il pontefice Gregorio decimoterzo che lo vide attendere a fabbriche stimandolo ricco più del bisogno, gli tolse il sussidio che si suol dare ogni anno ai cardinali, e si dovettero sospendere i lavori. Ne ricevè noia grandissima il Fontana, che amava assai l'arte sua, ma non aspettando soccorso d'altra parte si fece venire da casa mille scudi che de'suoi guadagni aveva posti in serbo, e seguitò come potè meglio la fabbrica. L'atto nobile e che piacque molto al cardinale, fece la sua fortuna. Morto Gregorio ascese al papato il Montalto che pigliò il nome di Sisto quinto, e il Fontana divenne architetto pontificio. La cappella fu finita con maggiore magnificenza tanto pei marmi, che per le statue, gli stucchi e le dorature. La pianta è a croce greca con vaghissima cupola, e l'ordine e il disegno se ne imitarono poscia per la cappella di Paolo quinto, che è dirimpetto. Nel centro di essa fu senza nocumento trasferita intera la vetusta cappelletta del presepio, quantunque traforata da porte e finestre, e piena di archi. Terminò il palazzo del giardino, ed uno ne eresse in vicinanza alle terme di Diocleziano, che ornò di viali, statue e fontane.

Giaceva dietro la sagrestia di S. Pietro, quasi nascosto agli occhi del pubblico, l'immenso obelisco vaticano tutto di un pezzo solo di granito rosso dei monti di Tebe in Egitto, che era stato trasportato da Eliopoli a Roma per ordine di C. Caligola. A cagione dello smisurato peso che fu stimato un milione di libbre, si erano persuasi i pontefici Paolo e Giulio secondo e Paolo terzo, che non si potesse movere dal luogo senza che qualche male ne seguisse, tanto più che Michelangelo e Sangallo domandati del loro parere, avevan mostrato di pensarla molto diversamente: ma Sisto quinto, pontefice di arditissimi concetti, volle ad ogni costo che fosse eretto in su la piazza di S. Pietro, e senza mettere tempo in mezzo pubblicò non per l'Italia solamente, ma per l'Europa, che tutti gl'ingegneri e matematici, oltre quelli che già si trovavano in Roma, presentassero, se lo volevano, i loro modelli per trasferire ed innalzare l'obelisco, che avrebbene scelto il migliore, e avrebbe l'artefice grandemente rimunerato. Nè piccola si giudichi tale operazione; giacchè gli Egizj, i quali in meccanica furono maestri, l'ebbero per grandissima; e si narra del loro re Ramise che per innalzare l'obelisco, che ora è in Laterano, si servisse dello sforzo di venti mila uomini, e perchè non rimettessero di vigore, legasse sulla cima di quello il proprio figliuolo, affidata alle loro forze la sua salvezza. E la nave su cui venne trasportato l'obelisco vaticano si conservò per maraviglia, fino a quando l'imperatore Claudio la fece sprofondare nel porto di Ostia soprapponendovi una torre per lanterna ai naviganti. Alla pubblicazione del bando di Sisto comparvero un cinquecento dotti uomini coi loro modelli e disegni, e ci afferma il Baldinucci, che furono pressochè di 500 pareri. Il gran duca di Toscana spedì Bartolomeo Ammanati, insigne architetto e scultore, il quale trattosi innanzi, e non mostrando alcun disegno o modello, disse: « santo padre, datemi tempo un anno e avrete il mio modello ». La qual proposta non fu udita senza riso de' circostanti e sdegno del pontefice, che già vecchio era impaziente che presto l'opera si eseguisse. Il nostro Fontana che se ne era stato zitto, tirò pur fuori il suo modello formato da un travamento che nel mezzo portava un obelisco di piombo che per via di argani e di taglie si alzava e si abbassava a piacere, ed esposte e difese le ragioni dei diversi movimenti lo vide scelto a preferenza di ogni altro, e se ne fece la prova, che fu felicissima col movere i pezzi dell'obelisco del mausoleo di Augusto. Con tutto ciò i deputati a questa impresa mossi da qualche segreta passione, o dal poco concetto in che avevano il giovane Fontana a confronto dei più vecchi architetti, elessero l'Ammanati e Giacomo della Porta milanese, perchè colla macchina inventata da lui trasferissero e innalzassero l'obelisco: nè questi sentirono vergogna del poco onorevole uffizio, ma accettato che l'ebbero, piantarono subito una trave sulla piazza di Pietro nel sito, dove aveva poscia a sorgere il masso egizio. Si turbò il Fontana e pigliata buona congiuntura col papa, si dolse della beffa. « Adunque, diceva, dovrà altri valersi del mio modello? Chi può meglio recare a compimento le invenzioni, che il proprio inventore? Se l'Ammanati e Giacomo della Porta riescono bene, si darà loro tutta la gloria; se male, si dirà che fu causa l'imperfezione del mio modello ». Rimase da queste ragioni convinto il pontefice, e tolta ai due architetti la commissione, la diede al Fontana che con tutto l'ingegno si accinse per tirarla a glorioso fine.

Gittò il fondamento con palificate e con buoni massicci al luogo stabilito sulla piazza, e per l'esecuzione del modello non bastando le officine di Roma, si valse delle officine di Ronciglione e di Subiaco: ordinò canapi grossissimi, funi, verghe di ferro ed altri ferramenti per chiavarde, cerchi, perni e staffe: il solo ferro dell'imbracatura dell'obelisco pesò quaranta mila libbre; fece venire smisurate travi, ciascuna delle quali per istrascinarsi, abbisognava di un sette paia di bufali. Composta la macchina di un castello saldissimo di legname, comandò che si vestisse tutto l'obelisco di stuoie doppie e di tavoloni con cerchi di ferro che insieme reggessero al peso: e perchè ogni argano, quali gli aveva disposti in numero di quaranta, alzavano soltanto ottocento mila libbre, aggiunse cinque leve lunghissime e capaci di vincere più che il rimanente della resistenza. Moltitudine infinita di gente concorse d'Italia e d'oltremonti per contemplare tanto spettacolo, talchè il severo pontefice per impedire ogni disordine, stanziò pena di morte a chi avesse passato il recinto dove stavano gli operai, e grave pena a chi avesse sputato, parlato o fatto altro strepito; nè Sisto era tale uomo di mancare alle minacce, e ordinò al bargello che colla famiglia entrasse nel recinto, e al boia vi piantasse la forca per eseguire all'atto sommaria giustizia;

e nel dare esso la benedizione all' architetto, disse: « guarda di far errore, perchè ti costerà la vita ». Del resto benchè severo fosse, lo amava ed aveva segretamente fatti apparecchiare alle porte di Roma i cavalli, onde succedendo male l'opera, potesse fuggire l'ira sua. L'ultimo giorno di aprile 1586 ascoltate due messe dello Spirito Santo, si comunicarono gli operai, ricevettero la benedizione papale, ed in numero di 900 e più entrarono nel recinto; settantadue cavalli dovevano aiutare il loro sforzo. Girati gli argani e calcate le leve sembrò nel primo moto tremasse la terra, si strinsero insieme le travi del castello, scricchiolarono orribilmente, e l'obelisco che pendeva, fu drizzato a piombo; ripigliato dopo piccola pausa il lavoro, si alzò in dodici mosse dall'antica base, si potè mettervi sotto lo strascino, e fu fermato a quell'altezza. Le artiglierie del castello S. Angelo tuonarono in segno di allegrezza. Il Fontana conobbe col fatto che i canapi resistono più, che le cinte di ferro, le quali rimasero rotte o guaste. Nel giorno 7 maggio avendosi a calare a basso, operazione più scabrosa, concorse maggior turba di popolo; pure venne felicemente condotta, e l'obelisco adagiato sopra i curoli si tirò al suo luogo in piazza, ma per comando del papa si sospese il lavoro fino alla rinfrescata della stagione.

Nel giorno 10 settembre, perchè sacro a S.

Nicola tolentino avvocato del papa, rimesse in opera le macchine coll'aiuto questa volta di 800 uomini e di 140 cavalli, venne con universale maraviglia drizzato l'obelisco ed inzeppato sopra il suo piedestallo. Il castello di S. Angelo sparò altri colpi di cannone, gli spettatori ripeterono con entusiasmo il nome di Fontana, e gli operai se lo tolsero su le spalle e lo portarono come in trionfo. Il papa mosso da vanità aveva protratta artifiziosamente a questo giorno l'entrata solenne in Roma del duca di Lucemburgo ambasciadore di Enrico terzo re di Francia; ed in vece della solita porta del Popolo, gli aveva assegnata la porta Angelica, perchè avesse a riuscire in piazza S. Pietro. L'ambasciadore stupito alla vista di una selva di macchine e di un esercito di operai disse: « ammirar Roma risorgente per mano di Sisto ». Dopo cinque giorni levate le zeppe, calò l'obelisco, e riposò sul basamento. A' venzette dello stesso mese vi fu fatta intorno una solennissima processione per consacrarvi la croce, che è nella sua cima. Riferisce Giampietro Bellori, che « fra le molte imprese di Sisto l'erezione della guglia (obelisco) vaticana fu stimata la più segnalata, la quale riuscì gloriosa ancora all'architetto, che non in Roma solo, ma per tutto il mondo ne ottenne fama, e fu dal pontefice in modo questa opera stimata, che ne stampò medaglie, ne diede conto a' principi, ne ricevè congratulazioni, e ordinò che ne' suoi diarj fosse scritta ». E per vero Sisto quinto fu sì contento che l'opera creduta impossibile dagli altri pontefici avesse potuto egli eseguire, che ricolmò di onori e di premj l'architetto, lo creò cavaliere dello sperone d'oro, gli diede la nobiltà romana e dieci cavallerati lauretani con pensione di duemila scudi d'oro, che poteva trasmettere a' suoi eredi. Nè di ciò pago gli sborsò in sul momento cinquemila scudi di oro in contanti, e gli fece dono di tutto il materiale che aveva servito per l'erezione dell'obelisco, stimato non meno di ventimila scudi romani; e a diffonderne il nome volle che si coniassero due medaglie di bronzo. Sul diritto della prima è il ritratto dell'architetto ed intorno si leggono le parole: *Dominic. Fontana. Civ. Ro. Com. Palat. Et. Eq. Aur;* sul rovescio è nel campo l'obelisco ed all'in giro le parole: *Ex. Ner. Cir. Transtulit. Et. Erexit. Jussu. Xysti. Quint. Pont. Opt. Max.* 1586. Nel dritto della seconda medaglia vi ha del pari il ritratto colle parole: *Dominicus. Fontana. A. Melino. Novocomen. Agri;* nel rovescio è l'obelisco con la leggenda: *Caesaris. Obeliscum. Mirae. Magnit. Asportavit. Atque. In. For. D. Petri. Feliciter. Erexit. An. D.* 1586. Una medaglia coniò pure a sè il pontefice col proprio ritratto e coll'obelisco, intorno cui sta scritto: *Sacra. Prophanis. Praeferend.* In fine sul piedestallo dell'obelisco si scolpì a perpetua ricordanza la seguente iscrizione:

DOMINICUS · FONTANA
EX · PAGO · AGRI · NOVOCOMENSIS
TRANSTULIT · ET · EREXIT.

Il Milizia opportunamente riflette che grande è stata la gloria di Sisto quinto e di Domenico Fontana; ma che intanto giacciono nell'oblio quegli artisti dell'antichità che scavarono dal macigno gli obelischi, li innalzarono o li trasferirono in lontane terre; lavori tutti che spaventano l'ingegno. Verso la metà dello scorso secolo un altro comasco Carlantonio Bernasconi di Massagno, dopo essere stato architetto del re di Sardegna, passò al servizio della Spagna, e condusse dai monti di Vida a Madrid un pezzo enorme di marmo, alla quale impresa non erano bastati gli altri ingegneri di corte che l'avevano giudicata per d'impossibile riuscita.

Volle Sisto che si alzassero altri tre obeliscli, e ciò fu con mirabile felicità eseguito dal nostro concittadino. Il primo fu l'obelisco del mausoleo d'Augusto in su la piazza di S. Maria Maggiore, dove spicca assai bene; l'altro obelisco venne posto su la piazza di S. Giovanni Laterano; il terzo su la piazza del Popolo. Ebbe il Fontana l'onore di una medaglia anco per queste fatiche. Sul dritto è il suo ritratto colle parole: *Dominic. Fontana. Civ. Ro. Com. Palat. Et. Eq. Aur;* nel rovescio sono nel campo tutti e quattro gli obelischi, ed in giro si legge: *Iussu. Sixti.*

V. Pont. Opt. Max. Erexit. Somigliante medaglia fece pur battere per sè il pontefice, il quale pieno parimente del desiderio di finire il tempio di S. Pietro, commise a Giacomo della Porta ed al Fontana, che voltassero la cupola secondo il disegno di Michelangelo, ed essi nello spazio di ventidue mesi, essendovisi applicati con grande animo, la tirarono a compimento.

Fabbricò solo il Fontana la facciata di S. Giovanni Laterano che guarda a S. Maria maggiore, la loggia della benedizione, ed in vicinanza il grande palazzo apostolico, che null'ostante abbia alcuni difetti nelle modanature delle finestre e nella corrispondenza dei tre piani, pure è un edifizio maestoso. Trasferì la scala santa da cotesto sito, in cui sorse il palazzo, al luogo dove oggi si trova avanti al *Sancta Sanctorum*, e vi aggiunse due scale per parte, affinchè si potesse discendere senza incontrarsi, dopo essere in ginocchio, come è costume, su di quella saliti; e la ornò con una facciata ed un portico di ordine dorico. In séguito venne adoperato nell'edifizio della biblioteca vaticana che Sisto quinto volle attraversasse il cortile di Belvedere, ma ne fu biasimato, avendo guasto uno de' più bei lavori di Bramante. Opera del suo ingegno fu l' alzata del palazzo Quirinale verso il foro e la strada pia, che si era cominciata da Gregorio decimoterzo, e fu poi finita da Paolo quinto; riallargò lo stesso foro, e dalle terme di Costantino vi condusse i due grandi colossi di Castore e di Polluce, e li collocò in maniera che di sè fanno dilettosa vista; costrusse il palazzo Mattei, lo spedale dei mendicanti a ponte Sisto, la porta della cancelleria; ristorò le colonne di Traiano e di Antonino; a Colonna, terricciuola distante 16 miglia da Roma, andò a cavare da un sasso l'acqua Felice, ed in esso s'innoltrò per più di due miglia, sempre in cerca di nuove scaturigini, onde ingrossarla con la loro unione; poscia per condurla in Roma sul Viminale alla piazza di Termini, distese l'acquedotto pel giro di 22 miglia seguendo il dosso dei monti, vincendo la profondità delle valli o internandosi sotto terra per lunghissimo tratto; alla qual opera lavorarono di continuo duemila uomini, e talvolta fino a quattromila. Sulla piazza di Termini dove sbocca il fiumicello, figurò in una nicchia Mosè, e vicino gli Ebrei che si dissetano: ottima pensata che poi guastò, avendo fatto scaturire l'acqua tra colonne ioniche e tra pietre lavorate, richiedendosi in vece un macigno a rappresentare la miracolosa rupe del deserto.

L'anfiteatro o coliseo, avendosi per ordine di Sisto a ridurre ad abitazione per l'arte della lana, il Fontana ne fece il disegno; e si era già data mano a spianare la terra al di fuori, allorchè l'improvvisa morte del pontefice interruppe i lavori. Del resto proseguì la costruzione del ponte di quattro archi sul Tevere al Borghetto, ma gli durò poco l'antica fortuna, perchè il nuovo papa Clemente ottavo subornato dai nemici di lui, gli tolse subito la carica di architetto pontificio, e col pretesto che avesse avanzato molti danari, gli chiese conto dell'amministrazione.

Gli uomini di alto ingegno non ponno essere dominati dai potenti della terra. Invitato dal vicerè di Napoli, il conte Miranda, si recò in quella capitale correndo l'anno 1592, e vi fu impiegato col titolo di architetto regio ed ingegnere maggiore del regno. Sua prima cura fu di riparare in Terra di Lavoro da Nola fino a Patria alle inondazioni, cagionate dalle acque che vi germogliano in copia o che vi piovono; e venne a capo dell'impresa restituendo l'antico letto del fiume Clanio, volgarmente il Lagno; guidò le acque del Sarno alla torre della Nunziata, ed è mirabile che in questa occasione aprì un canale sotterraneo per mezzo alla città di Pompea sepolta dalle ceneri e lave del Vesuvio nel primo secolo dell'era cristiana: e benchè si abbattesse senza fallo nelle ruine dei sottoposti edifizj, pure non se ne accorse, altrimenti alle glorie di celebre architetto avrebbe congiunta la gloria di avere scoperto un luogo importantissimo per lo studio della maestra antichità, e Pompea giacque nascosta fino all'anno 1689.

Sotto il vicerè conte di Olinarez aperse la strada di Chiaia in riva del mare, e l'abbellì di distanza in distanza con vaghe scaturigini d'acqua;

raddrizzò la strada di S. Lucia a mare, spianò la piazza di Castelnuovo e vi pose fontana Medina, che dal Milizia è detta la più ricca che in Napoli si ammiri; eresse alla porta dell' arcivescovado i monumenti del re Carlo primo, di Carlo Martello e di sua moglie Clemenza; costrusse in Amalfi ed in Salerno due altari a foggia di tribuna, da cui per doppia scala si discende nelle confessioni. Ma l' opera che in Napoli palesa massimamente la forza del suo ingegno è il palazzo reale, che disegnò ad istanza del conte di Lemos vicerè, e che fu edificato sotto il governo del conte di Benevento. È a tre palchi, dei quali il primo è di ordine dorico, ionico il secondo, e composito il terzo. L' occhio si appaga di quella vista, e se non fosse stato l' originale disegno alterato da coloro che pretendono di sapere più dei maestri dell' arte, avrebbe Napoli un capo d' opera in fatto d' architettura. Diede il disegno del nuovo porto, che rimase senza esecuzione; ma quanto fosse piaciuto, appare da una medaglia stampata in suo onore, e nel diritto della quale è il suo ritratto coll' epigrafe: *Dominic. Fontana. Civ. Rom. Palat. Et. Eq. Aur*; nel rovescio è delineato il porto con queste parole: *Port. Neapol.*, e si legge nel giro: *Philippi II. Reg. Architectus.* Testifica il Bellori che il disegno era opera da rendere celebre il porto di Napoli al pari di ogni altro del mediterraneo.

Scelta la stanza in Napoli vi menò sempre

onorata vita, e lui, come ingegno grande, tutti riverivano. Vi morì nel 1607, e Giulio Cesare suo figlio che gli successe nella carica di regio architetto, lo seppellì nella chiesa di S. Anna della nazione lombarda, e gli pose onorevole iscrizione con monumento. Rese alle stampe un libro intorno all'obelisco vaticano e alcune fabbriche che fece in Roma ed in Napoli. Della sua pietà ci fanno testimonianza i doni che mandò alla chiesa di Melide, dove propinquo all'altar maggiore si ammira il suo busto in marmo, sotto cui è intagliata un'iscrizione segnata coll'anno 1603; e nella medesima chiesa avvi la cappella ai santi Sebastiano e Rocco, che edificò insieme ai fratelli Giovanni e Marsilio.

Nella meccanica fu Domenico piuttosto uguale agli antichi, che simile ai moderni. Nelle sue fabbriche si desidera maggior correzione e più osservanza del carattere degli ordini; ma questi sono piccoli difetti, se confrontansi colla magnificenza di tutto il disegno. Il Tiraboschi lo mette in ischiera col Sansovino, con Michelangelo, con Palladio e Vignola, ed osserva che per loro mezzo « l'architettura giunse nel corso di questo secolo a tal perfezione, che sarebbe stato a bramare che non avesse più sofferto alcun cambiamento, e che la brama di superare que' gran maestri, e di aggiungere all'arte nuovi ornamenti, non l'avesse fatta decadere da quella semplice maestà e da quell'ammirabile proporzione a cui essi l'avevano condotta ». Fece degli allievi, tra i quali nomineremo Girolamo Rainaldi valentissimo architetto. Un dì ricevette il Fontana ordine da Sisto quinto di fare il disegno di una chiesa che avevasi a edificare in Montalto sua patria; ma distratto in molte faccende, lo affidò a Girolamo, il quale vi pose tanto studio nell'eseguirlo, che il pontefice non si saziava di lodare sì bello disegno. Non volle il Fontana per sè queste lodi, e soggiunse: « Padre santo, non l'ho fatto io, ma l'ha fatto un giovinetto romano, che è tutto spirito, e voglio farlo conoscere alla Santità vostra ». Da questo punto cominciò la fortuna del Rainaldi, che per prima impresa eseguì a Montalto l'elegante chiesa da lui immaginata. « Questa candidezza e bontà di trattare del cav. Fontana, pronto ad aiutare gli altri della sua professione, dice il Passeri, la vedo restare in lui unica e senza imitazione. Gli altri quando veggiono spuntare qualche fiore che possa rendere ombra di gelosia, procurano non solo di levarlo, ma di reciderne fino all'ultima radice ».

Giulio Cesare figlio di lui, architettò in Napoli molte fabbriche, e si annoverano tra le principali i vastissimi granai del pubblico, e l'università, ma sono difettose e mancanti di quella grandiosità che è propria degli edifizj disegnati da suo padre.

Fratello di Domenico è Giovanni Fontana già menzionato, che nacque a Melide l'anno 1540, e apprese le matematiche e l'architettura in Roma, addottrinandosi specialmente nella scienza delle acque. Fu di sussidio a Domenico nel condurre tutte le fabbriche sotto il pontificato di Sisto quinto, finì in sua vece il ponte al Borgetto e ascese alla carica di architetto pontificio; nettò il letto del Tevere a Ostia, lavorò alla cascata del Teverone, drizzò il corso al Velino, racconciò gli acquedotti di Augusto, e pose in più luoghi vaghissime fonti tirandovi l'acqua da lontano. In Roma è suo disegno la magnifica e copiosa fontana a S. Pietro Montorio, di cui tutto si loda, fuorchè le colonne di ordine ionico, le quali non sembrano alla vista abbastanza grosse a reggere il peso loro addossato; tiensi parimenti di suo disegno il palazzo del principe Giustiniani alla rotonda. Con molta perizia scavò nella dura selce delle montagne canali per le acque, eresse ardite arcate a superare la profondità delle valli, ed il terreno molle e cedevole rassodò di maniera, che in ogni parte le sue fabbriche le diresti fondate su lo scoglio. Mentre in Ferrara attendeva alle riparazioni del Po, contrasse una malattia, che lo tolse ai vivi nell'agosto del 1614. Nè riuscì solo valente idraulico, ma non fu ignaro della milizia, conciossiachè avuto comando da Clemente ottavo si fece capitano di duemila uomini, porzione di quei venticinquemila che si mossero a levare il ducato di Ferrara a Cesare d'Este.

Le grandi ricchezze che aveva acquistate il cav. Domenico Fontana invitarono a seguirlo a Roma il suo nipote Carlo Maderno, nato nel 1556 a Bissone. In sulle prime si accomodò a fare modelli in gesso ed a lavorare di stucchi; ma di ciò infastidito, si diede insieme a disegnare di architettura, alla quale molto si sentiva inclinato, e la riputazione dello zio, la vivacità del suo ingegno, e forse molto più il languore in cui già cadevano le arti per corruzione di gusto, indussero il pontefice Clemente ottavo a surrogarlo a Giacomo della Porta nella direzione del tempio di S. Pietro. Michelangelo ne aveva immaginata la pianta di magnificentissimo disegno riducendola da croce latina a croce greca, sicchè avesse a spiccarvi bene la cupola che vi voleva lanciare in aria, e non restava che di compirsi il braccio davanti: il Maderno lo compì veramente, ma nel distruggere la parte vecchia del tempio fino alla porta, rimutò la pianta in croce latina secondo l'originale disegno, e guastò così uno dei più bei concetti dell'umana mente. Chi si trova nella navata di mezzo, non discopre in tutta la sua ampiezza quel colossale edifizio, e minore lo giudica. Sappiam bene che di questo inganno il volgo si ammira, ma non si dee tener conto dei giudizj del volgo, perchè ha le orecchie di Mida. Quale idea non si formerebbero i riguardanti, se di un tratto si disvelassero alla loro vista le navate e la cupola, come quando si piantano nelle braccia di croce? Gli edifizj che sono alla maestà della religione consacrati, devono, anche usando di illusioni di ottica, apparire quanto più è possibile maestosi, onde ci rendano una qualche idea della grandezza di Dio; e sarà sempre vizio dell'arte non curare questo fine, peggio poi, se come fece il Maderno, si tenta di distruggerlo. Con tutto ciò egli pregiava molto il partito da sè preso, come è manifesto da una lettera che nel giorno 30 maggio 1613 scrisse a papa Paolo quinto. « Stava il nuovo tempio, egli dice, non finito e l'antico pendente e pericoloso d'irreparabile ruina, come per relazione di eccellenti architetti (annovera anche sè stesso tra costoro), fu riferito alla Santità vostra, la quale, mossa dall'ingenita sua pietà, per evitare qualche lacrimosa strage del popolo fedele che vi concorreva, diede ordine che si gettasse a terra, dispiacendogli non potersi più sostenere in piedi quelle sante mura ». Detto poi che gli architetti di Roma e d'altri siti erano stati invitati a presentare i loro disegni, soggiunge: « avendo ciascun presentato ... l'invenzione e disegno loro, piacque di comune consenso ... benignamente approvare il presente, che da me gli fu offerto e proposto. Il che certo non tanto a maggior sapere che in me sia, quanto a grazia singolare del sommo Dio attribuisco, il quale si è compiaciuto concedermi, quantunque minimo degli altri, abbia potuto l'industria del mio debole ingegno servir la Santità vostra. Ho procurato far diligentemente intagliare in rame l'unione delle due piante, delle quali la punteggiata è il già fatto, secondo l'ordine di Michelangelo; il delineato è la parte fatta da me, acciò si pubblichi al mondo la pianta della chiesa, del portico, della loggia pontificia, della facciata e degli altissimi campanili, de' quali al presente si fanno li fondamenti. Questi mi è paruto bene, beatissimo padre, far stampare in rame per soddisfare a quelli, a' quali non è permesso il venire di presenza a vedere opera così egregia della nostra unica e vera religione ». Ma ben diversamente ne giudicarono i professori dell'arte. Francesco Milizia nelle sue memorie degli architetti, dopo avere esposti con fino criterio gli errori di lui, conchiude: « se in accozzare tutte queste cose il signor Maderno ha avuto le sue ragioni, convien dire che la sua ragione fosse diversa da quella degli altri. Può riputarsi il Maderno il più gran reo di lesa architettura ». L'illustre Cicognara lo biasima in più siti della sua storia della scultura, e giunge a chiamarlo architetto di cattivo stile e di mediocre criterio, che col suo disegno fece oltraggio alla ragione. Il Maderno caricò il disegno della facciata di moltissimi ornamenti, imitando quel greco pittore, che non potendo dipinger Elena bella, la dipinse ricca. Le fondamenta sono mal collocate, e la facciata fece sempre moto e accennò di voler ruinare, onde il nostro Carlo Fontana nella descrizione del tempio vaticano, così ne parla: « si sa che questi (il Maderno) aveva lasciato il suo proprio esercizio di maneggiare lo stucco e la calcina, ed erasi attribuito il nome di architetto. L'inesperienza del medesimo fu apertamente palesata da' cattivi effetti, che fecero vedere le medesime fondamenta per essere state ripiene a sacco contro il buon costume degli antichi ». Gravi parole in bocca di un concittadino.

I tempi favoreggiavano il gusto licenzioso del Maderno, ed era uopo dare in istravaganze, se si voleva conseguire la palma, perchè a lui risguardava non che l'Italia, l'Europa, siccome ad architetto dei più eccellenti. Dieci e più pontefici sotto ai quali visse, gareggiarono nell'onorarlo, furono ricercati i suoi disegni in Francia e in Ispagna, si consultò, quasi oracolo, nei casi dubbj e nei punti più difficili dell'arte. In Roma non si moveva pietra se non vi era il suo consiglio, e ito a esaminare i porti dello stato papale ed a levare la pianta della fortezza di Ferrara, fu un trionfo per lui questo viaggio: accorrevano le genti a domandargli disegni di edifizj d'ogni maniera, ed egli feracissimo nelle invenzioni, tutti licenziava contenti. Non è a dubitarsi che gli nocque il troppo ingegno non frenato dai principj dell'arte, e le cose semplici le giudicò disadorne, e cadde nel manierato. Che non si poteva sperare da lui, se avesse seguíti gli antichi? I suoi errori volsero a cattiva strada anche il Borromini che crebbe alla sua scuola, e che per forza d'ingegno lo superava.

Finì il palazzo a monte Cavallo, costrusse varie chiese, e il coro con la cupola a S. Andrea della Valle, lavoro lodato dallo stesso Milizia. Ma l'edifizio che massimamente lo onora, è il palazzo Mattei, pel quale si veggono osservate le regole della buona architettura. Morì nel trenta gennaio 1629, e fu sepolto nella chiesa di S. Giovanni de'Fiorentini. Era di buona natura e di piacevole tratto, scrive il Baglioni nelle vite degli artisti, ed insino alla vecchiaia onoratamente visse.

A Bissone ebbe del pari i natali nel 25 settembre del 1599 il famoso Francesco Borromini, figliuolo di Giovanni Domenico Castelli Borromini che in Milano per la famiglia Visconti si adoperava in cose di architettura. Fino al quindicesimo anno di età si trattenne in patria, quindi si trasferì a Milano per esercitarsi nel disegno e nell'intaglio del marmo, e dopo un sette anni invogliatosi di veder Roma, vi si recò senza farne parola ai parenti. Narrasi che si provvedesse di danaro usando di un'astuzia, che fu riscuotere di soppiatto i frutti di certo danaro che suo padre aveva dato a censo, e servirsene pel viaggio. In Roma si acconciò a stare con un parente per nome Simone Carogo, capo maestro degli scarpellini, che lo introdusse a lavorare nel tempio di S. Pietro. Non poteva capitare in sito più confacente all'indole sua, e nell'ora della colezione e del pranzo, mentre i compagni si sbandavano qua e là scioperati, egli si ritraeva tutto soletto a disegnare molte parti di quel cèlebre edifizio. Se ne avvide Carlo Maderno suo compatriota e parente, che a quei tempi era architetto del Vaticano, e presagendo bene di lui, lo volle presso di sè, lo pose a studiare geometria, lo protesse, e gli diede ad eseguire alcune delle sue invenzioni, nel che era esattamente servito.

D'in su questo tempo venuto a morte il Maderno fu nella carica di architetto di S. Pietro surrogato da papa Urbano ottavo il cav. Lorenzo Bernini, il quale non tardò a conoscere l'abilità di Francesco nell'intaglio e nell'architettura, e a valersene. « Si avvedeva, scrive il Passeri, che nel ricapito dei partiti, nell'erezione delle piante, nell'esatta distribuzione delle parti era Francesco assai valido, e queste qualità facevano per appunto al suo bisogno, che lo esimevano da molte brighe, alle quali egli non poteva attendere con tanta assiduità per altre sue applicazioni della scultura ».

Del resto non mostrava verso il Borromini altra gratitudine, che di larghissime promesse; chè se capitavano lavori d'intaglio, li allogava ad un Agostino Radico cognato dello stesso Borromini, scusandosi col dire che tutti dovevano essere partecipi del guadagno, ma eravi sotto la frode, essendosi in progresso di tempo conosciuto che il guadagno andava a finire in mano del Bernini. Si sdegnò Francesco di tanta soperchieria, e dolutosene col cognato, lasciò il Bernini, e da sè si dedicò del tutto agli studj dell'architettura. Tale è l'origine di una inimicizia, che pei suoi effetti divenne famosa nella storia delle arti.

La via segnata dai più esperti architetti del secolo d'oro, non gli parve buona, e ne prese un'altra scegliendo per tipo dei disegni la linea curva, onde profuse ornamenti, archi, semicerchi, circoli e cartocci: mutilò i frontespizj, rovesciò le volute, tagliò gli angoli, ondulò gli architravi e i cornicioni, contorse le colonne. La viva emulazione, della quale era tormentato verso il Bernini, che pur mancava di purgatezza di gusto, lo faceva sempre più dare nelle stranezze, che se avesse inteso alla vittoria cercando di perfezionarsi col far meglio, l'avrebbe anco conseguita, perchè d'ingegno fu veramente grande; e allorchè stette nei termini prescritti dal buon gusto, trovano gl'intelligenti di che altamente celebrarlo: è sublime nei concetti, originale e pieno di armonia. Pregiò assai l'arte, lavorò di sua mano i proprj modelli, nè mai ricevette lavori che non avessero in sè del magnifico. Un cardinale lo pregò che in concorrenza di altri artisti preparasse un disegno pel Louvre in Francia, ed egli rispose: « i miei disegni, sono miei figli, tolga il cielo, che io conceda vadino pel mondo a mendicare il pane ». La prima opera in cui dimostrò quanto valesse, fu la chiesa e il convento di S. Carlo alle quattro fontane, dove sopra uno scarsissimo terreno distribuì una comoda abitazione, ed una chiesa così elegante, che secondo il Passeri, non vi è persona, la quale non sia nemica, che non la chiami un miracolo dell'arte. Per benevolenza del padre Vigilio Spada si adoperò in altre fabbriche, e venne intromesso nella grazia del nuovo pontefice Innocenzo decimo, che gli diede a restaurare la chiesa di S. Giovanni in Laterano, la qual opera fu finita da Francesco con tanta diligenza, che il pontefice ne rimase appieno soddisfatto, e oltre un ufficio di cancelleria gli donò tremila scudi, e di sua mano gli pose al collo una preziosa collana d'oro, eleggendolo cavaliere di Cristo.

Edificò il collegio della *Propaganda*, di cui era architetto, e fu singolare nei partiti presi perchè riuscisse comodo e bello. Il re di Spagna gli commise il disegno per l'ampliazione del suo palazzo in Roma, e quantunque non si eseguisse, piacque talmente al re che onorò l'inventore con l'ordine cavalleresco di S. Giacomo, ed all'onore aggiunse il regalo di mille monete di oro. Ma la fama in che era salito il cav. Bernini gli turbava i sonni, e benchè fosse in moltissimi edifizj adoperato, segno della stima che pur si faceva di lui, non si dimostrava contento. Pensano alcuni che questi due emuli invelenissero sempre più gli animi l'uno contro l'altro con allusioni satiriche, con che si trafiggevano perfino nell'esecuzione delle statue e delle fabbriche, ma giova sentire l'eruditissimo ab. Francesco Cancellieri. « Molti sospettarono, egli scrive, che la statua del Nilo (la quale si vela con un panno la fronte nella fontana del Bernini a piazza Navona per dinotare forse che *fontium celat origines*) fosse stata artificiosamente collocata incontro la facciata della chiesa, per fare un ripicco al suo emulo Borromini, che ne fu l'architetto, cui voleva far intendere, che fino le statue cuoprivansi la fronte per non vedere gli errori della sua facciata. Lo stile del Borromini è stato comunemente eguagliato a quello di Seneca, di Lucano e del Marino. Ma Filippo Ivarra per la sua costante inimicizia all'angolo retto, a cui aveva totalmente rinunciato, soleva chiamarlo il Calvino dell'architettura, come riferisce G. B. Passeri nella ragion dell'architettura. Così ugualmente si crede che la maschera, la quale si vede nelle basi delle quattro colonne nel baldacchino di bronzo della confessione di S. Pietro e la figura del teschio d'una testa d'asino spaccata, vi fosse posta per satira del Borromini, che egli sapeva aver criticato il suo lavoro. Certamente nel dar la forma di un Priapo ad un modiglione che regge un balcone nel suo palazzo sull'angolo incontro al collegio di Propaganda, mostrò di voler dileggiare il suo implacabile rivale il Borromini, il quale nell'opposto cantone della fabbrica di Propaganda, in luogo di cartocci, vi aveva poste due orecchie asinine per deridere il suo avversario ». Comunque sia di queste allusioni, che provenivano forse dallo strano modo di ornare in quei tempi usato, anzichè da meditato fine, egli è certo che il nostro concittadino preso da umore melanconico, credette spediente d'imprendere un viaggio per l'Italia, e provarsi se con questo mezzo cessava il male. Fece il viaggio, e tornato a Roma amò vita solitaria, e chiuso nel suo gabinetto applicossi alla raccolta de' proprj disegni e pensieri, che voleva pubblicare, desideroso si sapesse quanto ricca fosse stata la sua immaginazione. La fatica era quasi terminata, quando venne la morte a troncare il filo de' suoi dì. Lo studio indefesso e la fuga della conversazione degli uomini avevano sì fattamente accresciuta la prima infermità, che i medici chiamati a consulta persuasero al nipote, che vietassegli lo studio, come causa principale della fierezza del morbo. Fu olio a fiamma, e l'infelice Francesco domandati invano più volte i suoi disegni, traboccò in delirio, e con un pugnale si trafisse di mortale ferita. L'aspetto della vicina morte lo fece tornare in senno, e dispose di essere seppellito dove riposava il corpo di Carlo Maderno in S. Giovanni dei Fiorentini, e dichiarò erede il nipote. Fece altri legati, e si conobbe che, tranne l'inimicizia col cav. Bernini, aveva sentimenti buoni e generosi. Morì alli 3 agosto 1667. Il nipote avuta la pingue eredità, abbandonò l'architettura; altro esempio, che a molti le ricchezze, in vece di essere stimolo a' nobili studj, sono allettamento alla vita oziosa, donde ogni male procede. Prima della morte gittò Francesco alle fiamme i disegni che aveva preparati per l'intaglio, timoroso che gli emuli se ne servissero spacciandoli per cosa propria o guastandoli; non per questo molte delle sue opere furono stampate in Roma magnificamente l'anno 1725, e vi si aggiunse una relazione scritta da lui. Ci attesta il Bottari nei dialoghi sulle tre arti del disegno, che Francesco non fu solamente uno dei più ingegnosi tra gli architetti, ma che colorì anche quadri con somma bravura, e che uno fra gli altri ne avevano i frati della chiesa nuova nella loro casa.

Il Milizia ci offre questa notevole immagine del nostro architetto. « Fu d'illibati costumi (il Borromini) pieno di gratitudine e disinteressato, non dimandando mai prezzo delle sue fatiche, ed abborrendo di unirsi coi capomastri... È stato uno dei primi uomini del suo secolo per l'elevatezza del suo ingegno, ed anco degli ultimi per l'uso ridicolo che ne ha fatto... Egli sbagliò la strada e fu causa che il volgo degli architetti, sorpreso dal falso brillante, ha seguíta la sua maniera, tanto più goffamente, quanto sono stati a lui inferiori di genio. Ed ecco nata la delirante setta borrominesca ». Con meno acerbo stile ne ragiona il Baldinucci, e lo chiama uomo degno di gran lode, cui dee molto l'architettura, perchè se ne valse con vario e bello stile, e perchè l'esercitò con nobiltà e decoro. Quanto alla persona il Passeri ne fa questa dipintura: « fu Francesco di buona presenza, ma si rese sempre una figura da essere particolarmente osservata, perchè volle del continuo comparire col medesimo portamento e abito antico senza voler seguire le usanze, come si pratica generalmente. Usò la randiglia alla spagnuola e le rose tonde alle scarpe, e nella medesima foggia le legaccie alle gambe ». Del resto lo esalta come uno de' migliori architetti.

Non meno rinomato nell'arte, ma non di gusto così licenzioso riuscì Carlo Fontana, che venne al mondo l'anno 1634 a Bruciáto nelle vicinanze di Balerna. Diede opera per tempo all'architettura, e conoscendo che per profittare in questa, era mestieri studiare indefessamente su'grandi esemplari, recossi a Roma, e quivi attese a osservare e copiare quanto vi aveva di eccellente, massime le opere del cav. Bernini, che allora si riputavano un modello di perfezione.

Che questi ne avesse a sentire compiacenza, non dubitiamo, ond'è che un giorno entrato col Fontana in ragionamenti, e dall'uno nell'altro trapassando, chiese qual motivo avesse di preferire ad altre le sue opere. Il Fontana, senza taccia di adulazione perchè era così persuaso, rispose: « bramo diventare architetto, e mi è necessaria questa preferenza. Se il cav. Bernini volesse essermi maestro! potrebbero fallire le mie speranze? ». La lode tocca anco i più savj, e Bernini lo ricevette alla scuola, e pel progresso che vi fece, gli pigliò tale affezione, che prima di morire lo raccomandò al pontefice Innocenzo undecimo, naturalmente disposto ad amarlo perchè suo concittadino. Innocenzo gli commise lavori importanti, tra'quali nomineremo la descrizione laboriosa del tempio Vaticano. Alcuni peli si erano scoperti di fresco nella cupola, ed avendo destati gravissimi timori, si credeva vederla da un momento all'altro diroccare. Raccolse il papa un consiglio dei più valenti architetti, e dopo mature considerazioni si potè assicurare, che la cupola non minacciava ruina, e che quelle crepacce, nate per l'assodarsi della fabbrica, erano di piccolo momento; d'altra parte per acquietare il popolo che ne mormorava, e per rendere ai futuri buon testimonio del suo operato, se per l'avvenire fosse intervenuto qualche sinistro accidente, comandò al Fontana, che descrivesse il tempio Vaticano, e ne provasse la sodezza; il quale con improba fatica studiando al suo assunto, lo eseguì, e nel 1694 pubblicato il suo libro (7) ottenne i pubblici encomj. Dopo avervi alla lunga discorso dell'obelisco vaticano vi esamina il tempio, e con buone ragioni mostra in più di un luogo, che erano vani i timori del popolo. È d'ammirarsi la profonda cognizione della scienza che professava, e della quale si serve a proposito, non ad ostentazione di dottrina. Nell'anno 1742 nuove voci si diffusero, che la cupola di S. Pietro pericolava, ed essendo di diverso parere i matematici e gli architetti, si fece venire da Padova il celebre marchese Poleni, il quale osservata che l'ebbe in ogni parte conchiuse essere saldissima, e solo per precauzione consigliò di stringerla con parecchi cerchi di ferro: la qual decisione convalidata ora dall'esperienza di tanti anni onora il nostro concittadino.

I pontefici Innocenzo duodecimo e Clemente nono furono del pari amantissimi di lui, e gli allogarono difficili lavori, che ei sempre con maestria ridusse a compimento. Gli si rimproverano, è vero, i difetti del cav. Bernini, ma cammina a lui vicino pel merito architettonico, ed è in ambedue la stessa eleganza di stile, l'eguale magnificenza e non minore ricchezza d'invenzione. Tra le migliori fabbriche da lui fatte nominiamo la cappella Ginetti a S. Andrea della valle, la cappella Cibo alla madonna del popolo, dove disegnò un altare con cupola, la cappella del battesimo a S. Pietro, il teatro di Tordinona, l'immenso ospizio di S. Michele a ripa e la cupola del duomo a Montefiascone. Mandò i suoi disegni a Fulda per la Cattedrale, a Vienna per le stalle regie, a Bergamo per la chiesa vescovile, e nel 1699 venne tra di noi per insegnarci a gettare la cupola del duomo. Oltre alla descrizione del tempio Vaticano, pubblicò un trattato delle acque correnti diviso in tre libri, e dissertazioni di vario argomento. L'anno 1714 fu l'ultimo della sua vita. Si conosce una medaglia di bronzo assai bella battuta in suo onore, nel cui dritto è il suo ritratto coll' epigrafe: *Eques. Carolus. Fontana. Aetatis. Suae. A. XXXXIII;* nel rovescio è una donna, emblema dell'architettura, che tiene colla destra mano un compasso e colla sinistra una carta da disegno, ed ai piedi ha un mucchio di strumenti architettonici; nel giro si legge: *Supereminet Omnes.* Lasciò un figlio per nome Francesco, ed un nipote chiamato Girolamo, ambedue più che mezzani architetti.

Verso i tempi che i Fontana e i Borromini spargevano in lontane terre il loro nome, fiorirono tra di noi altri valorosi professori di architettura. Giammaria Nosseni o Rosseni di Lugano, servì nella carica di architetto l'elettore di Sassonia Augusto primo collo stipendio di fiorini 730, ed eresse la magnifica cappella, in cui stanno i sepolcri della corte elettorale nel duomo di

Freybergen Meissen, dove è un'iscrizione in sua memoria. In quell' elettorato scoprì pel primo una cava di marmi e di alabastro; e datosi allo studio dell'erudizione pubblicò nel 1602 un'operetta cronologica, corredata di rami. Morì in Dresda nel 1616 d'anni 61, ed ebbe nella chiesa in cui fu sepolto splendido monumento, che a lui innalzarono Walther e Hegewald celebri scultori.

Lanzo, non vile terra della valle Intelvi, diede i natali ad Andrea Vannone, l'anno della cui nascita è ignoto, ma è certo che visse nel secolo decimosesto. Stette lungamente in Genova architetto militare della repubblica, fu caro a tutti per l'indole generosa e sincera, non curante dell'oro, e fu amatore passionato degli amici. Opera del suo ingegno sono il grandioso palazzo del doge a Genova, e una cisterna di singolare bellezza a Sarzana.

A Pelsopra, altra terra della valle Intelvi, nacque Rocco Lurago, che dimorò pur in Genova, e vi eresse il palazzo Doria Tursi nella strada nuova. Chi lo vede per la prima volta, ne resta per la sua grandiosità maravigliato; ed il Milizia ci assicura che è molto lodato dai cittadini e dai viaggiatori. Vasto ne è il fabbricato, ricco di marmi e puro di stile architettonico. Il pontefice Pio quinto gli commise il disegno della chiesa e del convento dei padri domenicani al Bosco sua patria, e finito che fu, ne rimase tanto soddisfatto, che voleva seco a Roma l'architetto, ma questi ricusò di abbandonar Genova, ed ivi nel 1590 conchiuse la vita.

Giuseppe Sardi di Morcò sul lago di Lugano, servì la repubblica di Venezia, e vi condusse varie fabbriche, ma di gusto bizzarro, tra le quali il palazzo Savorgnani, lo spedale e la chiesa de' mendicanti col monumento marmoreo dell'almirante Mocenigo. Raddrizzò a piombo senza diroccarlo, cosa simile a un prodigio, l'altissimo campanile dei padri del carmine, che si era inclinato. Morì nel 1699, e fu sepolto in quella chiesa con onorevole epitafio.

Fu molto celebre il capitano Agostino Ramelli di Pontetresa, che esercitò la milizia sotto il famoso marchese di Maregnano G. G. Medici, poi in Francia sotto Enrico terzo che sempre lo protesse, specialmente quando nell'assedio della Rocella, oltre alla prigionia, toccò grave ferita. Asceso Enrico al regno di Polonia, non lo dimenticò, e di colà gli scrisse cortesissime lettere. Nel 1588, fondata una tipografia nella sua casa che aveva in Parigi, stampò un' opera laboriosa di meccanica, che compose in lingua italiana e francese, e la fornì di accurate figure, belle assai per quei tempi. Vi discorre di varie artifiziose maniere per alzar acque, per gittare ponti, per fabbricare mulini a vento, per trasportare pesi enormi, per assalire e difender castella. Ingegnose sono le macchine, ma non abbastanza semplici; anche le dichiarazioni che vi unì, talvolta sono oscure. Nella prefazione così parla di sè stesso: « Mi sono sforzato con ogni studio e diligenza d'impiegare fruttuosamente il tempo mio senza punto perdonare a fatica veruna del corpo e dello spirito... E indotto dall'ardente desiderio che ho sempre avuto di giovare al mondo, ho voluto mandare in luce questo ricco tesoro delle macchine... » In séguito si lagna che finti amici gli avevano involati i disegni delle sue invenzioni, che pubblicarono come parto del loro ingegno (8).

A costoro aggiungiamo un Carlo Salterio di Castello morto nel 1670; di cui sono in Genova le chiese di S. Maria Maddalena e dell'Angelo custode; un Francesco Dotti di Piazza che studiò sotto i vecchi Bibiena, ed ebbe in Bologna, dove morì nel 1756, fama di eccellente architetto; un Trezzini Domenico di Astano, che nel 1703 fu spedito dal re di Danimarca a Pietro il grande, che lo tenne caro e con lui si consigliò sulla fondazione di Pietroburgo; un Pelli Domenico di Arano, che essendo già stato per trent'anni architetto a Strasburgo, si recò a servire il re Cristiano quinto di Danimarca e costrusse le fortezze di Odesloo e di Rendesburgo; un Giambatista Ricca di Pambio architetto cesareo alla corte di Maria Teresa; un Cosimo Morelli che fu adoperatissimo in Roma; i Pisoni, zio e nipote, ambedue di Ascona, che lasciarono varie opere nella Germania e nella Svizzera;

e i bravi ingegneri Domenico Rossi di Morcò, Bartolomeo Bianchi da Como, e Francesco Silva di Morbio. Un Pietro Morettini di Cerentino in Valmaggia, ito in Francia, lavorò molto quale architetto militare ai tempi di Luigi il grande, e fu amico di Vauban che di lui si valse nella costruzione dei bastioni di Landau. Cavalcando il Morettini pel cantone di Uri alla volta di Cerentino si fiaccò per caduta una gamba, e mentre vi attendeva alla guarigione, fu operatore che si squarciasse il seno a quelle orride montagne, e nel 1708 fu aperta la famosa buca di Uri, che dalla valle Orsera mette al ponte del diavolo.

Celebratissimo è Felice Soave di Lugano. Insegnò geometria, meccanica e disegno nell'orfanotrofio di S. Pietro in Gessate a Milano; e primo suo lavoro è stato il vago frontespizio della parte del giardino nel palazzo Anguissola, ed i tre appartamenti interni aggiunti all'antico. Gli stucchi vi sono condotti con finissimo gusto. Sul nostro lago fondò a Moltrasio la villa Passalacqua, nel territorio bergamasco edificò la casa Rota di Caprino e la chiesa parrocchiale di Pandino, e a Codogno fece lo spedale e l'oratorio. Creato nel 1795 architettore del duomo di Milano, presentò in concorrenza di Leopoldo Pollak e del marchese Cagnola un disegno della facciata di quella metropolitana, ma benchè pregevole, l'accademia di belle Arti preferì con poche modificazioni un altro disegno, del suo non molto disforme, il quale era stato conceputo dall'ingegnere Carlo Amati. Gl'invidiosi avendolo accusato di non veri delitti venne tolto dall'uffizio di precettore nell'orfanotrofio e di architetto del duomo, e si era appena chiarita la sua innocenza, che nel 1803 fu spento da immatura morte nell'età di 54 anni. Resta di lui un libro inedito, in cui è narrata la storia della metropolitana milanese dalla sua fondazione fino al secolo decimosettimo, e per la pratica che aveva della sua scienza e per l'esame che potè fare delle carte originali stimiamo, che vi si contengano notizie non volgari.

Fama di alto ingegno si procacciò Simone Cantoni, nato nel 1739 a Muccio nella pieve di Balerna. Giovinetto seguì suo padre Pietro, che esercitava in Genova l'architettura, dove aveva disegnata la strada Cambiasi e il ponte sulla Polcevera. Da Genova si trasferì a Roma, e collo studio degli antichi si perfezionò nell'arte, e l'accademia di Parma concesse il premio a' suoi disegni. Chiamato con generose offerte alla corte di Russia non accettò l'invito, persuaso che solamente il bel cielo d'Italia serve ad ispirare potentemente gli artisti. Un incendio, stato alli 3 novembre 1777, consunse le sale del maggiore e del minore consiglio di Genova, e gli eccellentissimi deputati, che volevano non solo rimediare al danno, ma ripararvi anco per l'avvenire, chiesero il parere dei periti dell'arte, e dopo varie dispute causate dall' ignoranza o dall' invidia, trascelsero, specialmente per favore di Agostino Lomellino, il disegno del nostro Cantoni, che subito fu posto in opera. Tanto nell' interno che nell' esterno risplende una bella e magnifica decorazione; il tetto è senza legnami per difenderlo dagl' incendj, e l' equilibrio delle vôlte e degli archi è così bene ponderato con grossezze convenienti di mura e con contrasto mirabile di vôlte ed archi, che fu forzata tacere l' invidia, la quale contro sì stupendo lavoro metteva fuori voci sinistre di prossima ruina. Il nome del Cantoni varcò i confini d' Italia, ed in lui ammirossi redivivo un architetto del buon secolo. Nè le lodi lo guastavano, e ad Antonio Crivelli-Visconti suo grande favoreggiatore e delle cose di architettura peritissimo, così rispondeva: « Le dirò, che il paragonare l' insufficienza del Cantoni con l' eccellenza del divino Palladio è un assurdo che non doveva giammai uscire dalla penna di un cavaliere filosofo e intendente amantissimo delle belle arti; in mezzo però all' ironia conosco il buon fine che V. S. illustrissima ha avuto, ed è che io procuri d' imitare più che mi sarà possibile le celebri opere di quel valentuomo ». Nè istudiò solo le più recondite teorie dell' arte, ma imitando l' inglese filosofo Locke, che per desiderio d' istruirsi s' intratteneva in minuti discorsi su le cose del loro mestiere con calzolai, sarti e barbieri, egli pure si piacque di udire fino a' manovali che sulle fabbriche, cui servivano portando il vassoio della calcina, dicevano le loro osservazioni; e sappiamo che con la sua affabilità li confortava a pur parlare. È sua lode, che non le abbia sdegnate, siccome fanno certi, che credendosi la quintessenza del sapere, sono burberi anzi rabbiosi con tutti, e quando vanno ad esaminare le opere da loro disegnate, passano in mezzo ai maestri di muro ed ai manovali con quel sussiego che solo si confarebbe ad un bascià che cammina tra una truppa di schiavi.

A Bergamo architettò il palazzo Vailetti, a Milano il palazzo del duca Serbelloni, e migliorò in Como il disegno del grandioso palazzo Odescalchi all'Olmo. Ben è vero che vi disconvengono quelle due ale di portici, come troppo meschine, e che l'edifizio sarebbesi dovuto ergere sopra un basamento che lo salvasse dalle frequenti inondazioni del lago, e lo facesse con maggiore maestà prospettare il lago; difetti dei quali non si deve dar colpa al Cantoni. Diede il disegno dell'elegante facciata del Liceo, e seppe trar partito di piccolissimo spazio di terreno, chiuso tra la pubblica strada e l'antica fabbrica. Ma perchè nelle decorazioni della facciata è misto il sacro, il profano e l'allegorico? Informe miscuglio, e che offende quell'aurea semplicità e chiarezza, che dee essere fondamento ad ogni lodato lavoro. Nella libreria dello stesso Liceo ci avvisiamo che abbia pensato più che alla comodità, alla magnificenza. È fama che chiesto a lui il disegno del nuovo teatro di Como, abbia risposto: *volontieri, se si trattasse di una chiesa*. Per verità era di severissima natura, e quanti lo conobbero ne rendono testimonianza.

Nella sua patria si segnalò per continue beneficenze. A un quindici famiglie povere distribuiva tutte le settimane una piccola somma in danaro. Nel 1816 e 1817, tempi lacrimevoli per la carestia che afflisse le nostre terre, levò cinquemila lire che aveva date a mutuo, e per salvare i suoi compaesani sì dalla fame che dall'ozio si mise a edificare un'abitazione a benefizio del comune e del paroco, e la quale poi non si finì per la morte a lui presto sopraggiunta. Già vecchio d'anni dovette trasferirsi a Gorgonzola, dove immaginò quella magnifica chiesa, che per eleganza di stile è mirabile, e che si giudica il suo capolavoro; e insieme alla chiesa vi fondò il cimiterio, nel quale l'anno 1818 fu esso seppellito (9). Molte sono le sue opere, e non ne abbiamo citate che poche; si conserva anche un suo disegno per la riedificazione della chiesa parrocchiale di Mendrisio, la cui spesa, secondo la stima da lui fatta, giungerebbe a lire 300 mila. Uscì dalla sua scuola Lorenzo Fontana pure di Muccio, cui l'accademia di Parma donò medaglia d'oro, primo premio di architettura, e scelse ad Accademico di onore e architetto civile e militare. In Genova fu molto adoperato, ed avrebbe pareggiato il maestro se in sul fiorire non avesse l'anno 1801 fornita la vita, non ancora compiuto il sesto lustro.

Giambatista Gilardi di Montagnola diede saggio del suo sapere nella città di Mosca a servizio di quella corte imperiale. Per desiderio d'istruirsi avendo viaggiata molta parte dell'Europa, e conversato con uomini insigni nella sua arte, divenne in essa maestro universalissimo. Tra le molte fabbriche che disegnò e diresse, sono spezialmente da menzionare l'istituto di S. Catterina, l'ospitale dei poveri, la gran casa di commercio, l'istituto di S. Alessandro, la casa degl'invalidi e la gran casa delle vedove. Consumata Mosca dal fuoco ai tempi dell'invasione francese, egli riedificò il Kremlin, e tra gli altri architetti primeggiò per scienza e per onori avuti. Nella vecchiaia gli tornò in mente la patria, e dopo un soggiorno di trent'anni, dato un addio all'orrido settentrione, dove lasciava un figlio emulo delle sue virtù, rivide le ridenti piagge native, ma l'aria salubre e l'ozio onorato non valsero a restituirgli la sanità che in mezzo a tanti studj aveva logorata, e nel 13 febbraio 1819 trapassò, anno sessantesimo secondo di sua vita.

Nel dieci ottobre 1830 finì pur di vivere in Bologna l'ingegnere Giambatista Martinetti di Bironico, dove era nato l'anno 1764 da Antonio

Martinetti e da Lucia Leoni. Il padre che dimorava in Bologna, lo chiamò a sè ancora giovinetto, e benchè scarseggiasse dei beni di fortuna lo pose agli studj, nei quali fece tali progressi che ottenne i primi premj, e il marchese Giacomo Zambeccari cominciò da quel punto ad amarlo e poi sempre lo protesse. Alla fine degli studj fu dai cardinali legati Archetti e Vincenti adoperato nei principali lavori della città, e secondo l'attestazione di Francesco Orioli, da cui desumiamo queste notizie, si procacciò tra' Bolognesi la fama di riformatore dell' arte, che pel cattivo gusto dei passati, era decaduta. Scelto architetto del comune, se prima si era segnalato nella fondazione di edifizj, si segnalò in quel grado come praticissimo nella costruzione di strade per luoghi difficili, nell'arginare ruinosi torrenti e nel gittare saldissimi ponti. Tra le strade si ricorda con lode quella che da Bologna mette a Firenze, poichè rese comodo un viaggio tenuto prima quasi impraticabile; e l'altra detta Porrettana che per la sua saldezza non teme le corrosioni del Reno, o gli scoscendimenti delle erte montagne, cui si appoggia. Il segretario di stato cardinale Consalvi lo volle presso di sè a Roma nell' uffizio di consigliere d'acque, e lo impiegò in più lavori lungo i fiumi, il mare e alle paludi pontine. Del resto l' opera che massimamente lo raccomanda alla posterità è l'edifizio del pubblico macello presso al foro Flaminio, che si tiene degno dell' antica Roma. Fu socio di varie accademie, fra le quali l'italiana di scienze, lettere ed arti, e quantunque molto scrivesse, non pubblicò che due discorsi risguardanti l'agricoltura, della quale pare si occupasse quasi sollievo a studj più gravi, ed un terzo discorso sui difetti dei carri, sui danni che ne ricevono le strade e sul modo di rimediarvi.

Un grande monumento di architettura che onora Como è la Cattedrale. Le memorie che la risguardano, essendosi incominciato il lavoro in tempi remoti e più propizj all'operare cose forti che a magnificarle con discorso, sono involte da oscurità. Francesco Cioeri si è provato a rischiararle, e con improba fatica avendo diseppellite autentiche carte dagli archivj, gli venne fatto di ordinare e pubblicare una raccolta di notizie, che prima per la massima parte ci erano ignote. È ben vero che più fiate abbiamo desiderato ci avesse offerto il documento quale era nel barbaro latino, anzi che arrischiarsi a farne la traduzione; perchè i vocaboli della corrotta latinità d'ordinario si rendono malamente in nostra lingua, ed essendo il suo libro destinato pei dotti, avrebbero questi potuto fare delle induzioni di maggiore importanza leggendo nell'originale idioma i documenti, in ispecie quelli che si riferiscono a'pittori e scultori (10).

Nell'anno 1386 avevano i Milanesi principiata la fondazione del loro duomo, e non è improbabile credenza, che l'esempio della città capitale stimolasse nel tempo stesso i Comaschi a domandare, come fecero per mezzo del vescovo Beltramo da Brossano (11), che fosse riaperta la chiesa di S. Maria per riedificarvi anch' essi più maestosa la Cattedrale. Avutane licenza dal principe Giangaleazzo Visconti, si pose mano primamente a rassettare l'antica fabbrica molto guasta, e in una sua parte smantellata (12); quindi si pensò ai lavori di allargamento. Il marmo nero, di cui prima ci servimmo, era della cava di Olcio, ma essendo questa ruinata (13), si ricorse ai marmi bianchi di Musso. Nel 1396 a'30 dell'aprile qui venne, da noi chiamato da Milano l'architetto di quel duomo Lorenzo degli Spazj; ma che abbia egli fatto non è giunto a nostra notizia (14). La civil guerra che si accese alla morte del primo duca, non ci distolse dalla continuazione della fabbrica, e nel 1407 essendo ingegnere un tal Pivoni, eravamo già intesi ad ampliarla (15). Nel 1439 soprantendeva ai lavori l'architetto Pietro da Bregia. Erano a difficile partito i cittadini, perchè oltrechè i governatori della città si piegavano di mala voglia a concedere di volta in volta qualche spazio di terreno a danno del castello, non si procedeva nella fabbrica, se non con danari racoolti da elemosine (16); ma accintisi essi alla magnanima impresa non si arrestarono mai per intoppo che fosse. Verso il 1458 gittate le fondamenta della facciata, la condussero pressochè a termine nel 1485 sotto l'architetto maestro Luchino da Milano. Il celebre Tomaso Rodari da Maroggia, scelto con solenne atto a scultore e ingegnere della fabbrica nel 1487, sdegnò ogni forma di architettura che non sentisse del buon secolo, e compose di ordine corinzio un modello delle braccia e testa di croce, compresa la cupola. Cominciossi ad eseguirlo nel 1513, e nessuno avvisò l'accoppiamento informe dei due ordini gotico e corinzio, in vece alzarono molti la voce, e fra questi lo scultore Cristoforo Solari detto il *gobbo*, praticissimo di architettura (17); affermando che il modello del Rodari si aveva a correggere perchè non univa l'eleganza alla grandiosità, e si raccolse un'assemblea di architetti a giudicare. Il Solari vi propose un altro modello che non era se non il modello del Rodari, ma ridotto a forma più elegante. Dopo lunghe discussioni che si protrassero per due dì, nel terzo fu dagli arbitri Giovanni Molteno, Bernardino da Legnano e Ambrogio de' Ghisolfi pronunciata la sentenza contro il Rodari, e si adottarono le correzioni del Solari, risolvendosi anco di stare per l'avvenire a' suoi consigli; e perchè le cose procedessero più solennemente, se ne rogò l'atto a' tre gennaio 1519. Cedette il Rodari, ma pel vilipendio, secondo egli stimava, dei parti del proprio ingegno non soffocando in petto la conceputa ira, è credibile minacciasse di non più occuparsi nei lavori e tormentasse con questo pensiero i cittadini che dovevano stimarlo come eccellente nell'arte sua. Questo è certo che gli furono attorno con mille preghiere, e tanto fecero che s'indusse ad acconsentire alle correzioni del Solari, ed a quanto si era dagli amministratori deliberato.

Restava a voltare la cupola. Il disegno del Rodari non piacque più ai sopravvenuti architetti, e dopo molte mutazioni fu ridotta alla presente forma sul disegno del messinese Filippo Ivarra, architetto di uno stile molto vizioso, ma che sapeva congiungere tal magnificenza nelle proporzioni dei principali membri di un edifizio, che i riguardanti paghi di una bella vista gli perdonavano gli altri difetti (18).

La pianta del tempio è una croce latina, il cui braccio più lungo che è di ordine gotico, si divide in tre navi, le quali corrispondono alle tre porte d'ingresso che sono nella facciata. La nave mediana, che è la più alta e spaziosa, contiene nella estremità il coro che nel suo mezzo ha un altare di preziosi marmi, venutoci fino da Roma sul principio del secolo decimo ottavo; le navi laterali finiscono alle braccia di croce, e lo spazio che di là si avrebbe pel loro prolungamento serve a formare le due sagrestie (19). La divisione delle tre navate è segnata da dieci piloni, i quali si rassomigliano, tranne i due che pure servono a reggere la cupola.

Gl'intercolonnj ci dispiacciono per la loro disuguaglianza nella corda dell'arco; il primo ed il secondo, andando dalla facciata verso il coro, sono più stretti del quarto e del quinto; il terzo ne è il più ampio. È a credersi che questa trasgressione delle regole di simmetría si abbia solamente d'attribuire alla difficoltà, in cui si trovarono gli architetti, forzati a conservare l'antica chiesa e tenuti dall'allargarsi con la fabbrica, se non di mano in mano che ne ottenevano licenza dai governatori della città; talchè il disegno non essendo conceputo in una sola volta, ma a più riprese, secondo portavano le occasioni, dovette riuscire difettoso (20). Le dieci arcate che voltano sui piloni sono formate da archi gotici o diagonali, che per la loro acutezza s'inscrivono assai bene nei tetti acuminati delle fabbriche gotiche, ma come ha mostrato Belidor, non sono di costruttura più robusta che gli archi di mezzo tondo, per la facilità di schiantarsi tra la cima e l'imposta. L'abside è ornato da fasce di marmo ritonde, che s'incrocicchiano, e che prima del decimoterzo secolo si fabbricavano di forma angolare; ora sono giudicate inutili, e soglionsi coi centini costrurre somiglianti vôlte a crociera. I primi architetti del duomo, giusta gl'insegnamenti della gotica architettura, riducendo la spinta delle vôlte negli angoli, oltre alle dette fasce, piantarono nel muro che circonda la chiesa, perchè vi fosse una resistenza capace di sostenere il loro urto, un pilone che nella parte interna ha forma di ottagono, e che nell'esterna sbalza fuori con altra forma, cioè di grosso pilastro, cui è sovrapposta una guglietta ornata di bassorilievi. Resta diviso il muro in altrettanti spartimenti, quanti sono gl'intercolonnj, ed ogni spartimento ha il suo finestrone quadrangolare che splende sulle navi, ma non tutti sono aperti, essendone chiuso qualcuno perchè contiguo al Broletto, o perchè si reputò soverchia la luce che ne penetrava. Le navi laterali sono illuminate da due finestre, poste una per parte nella facciata della chiesa, e la maggior nave riceve lume per lo stesso verso, ma da tre ampie finestre. E qui si noti con quanto accorgimento sono aperti tutti quei finestroni nelle parti più elevate della muraglia, onde i fedeli raccolti nel tempio, girando all'intorno gli occhi non ponno vedere altro che il cielo, cui devono allora massimamente essere rivolti i loro pensieri. Sovra gli archi acuti che voltano sui dieci piloni di divisione ha l'architetto verso la navata di mezzo nella parte che sopravanza alle due navi laterali, disposte delle finestre con ornamenti di gusto gotico; ma essendo cieche, a vincere l'oscurità in quell'altezza, fecevi trapelare da alcuni occhi un filo di luce. Un altare, benchè vi stia male appiccato, è in ogni spartimento del muro, tranne nel terzo, dove s'aprono le due porte laterali, ricche di numerosi bassorilievi e di finissimi arabeschi (21) lavorati dal Rodari Tomaso; e le quali non servono solo al passaggio dei devoti, ma ben anco al purgamento dell'aria. Di altri vaghi arabeschi sono adorni i due pilastri che reggono l'arcata dell'organo (22) nell'ultimo intercolonnio a sinistra entrando per la nave di mezzo, e vi si legge l'anno 1515; aurei tempi perchè allora fioriva la scuola di Agostino Busti detto il Bambaia, artefice del famoso monumento di Gastone di Foix. A sinistra parimenti nel primo intercolonnio sorge l'elegantissimo tempietto monottero del battistero, di ordine corinzio, sostenuto da otto colonne di marmo variegato (23).

Le braccia e la testa di croce sono di ordine corinzio e composito, e nella cupola domina il gusto francese. Magnifico ne è il disegno, ma disforme al manico della croce, ed è impossibile senza offendere le leggi del bello, che in uno stesso edifizio si possa innestare lo stile gotico e il romano. Il muro tutto di bianchi marmi è diviso in uguali intercolonnj, che hanno nel mezzo ampie finestre rettangolari, abbondanti di copiosa luce, e per le quali passa una galleria. Sotto vi hanno nicchie e statue, ma di nessuna bellezza. Le colonne striate (che per la loro forma starebbero meglio nelle parti esterne delle fabbriche) posano sopra altri piedestalli, e finiscono in capitelli d'ordine composito, sui quali trascorrono l'architrave, il fregio e la cornice.

Un secondo ordine di somiglianti colonne s'innalza sul primo, e nei loro scompartimenti hanno triple finestre formate con pilastri, e vi passa un'altra galleria, che all'accennata corrisponde. Su l'ultimo cornicione, che a guisa di corona a tutto sovrasta, è impostata la vôlta ricchissima di stucchi e di dorature. Nell'abside della cappella di M. V. Francesco Silva di Morbio figurò l'assunzione, e nell'abside dell'altare del Crocifisso il suo figlio Agostino effigiò pure di stucco l'ascensione di Cristo.

Quattro arditissimi archi reggono la cupola. Le chiavi di che sono armati, ci sembrano inutili, perchè da tutte le parti vi contrastano lunghe correnti di muro, e non si hanno gli edifizj a tenére insieme con queste chiavi o stringhe, come le chiama il Vignola. Alle quattro vele sono condotti di stucco con vestimenti dorati i quattro evangelisti con l'emblema che li figura, lavoro finitissimo di Gasparo Mola di Coldrerio. Otto spaziosi finestroni, che servono ad alleggerire il peso del tamburo, vi spandono viva luce, e sopra di essi è tutta la sferica muraglia ornata di rosoni dorati. Un cupolino anch'esso illuminato, e che non tiene troppa proporzione col resto, è sopra la cupola slanciato in aria. Perchè queste opere ingegnose della moderna architettura non si ponno contemplare se non con tanto disagio e storcimento della persona?

Anche nelle parti esterne del tempio si trova

l'accoppiamento delle due architetture la gotica e la romana. Alla prima si riferisce il disegno della facciata eretta sopra un basamento, che tutto all'intorno recinge la fabbrica, ed il cui dado per l'innalzamento del circostante terreno è in alcune parti sotterrato. I mezzo pilastri che in tre campi la dividono, e che quantunque strettissimi, sono una prolungazione degl'interni piloni, fino a mediocre altezza sono abbelliti con bassorilievi che figurano persone, fontane, frutta, vasi di fiori ed altre bizzarrie; più in alto hanno nicchie con istatue di santi, poi finiscono in gugliette.

I campi laterali, tranne le due porte assai ornate, alle quali sta sopra per ciascuna un finestrone, sono di liscio marmo avendo per avventura con ciò voluto l'architetto che spiccasse di più il campo di mezzo, che è per mensole, per nicchie, per baldacchini acuminati, per cornici, per istatue ragguardevolissimo. La maggior porta che vi è nel centro ha una bella prospettiva di colonnette spirali e di rabeschi a fogliami, e sull'architrave si ammira il vaghissimo gruppo dell'adorazione dei magi. Le immagini in marmo dei due Plinj mettono in mezzo la porta, e se non è piccola la gloria degli avi nostri, che ve le collocarono in età che appena usciva dalla barbarie, non è meno bella la resistenza con che si opposero al Bonomi delegato pontificio, che comandava fossero di là levate.

Una guglia più delle altre massiccia, la quale non ha sotto forma di pilastro che la regga, ed anzi corrisponde al vano della porta sorge nella parte acuminata del frontespizio. Anche questo essendo più elevato, che non richiedevano le navate del tempio, contribuisce ad impedire la vista della cupola.

Nei lati del tempio sono pregevoli i bassorilievi dei finestroni. Ma dove la magnificenza di tutto l'edifizio, per l'unità del disegno e per la libera veduta della cupola, si vagheggia massimamente, è nella posterior parte del coro. Le generazioni che ci precedettero più capaci di grandi cose che noi, hannoci lasciato un monumento che toglie la speranza di uguagliarlo.

Grande opera, benchè non comparabile a questa, è il vicino teatro che i generosi cittadini edificarono negli ultimi anni del regno italico. Un atrio sostenuto da sei colonne di ordine corinzio, su cui gira un pesantissimo architrave, orna il principale frontespizio che guarda a settentrione; nel resto le esterne decorazioni sono meschine e disconvengono a nobile teatro, che perde ancor più per essere situato in troppa vicinanza del duomo, il quale par che inviti l'occhio a farne paragone. Nell'interno si loda la comoda distribuzione delle sale, e la ben proporzionata curva del teatro, di maniera che rispondono con nitidezza le voci e i suoni, e da tutte le logge si può vagheggiare la scena. Ugo Foscolo stampò una lettera nel giornale del Lario, nella quale esamina l'edifizio, e più particolarmente nota i difetti da noi appena accennati; nemmeno è avaro della giusta lode all' architetto Cusi da Milano, che immaginò il disegno. « La prima lode, egli conchiude, spetta alla liberalità dei cittadini; la seconda all'architetto; l'ultima all' esecuzione. La colpa degl'inconvenienti, alcuni dei quali non sono irreparabili, ascrivasi tutta alla fortuna dipinta calva, guercia e dispettosissima. Ma ad onta della fortuna il teatro di Como farà testimonianza che i concittadini di Plinio non si contentano delle reliquie dei monumenti ».

Degno se ne parli è il palazzo Gallio di Gravedona, che fu eretto dai fondamenti nel 1583. Frontispizj ripartiti in poche parti senza tritume di ornati, atrio sontuoso, salone ampissimo nel centro con porticato, ove la vista ampiamente si spazia sul sottoposto lago, convenienza di dimensioni e solidità mirabile ne formano il principal pregio. Nel silenzio di quelle nude pareti torna in mente la romana grandezza quando si edificava per l'eternità, e forse noi più solleciti del presente che del futuro, colpa del secolo che ci fa camminare a ritroso, amiamo eleganza negli edifizj nostri, non magnificenza.

Abbiamo, quanto alle chiese, altri buoni monumenti, ma non meritano tuttavia se ne tenga particolar discorso in queste storie.

Non meno scarse che quelle degli architetti sono le memorie dei pittori al rinascimento delle arti, tanto più che le antiche pitture le quali in alcune chiese conserviamo, non ci danno notizia di certo autore. È però indubitato che sempre si pregiò in Lombardia la pittura, e fino dal duodecimo secolo solevano i gran personaggi tenére tra' loro cortigiani un pittore (24); e l'abate Lanzi poichè ebbe nella storia pittorica annoverati varj monumenti de' secoli barbari e tra essi l'immagine di N. D. che è in Gravedona, non dubitò dire, essere suo avviso che non fosse spenta mai nè sopita in Milano e nello stato l'arte della pittura. Bonifazio da Modena nostro vescovo fece nel vescovile palazzo colorire i ritratti de' suoi predecessori, e benchè non si sappia il nome dell'artista cui allogò l'opera, ciò non toglie che si possa conghietturare fiorisse veramente tra noi quest'arte. Nel 1416 per dipingere alcune vetriate del duomo di Milano si patteggiò con un tal Paolino da Montorfano, terra che anticamente era nella giurisdizione comasca (25). Un pittore Giacomo della Porta di Mendrisio visse verso gli stessi tempi, ma di lui non è rimasta tavola alcuna.

Il Quadrio ricorda un Gottardo Scotti nato in Valtellina, e forse a Mantello, che visse verso il 1450, e di cui vide una tavola in legno che serviva all'altar maggiore di S. Maria in Mazzo, e portava la leggenda: *Gothardus de Scotis de Mello pinxit.* Aggiunge che nella medesima chiesa, correndo l'anno 1489, un Giampietro Malacrida aveva dipinta l'ancona dell'altar maggiore, nel cui fregio erano queste parole: *Ego Joannes Petrus de Malacridis pinxi* (26).

Discepolo di Vicenzo Civerchio, che fu in Milano ai tempi di Lodovico il moro, vuolsi un Luigi de' Donati comasco che operava nel 1510, e di cui il Lanzi, sulla fede del cons. Pagave, afferma conservarsi tavole autentiche. Il maestro era riputato nei lavori a fresco, e nello studio della prospettiva. Felice Scotto che a questa medesima età operò in Milano in concorrenza di Vicenzo Moietta, e che in Como eseguì molti lavori pei cittadini, nella chiesa ora distrutta di S. Croce in boscaglia istoriò a fresco diversi fatti della vita di S. Bernardino. Il Lanzi che li potè vedere scrisse l'elogio dell'artista con queste parole: « è vario, espressivo, giudizioso in comporre; uno dei migliori quattrocentisti che vedessi in queste bande; allievo forse di altra scuola (non la milanese), avendo disegno più gentile e colorito più aperto, che non usarono i Milanesi ».

Andrea de' Passeri che a Torno ebbe i natali, ci ha lasciata una tavola, su cui si legge l'anno 1488, e figura la Vergine assunta circondata da uno stuolo di angeli e dai dodici apostoli, e fu già descritta dal conte G. B. Giovio. Il disegno è secco, tiene della maniera dei trecentisti, e soltanto le teste sembrano toccate con qualche grazia. Un altro lavoro del Passeri, che porta la data dell' anno 1502, è la pittura di N. D. delle grazie in Duomo. Ha poca espressione, e massime le dorature dei nimbi e dei vestiti tolgono grazia e bellezza al resto dell' opera. Molte tavole sulle quali sono espressi la Vergine col bambino, S. Pietro, S. Giovanni Battista ed altri santi si ammirano dello stesso dipintore nella chiesa di Brienno, e vi si legge: *Andreas de Passeris. p.* 1508. Verso il 1500 è ricordato un Marco Marconi di Como, che si stima educato alla scuola dei Veneti, perchè il suo stile aveva del giorgionesco. Un Sebastiano di Piuro ornò di pitture nel 1517 la chiesa di S. Giacomo di Livo, e un Giambatista Sala comasco morì a Praga nel 1583 con riputazione di non comunale dipintore. Giambatista Tarillo di Cureglia colorì nel 1575 una pietà per la chiesa milanese di S. Martino in *compito*, e nel 1581 nella cappella del Crocifisso, posta nella chiesa dell' abbadía a Sesto Calende, figurò l'ultima cena, la preghiera nell'orto e la crocifissione, che dagli intelligenti si giudicano lavori di merito, tanto pel disegno che per la composizione.

L'accademia di belle arti fondata in Milano da Leonardo da Vinci, diede pittori paesani che si contano tra gli eccellenti, come è un Cesare da Sesto, un Boltraffio, un Marco da Ogionno e un Bernardino Luini. Successero le guerre e le pestilenze, mancarono gli artisti nostri, e fu forza che d'altre parti d'Italia ne venissero in Milano, tra' quali i Procaccini di Bologna. Taluno dei Milanesi migrò in altre terre ad apparare pittura, e rimpatriato aperse scuola e formò varj imitatori del suo stile. A questo numero è da riferirsi il cav. Pierfrancesco Mazzucchelli, detto dal luogo della nascita il Morazzone, che tra' Comaschi conta per allievi o imitatori i tre fratelli Recchi, il cav. Isidoro Bianchi e i tre Bustini.

Gianantonio, Giambatista e Giampaolo fratelli Recchi nacquero in Como verso il 1600, e acquistarono fama principalmente nei dipinti a fresco. Migliore di tutti riuscì Giampaolo, che in compagnia di Gianandrea suo nipote lavorò in Torino alla Veneria reale, mentre là si trovava in pari tempo un Andrea Casella di Lugano, egregio scolaro di Pietro da Cortona. Il Casella aveva pur seco un nipote per nome Giacomo, che lo aiutò a dipingere varie storie mitologiche. Le chiese di Torino vennero poscia in concorrenza arricchite di molte pitture, sì dal Recchi che dal Casella.

Giambatista Recchi colorì a fresco la facciata di S. Cecilia in Como, che già guastata dalle ingiurie del tempo scomparve del tutto nel 1817, mentre si riedificava il Liceo. Operò molto nella chiesa di S. Giuseppe in Valleggio, dove meritano specialissima attenzione alcuni angeli nell'abside, e in una cappella le storie di S. Carlo

Borromeo. Vi lasciò scritto il suo nome colla data dell' anno 1626. Dipinse una sala a Balbiano sul lago, alla Gallia porse aiuto al Morazzone, e nel 1633 disegnò pel prezzo di 69 lire un arazzo, che gli amministratori del duomo fecero tessere a Firenze. Alla Gallietta in S. Agostino è una stanza tutta da lui lavorata a fresco nell' anno 1628, e dove figurò con molta maestria il memorabile passaggio degli Ebrei pel mar rosso. Lo stile di lui è facile senza esser negligente, ed è vario senza essere confuso.

Gianantonio Recchi avrebbe forse uguagliato i fratelli, se morte immatura non lo avesse invidiato a questo mondo. Giampaolo visse lunghissima vita, e lasciò molte opere. Sodezza di stile, forza di colorito, grande cognizione degli scorci, per cui non cede ad alcuno de' suoi tempi, ne formano il merito più principale. A S. Giorgio in Borgovico aveva dipinto sul cimiterio un Angelo che colla tromba richiamava a vita i morti nel finale giudizio, ed era un lavoro grandioso e lodatissimo, ma ora è scomparso, essendosi sgretolato il muro. Nella tazza della stessa chiesa condusse una figura vivissima di un S. Giorgio armato, che cavalcando a briglia sciolta un generoso destriero che sbuffa e freme, si avventa colla lancia a un drago, che sulla strada gli si attraversa. Nella ragione dell'insotto all' insù l'artista mostrò qui veramente il suo valore, ed è nissuno che dopo avere contemplato questo bello scorcio, non brami contemplarlo di nuovo, e non sia commosso alla vista della sublime figura. Chi può degnamente nel S. Giorgio lodare la freschezza della gioventù, il piglio guerresco, il gesto vivacissimo? Nè possiamo restar capaci, come fuori di Como sia così poco noto il Recchi, e non si rinvenga chi di lui parli, tranne qualche guida di città, il Lanzi e il Ticozzi. I suoi freschi non scemerebbero di pregio nelle città ricche di tavole dei più conosciuti artisti. Il Pasta nella guida di Bergamo celebra giustamente il Recchi per una santa Grata che sale in cielo, e la quale con diletto ritiene a rimirarla.

Nel 1620 dipinse Giampaolo nel refettorio dei frati del borgo S. Agostino una bizzarra cena. L'affresco offre l'interno di spaziosa galleria, da cui l'occhio vagheggia un'ampia campagna sparsa di collinette, e messa ad erbaggi e a piante. Nel mezzo della galleria è la mensa, ossia una lunga tavola rettangolare che ha in giro nella parte a noi di fronte dodici frati agostiniani che, quantunque vissuti in diverse età, il pittore ha qui insieme raccolti, e li ha scelti tra coloro che furono santificati; decimoterzo vi collocò nel centro S. Agostino che ha sotto i piedi tre capi di eretici in atto di calpestarli. A destra della galleria esce un frate con un cesto di frutta ed una brocca, alla sinistra è un altro frate che attende a sparecchiare la mensa. Ambedue sono santi dell'ordine, per cui è palese che quegli che commise il quadro, volle fosse questo un vivo testimonio delle antiche glorie agostiniane.

Il Recchi imitando Leonardo da Vinci che nel cenacolo alle Grazie in Milano aveva dipinto il Redentore nel mentre pronuncia le parole: *Amen dico vobis, quia unus vestrum me traditurus est*, onde nascevano tanti e sì differenti moti negli apostoli; figurò S. Agostino che proposta non sappiamo quale teologica questione ha nei commensali destata vivissima disputa. S. Agostino colle mani e cogli occhi al cielo si compiace di quanto ha detto divinamente, e non si cura se altri s'ingolfa per la fallace via de' sillogismi scolastici. Uno dei frati lo accenna quasi dicesse: aspettate ritorni dall'estasi, e scioglierà la questione; più impaziente un altro dato di piglio ad un libro, vi studia; chi discorre col compagno, e con naturalissimo modo recita le sue ragioni contandole sulle dita, e chi d'altro modo s'affanna di tirare nella propria sentenza il vicino, intento ad ascoltare. Taluno pure de' frati da maraviglia compunto solleva gli occhi, come esclamasse: chi è tra gli uomini, che disvela i segreti della sapienza e scienza di Dio? Tal altro non bada al compagno che gli viene all'orecchio susurrando della questione, e continua il pranzo trinciando sul piattello un pezzo di pollo.

Lodevoli sono le arie delle teste, pastoso ne

è il colorito, sfumato il contorno; ma nel resto il fondo del quadro è adombrato con qualche cupezza, di che non vuolsi incolpare l'artista, che secondo portava il rito dell'ordine agostiniano dovette vestire i frati con tonaconi di colore oscuro. Qualcuno e con ragione potrà notare, siccome immagine contraria al decoro e alla umanità, le teste degli eretici sotto i piedi di S. Agostino, chè senza stringente necessità della storia non è mai a offrirsi, e anche allora con cautela, un'immagine di bruttezza, e si dee piuttosto perpetuare il bello e il dilettevole. È probabile che il Recchi abbia dovuto in questo eseguire i comandi del padre guardiano, ma è un male che l'artista non si lasci libero nell'esercizio della sua professione, e sommo male che debba ubbidire ai capricci di un ignorante. L'affresco soffrì pel terremuoto e per l'apertura di una porticella, che vi fecero nascere qualche crepaccia. Il frate laico a destra della galleria, cui era caduta metà della faccia, venne pessimamente redipinto, e ha sembianza di manigoldo. « Nel vero, scrive il Vasari nella vita di Luca Signorelli, sarebbe meglio tenersi alcuna volta le cose fatte da uomini eccellenti, piuttosto mezzo guaste, che farle ritoccare a chi sa meno ».

Giampaolo dipinse anche l'abside della chiesa, ora profanata, di S. Marco in Borgovico, ed il lavoro è diviso in cinque medaglioni, dei quali il più bello sta nel mezzo, ed esprime S. Marco portato in cielo dagli angioli. Aveva il Recchi per le monache di S. Marco già condotta l'ancona dell' altar maggiore, il martirio delineando del santo evangelista: due carnefici lo strascinavano per terra, vestito com'era degli abiti sacerdotali, angeli con corone erano nell'alto librati sull'ale, da un canto stava ammucchiata una frotta di spettatori, e nel fondo sorgeva un tempietto gotico con campanile. Le monache che per discoprire il quadro nel giorno della festa avevano già sborsato il danaro, non essendo quello portato loro al dì della vigilia e domandandolo invano, si credettero beffate e fecero dagli sgherri vuotare delle poche masserizie la casa del Recchi per compenso del loro danaro. Non fiatò egli, ma sorto l'indomani portò alle sciagurate monache il quadro che di nascosto aveva colorito.

Nell'anno 1648 insieme al fratello lavorò nelle cappelle, ottava e nona del santuario di S. Maria del monte di Varese, e seppe unire alla non ordinaria intelligenza degli scorci la bontà del disegno e la freschezza dei colori. In città finalmente sono bellissimi freschi degli stessi fratelli nella casa un tempo Odescalchi alla piazza de' Liocchi, che rappresentano i ritratti dei re di Spagna Carlo quinto, Filippo secondo, terzo e quarto, e di papa Innocenzo undecimo quando era cardinale.

È probabile sia dalla scuola dei Recchi uscito un Giulio Quaglia di Laíno, di cui si trova memoria all' anno 1693. Si avvicina loro per lo stile, ma nel disegno è meno corretto. Giovine si recò nel Friuli, e vi si trattenne a operare in pitture a fresco, nel qual genere vuolsi avanzasse tutti i Veneziani che fiorivano di quei tempi. Molti lavori eseguì, tra' quali si lodano le storie della passione, che fregiano la cappella del monte di pietà in Udine. Faticò tra di noi a Laíno, a Bonzanigo e a Lezzeno dove nel coro della chiesa colorì il martirio dei santi Quirico e Giovita, e vi si legge: *Iulius. Qualeus. f. ann.* 1712 (27).

Contemporaneo dei Recchi e scolaro del Morazzone, al quale molto si accosta, è il cav. Isidoro Bianchi di Campione. Conseguì molta perfezione nel disegno, e più che dipintore a olio riuscì egregio frescante. Nel 1626 si trasferì, chiamato dal duca di Savoia, a pitturare una sala a Rivoli, che il Morazzone morendo aveva lasciata imperfetta, e vi fermò lungamente sua dimora, perocchè il duca s'invaghì de' suoi lavori, e dopo averlo eletto cavaliere dei santi Maurizio e Lazzaro lo creò nel 1631 pittore ducale. In S. Ambrogio di Milano dipinse la cappella dei due santi Aímo e Vermondo, e sono tuttavia ben conservate le pitture della cupola. In Como vi ha di lui vaghissimi puttini nei fregi delle stanze alla Gallia, e sul lago si ammirano suoi freschi nella insigne chiesa di Brenzio. Altre opere del suo pennello abbelliscono altri siti, ciò è a Vaprio la casa Soncini, in Valsolda la madonna della *Caravina*, e nella sua patria la madonna di *Guirli*.

Benedetto e Antonio Maria Crespi padre e figlio, e Pietro Bianchi detti i *Bustini* tennero del pari la maniera del Morazzone. Benedetto, robusto ed elegante pennello, istruì nell'arte Antonio Maria (28), il quale rimasto colla madre non volle stringersi in matrimonio per non essere costretto abbandonarla, e scelto in figlio adottivo Pietro Bianchi, un orfano dello spedale, gli lasciò i suoi disegni. Il Bianchi ebbe maniera facile, ma non corretta.

Tra gl'imitatori o allievi dei Procaccini si annovera qualcuno dei Comaschi. Giambatista Discepoli chiamato lo *zoppo* di Lugano studiò la maniera di Camillo Procaccini, la quale spicca massime pel disegno e pel colorito; vi aggiunse di altri stili, in ispecie della scuola veneta, e senza mostrarsi ligio a veruno si acquistò un fare tutto proprio, che piacque per la leggiadría delle figure, e molto più pel buono impasto dei colori, nel che fu tra i primi del suo tempo. Nella moltitudine che si era proposta a maestra, ricercava i suoi esemplari, e teneva poco conto del bello ideale. Nè gli si dee lode, perchè precipuo uficio di un artista che non voglia dipartirsi da quanto hanno costumato gli antichi, e tra'moderni l'Urbinate, è di correggere gli esemplari che offre la natura, i quali non ponno essere perfetti, altrimenti gli fallisce ogni speranza di raggiungere il bello. In S. Carlo di Milano dipinse con molta arte il purgatorio, e nella pinacoteca della stessa città si mostra di lui un'adorazione dei magi, che, secondo il giudizio del Ticozzi, non scema di pregio al paragone dei vicini quadri del Nuvolone e di Guercino da Cento (29). Per la chiesa di S. Teresa in Como fece il quadro della santa, che fu giudicato il più eccellente che la città possedesse. Morì d'anni 70, nel 1660.

Lugano fu parimenti patria di Lodovico Antonio David, che vi nacque nel 1648. Frequentò in Milano le scuole di Ercole Procaccini il giovane e del cav. del Cairo; sentì i maestri d'altre città italiane e riuscì diligentissimo nel ritrarre le opere dei sommi artisti, segnatamente del divino Coreggio. L'amore delle belle arti lo indusse a dimorare in Roma, dove fu adoperato in varj lavori. Venezia possiede a S. Silvestro una sua Natività, benchè di stile alquanto minuto, come era pratica, più che degli altri, di Camillo Procaccini, e una figura di Zeusi che dipinge Elena e si crea l'immagine del bello, contemplando le avvenenti fanciulle di Crotone, le quali gli fanno corona. Fornita che l'ebbe, e parutogli capirvi tanto di perfezione e d'arte che bastasse, se ne compiacque e vi scrisse il proprio nome *Lud. David. F.* Aveva pensiero di mandare alle stampe un libro sulle arti del disegno, per emendare gli errori del Vasari e di altri, e per ragguagliarci della vita del Coreggio *da lui ricercata con isquisite diligenze e notizie non più intese.* Morì nel 1718 (30). Antonio figlio di lui, veniva all'età di vent'anni già invitato a ritrarre di colori i più famosi personaggi di Roma, e fino al papa.

Carpoforo Tencalla, che il p. Orlandi chiama Cristoforo, trasse i natali in Bissone l'anno 1621, e apprese il disegno a Milano, mentre v'insegnavano i Procaccini, e per ultimo a Verona. Ito in Germania vi rimise in onore la pittura a fresco, quasi caduta in dimenticanza, e gli vennero date molte commissioni; onde il Sandrart lo cita con lode nel libro pittorico che nel 1683 divulgò colle stampe di Norimberga. Di ritorno in Italia, i Bergamaschi gli allogarono da dipingere la chiesa di S. Maria maggiore, se non che, per saggiare la sua perizia, vollero prima eseguisse altro piccolo lavoro, che egli con quanto può l'arte in capo e il pennello in mano condusse a buona perfezione, ma sdegnato della loro diffidenza, ruppe ogni accordo, ed in cambio accettò di servire al marchese Terzi, al quale figurò un'aurora nascente che fu tenuta bellissima. Morì nel 1685.

Verso i tempi del Morazzone e dei Procaccini attesero altri Comaschi alla pittura lontano dalla patria, e salirono a molta eccellenza sì di valore che di riputazione. A questo eletto numero appartengono il Torriani, i due Mola ed il

Colonna. Francesco Torriani vide la luce in Mendrisio l'anno 1600. Studiò alla scuola di Guido Reni pittore, come tutti sanno, di mano angelica, e quando si diede a fare da sè, finì qualche tela, che ebbe spaccio in Inghilterra per cosa di Guido. Veramente un piccolo quadro di un Cristo in croce, che è nella sagrestia della chiesa di Balerna, non ha dubbio che ritiene assai della maniera del maestro per la delicatezza del disegno, pel tocco del pennello e pel colorito. Molto fu adoperato in Roma, benchè insieme a lui vi abitassero i Domenichini, gli Albani ed altri solenni artisti, e là chiuse la vita nel 1670. Si chiama il vecchio Torriani per distinguerlo da un altro Torriani detto il giovane, pure di Mendrisio, e non disprezzabile pittore.

Artefice di merito sommo è Pierfrancesco Mola di Coldrerio, che da natura dotato di ottima disposizione agli studj del disegno vi fece dentro tali progressi, che è degno in tutti se ne conservi perpetua memoria. Andato a Roma insieme al padre che era pittore ed architetto, si applicò all'arte frequentando in sulle prime la scuola di Prospero Orsi e del Cesari, che aveva bensì gusto cattivo, ma era valoroso frescante; del resto volle la sua buona fortuna, che il Cesari partisse da Roma, e passato egli alla scuola di Francesco Albani, corresse il gusto e si assuefece a quel tocco soave che forma uno dei più bei pregi del maestro, detto perciò l'Anacreonte dei pittori. La stessa leggiadría di stile mirasi in ambedue; più grazioso l'Albani, più robusto nel colorito e nella varietà delle invenzioni il Mola; e non è improbabile credenza che sullo stesso quadro dipingesse talvolta in concorrenza del maestro, che certo non temeva avvilirsi al paragone di un tale discepolo. Gli offerì l'Albani la mano di una figlia, ma egli sul dubbio che i legami del matrimonio lo distogliessero dalle care meditazioni pittoriche, cui aveva sè stesso consecrato, la rifiutò, ed il rifiuto lo indusse ad abbandonare il maestro e Roma, e trasferirsi a Venezia, dove stette lunga stagione a studiare le opere di Tiziano e di Paolo veronese, e più d'ogni altro la maniera del celebre Guercino da Cento, che gli apprese le tinte gagliarde e la magía del colorito.

Non di rado l'invidia si usurpa il posto dovuto all'emulazione anco presso i grandi artefici; e il Guercino allorchè conobbe quale e quanta fosse la perizia del Mola non usò più con esso con la solita famigliarità, onde giudicò bene di rimpatriare, come fece. Pensiamo che in questa occasione abbia lasciati quei monumenti del suo ingegno nella chiesa di Villa sotto Coldrerio, dove colorì tre medaglie nella cappella dell'Assunta. Nobilissima oltre ogni credere è la medaglia che figura l'eterno Padre, che con la destra alzata e con un portamento pieno di maestà, sembra pronunci quell' onnipotente *fiat* onde creò la luce, e tu diresti in quel volto copiata la divinità, e offerta qui in terra alla contemplazione dell' occhio umano. Le altre due medaglie hanno molto patito pel nitro che fiorisce su quelle pareti, e per la caduta di un fulmine. In una è la Vergine col bambino in collo, che porge lo scapolare al beato Simone Stok; nell' altra è dipinto il purgatorio colle sue fornaci di fuoco. Tornato a Roma effigiò pel pontefice nel palazzo Quirinale la storia di Giuseppe riconosciuto dai fratelli, una cosa mirabile per la composizione, pel disegno e pel colorito, e che dal Passeri è tenuta fra le migliori opere di lui, anzi quella in cui, per così dire, il Mola superò sè stesso. A Valmontone intraprese alcun lavoro pel principe Panfili, e già l'aveva bene incominciato nel suo solito buono stile, allorchè gli venne la tentazione di pattuire del prezzo prima di finirlo, e chiedendo al principe migliaia di scudi, si appiccò, dopo varie contese, tra ambedue una lite presso a' tribunali di Roma, che durò qualche anno. Il Mola che era deluso dagli ufficiali della Corte di palazzo, i quali gli carpivano di tanto in tanto qualche quadretto, non faceva mai segno di accordo, e il principe pieno di mal talento gittò a basso tutte le pitture, nè la lite si decise. Dolse a molti, che tra le pitture non si fosse risparmiato un Ganimede rapito da Giove con accompagnamento di un paese amenissimo, e di pastorelli che sgominati correvano ad immacchiarsi.

L'accademia romana di S. Luca lo scelse a suo principe, e la regina di Svezia Cristina ed il pontefice Alessandro settimo lo onorarono con particolari dimostrazioni di affetto; anzi la prima se per istrada in lui si avveniva, voleva che nel suo cocchio salisse. Il re di Francia Luigi decimoquarto lo invitò alla sua corte, e mentre si apparecchiava obbedire, dipinta che avesse pel pontefice la natività della Vergine, cadde all'improvviso infermo, e morì nell'età tuttavia robusta di 45 anni nel 1666 (31). Era già cagionevole di salute, di maniera che non potendo per sè stesso servire a tutti che gli commettevano opere, emendava con poche pennellate i quadri de' suoi discepoli e li vendeva per originali. Il qual vezzo tolse pregio a molte sue fatiche. Il Passeri narra che mancò ai vivi, consunto da morbo etico ipocondriaco, forse anco da contagione sifilitica, e soggiunge: « fu il Mola di amabile presenza; spiritoso, ameno, di buona conversazione e disinvolto nel tratto, buon amico, servizievole e parziale delle donne, quanto ogni altro uomo; e però non volle mai l'imbarazzo di moglie, ma si mantenne sempre in libertà, lasciando tutto il suo poco avere alle sorelle e ad un suo cognato orefice ».

Condiscepolo di Pierfrancesco alla scuola dell'Albano è un altro Mola per nome Giambatista, che da alcuni è detto di nazione francese, e che dal Giovio si stima fratello o cugino dell'altro. La congettura ha faccia di vero, se si risguarda alla somiglianza del cognome, agli studj comuni ed all'amicizia che fu tra ambedue; perocchè ci riferisce il Boschini, che in Venezia copiarono unitamente pel cardinale Bichi un grandioso lavoro di Paolo, che si giudica la Cena che era in S. Giorgio maggiore. D'altra parte troviamo essere Giambatista stato in Parigi alla scuola di Simone Vovet. Ma l'essere forse passato egli in Francia nei primi anni, non potrebbe avere originata la credenza presso di alcuni, che sia francese? Sotto la direzione dell'Albano acquistò molta pratica nel dipingere paesi e scene, il qual genere di pittura specialmente seguitò, e si giunse a pronunciare che col tocco del suo pennello imitasse il verde delle frondi, il cilestro del cielo, il cristallino dei ruscelli e il colore vario dei fiori; e qualcuno, quantunque usi di minore morbidezza, lo antepose al maestro, cui talvolta fu di aiuto. Quattro bellissimi paesi, che sono nel palazzo del duca Salviati a Roma, e che egli colorì, si attribuiscono comunemente all'Albano. A Firenze nella quadreria dei marchesi Rinuccini è di lui un riposo in Egitto. Morì d'anni 45 nel 1661.

Ai tempi dei due Mola viveva Angiolo Michele Colonna di Rovenna. Il maestro che gl'insegnava grammatica, vedendo quanto bene copiasse certe piccole figurine che ornavano un libro di scuola, consigliò il padre che lo ponesse all'arte del disegno. Accondiscese in sulle prime, e quantunque il figlio nel ritrarre una piccola madonna del Luini desse miglior saggio di sè; lo tolse di repente alla professione, e per vieppiù distornarlo, lo condusse a Bologna, dove lo affidò a un suo fratello, zio di Angiolo Michele, raccomandandosi che non lo lasciasse dimesticarsi colle tempere e coi colori; ma lo zio che era uomo più ragionevole, lo pose alla scuola di Gabriello Ferrantini, grazioso frescante. Se ne dolse acremente il padre, onde il figlio per non più sentirsi rumore in capo, si tirò a fare da solo in casa di un suo amico, e quivi per vivere dipinse d' ogni cosa e ad ogni prezzo. In uno stemma, in cui entravano aquile, grifi e leoni si servì dei colori con tanto spirito, che veduti dal rinomato pittore di architetture Girolamo Curti, detto il Dentone, gli nacque desío di conoscere il giovinetto pittore che aveva attinto appena il sedicesimo anno di età, e conosciutolo gli piacque, e lo volle nella sua casa e al suo servizio. Non soddisfece la cortesía a certi disegnatori di figure, de' quali si valeva il Dentone; e s' ingegnarono a tutta posta di seminare discordia, ma sventate le trame, si strinse sempre più l'amicizia tra il Colonna e il Curti, e non venne rotta che da morte. Sotto così valente professore si fondò il primo nella prospettiva, migliorò il gusto, e col tempo conseguì lode di uno de' migliori frescanti di Bologna. Vivacità nelle figure, eccellenza nelle illusioni del rilievo furono i suoi pregi più principali. Il Dentone tanto se ne onorò, che nei dipinti di architettura adoperollo sempre per figurista, e alla morte lo lasciò erede de' suoi cartoni.

Per questa morte si associò il Colonna ad Agostino Mitelli, altro grande pittore di architetture, e insieme faticò molto in varie città d'Italia. Ottimi artisti ambedue, operarono miracoli, l'uno colla bellezza delle figure d'uomini e d'animali, l'altro con la magia del rilievo. In Roma dipinsero pel cardinale Spada, e in certo qual modo gli accrebbero le dimensioni di una sala con isfondi, colonnati e scalinate su cui vanno e vengono figure in bizzarri vestiti, quantunque intorno quest'opera il conte Malvasía avesse inteso più volte i due eccellenti artisti, dei quali scrisse la vita, asserire, che « ne vorriano essere stati digiuni, occorsivi tali errori in ragione di buona architettura e prospettiva, che non si possono patire o scusare, se non da chi sappia avere a loro dispetto, così voluto il padrone ».

Il re di Spagna Filippo quarto li chiamò a Madrid, e li trattenne con generosa provvisione; 400 scudi pel viaggio, 150 alla loro arrivata, un grosso stipendio al mese, e lire dodicimila in dono. Il Colonna vi fece la celebratissima pittura di Pandora, e dopo un anno morto il suo caro Mitelli, finì solo gl'intrapresi lavori, tra' quali un'Assunta che orna la cupola della chiesa dei padri della Mercede, quindi impetrò licenza di rivedere Italia. I padri della Mercede, perchè il Colonna acconsentisse a dipingere nella loro chiesa, avevano interposta l'autorità del re, il quale aveva scritto sotto la supplica: *gli uomini eccellenti non si debbono costringere, ma pregare*. Egregia risposta, e la più bella che diede Filippo in vita sua. Del resto non aveva potuto il Colonna negare tal grazia al ministro del re, il marchese Serra genovese.

Molte furono le opere che eseguì in Bologna dopo il suo ritorno, e alla corte di Versaglia verso il 1671, dove si recò ubbidiente alla chiamata del signor di Lione che aveva conosciuto in Ispagna. Ridottosi di bel nuovo a Bologna, vi divenne caposcuola, e visse una vita onoratissima. Vecchio ritoccava certe pitture guaste dal tempo, allorchè sopraggiunse Giuseppe Crespi detto lo *spagnuolo*, che non lo conoscendo, diedegli di una riga sulle mani, perchè desistesse dal ritocco. *Batti Angelo Michele Colonna?* gli gridò; e l'altro rimase della propria insolenza vergognato. Questo racconto, benchè riferito dal canonico Crespi figlio dello spagnuolo, ci pare almeno esagerato, chè il Colonna doveva essere persona notissima non solo a' Bolognesi, ma più al Crespi che professava la stessa arte. Morì d'anni 87 nel marzo 1687, e fu sepolto nella chiesa di S. Bartolomeo. Non rimase di lui, ci dice il Baldinucci (che però erra a farlo di patria bolognese) che un figliuolo del suo figlio defunto, il quale a' suoi tempi, vivendo, splendidamente godeva le sostanze dell' avo.

I principali lavori di Angiolo Michele sono in Bologna. La caduta dei giganti che vi dipinse in casa Rizzardi con somma intelligenza dell' ignudo, fu da un Guido Reni molto celebrata. Il Lanzi non dubita di scrivere, che « lasciò morendo innumerabili professori di un'arte (i dipinti di architetture e prospettive) che i suoi due colleghi (il Dentone e il Mitelli) ed egli insieme con loro avevano poco meno che messa al mondo ». L'Algarotti soggiunge: « il Dentone, il Mitelli e il Colonna sono i tre lumi senza dubbio della quadratura bolognese ». Non è a nostra notizia se abbia lavorato tra noi; ben è vero che quando era già buon frescante venne a Rovenna a visitare la madre.

Al Colonna aggiungiamo Giovanni Seródini e Antonio Sacchi. Il Seródini da Ascona sua patria si recò a Roma, dove elesse d'imitare lo stile del Caravaggio, che è formato da tinte oscure ma risentite, da lumi ristretti e sempre cadenti dall'alto, e della copia esatta dalla natura, tale quale essa si offre. A S. Lorenzo di Roma fuori delle mura si vede un suo S. Giovanni dicollato, che il Ticozzi sospetta essere l'unica opera certa che si conosca di lui, ignorando che nella chiesa di Ascona sono tre grandi quadri da lui dipinti nell'età di 23 anni. Nato nel 1595, morì di veleno nel 1633, che giusta la tradizione degli Asconesi, mischiarongli i suoi rivali. « Il Seródini, così scrive il Baglioni suo biografo, avrebbe fatto assai, ma era uno di quelli, che dispregiavano i buoni ordini dell'arte; e questi ingegni restano da loro stessi ingannati e nell'ignoranza; e quando vogliono condurre una istoria, non ne sanno uscire, e non vi si ritrova nè principio nè fine... Ma forse si sarebbe ravveduto, se infino all'età perfetta fosse vivuto... Intagliò anche in marmo con grandissima diligenza varie cose ». Antonio Sacchi nacque in Como verso il 1650, ed imparata in Roma la pittura, non sappiamo sotto quale maestro, rimpatriò e dipinse la vôlta delle due cappelle che mettono in mezzo l'altar maggiore della chiesa di S. Fedele; ma avendo, forse come poco pratico delle regole di prospettiva, tolto da troppo alto il punto riuscirono gigantesche le figure. Vuolsi che alle beffe dei riguardanti sentisse sì grave cordoglio, che ne morisse di dolore nel 1694.

Insieme con coloro, che in Genova contribuirono col Paggi a rinvigorire la pittura, si annoverano i nostri Carloni. Capo di questi artefici è Taddeo Carloni, che fu a un tempo pittore, scultore e architetto. Nato a Rovio si recò a compire gli studj in Roma, e in fine fermò sua stanza in Genova. D'indole gioviale, amante delle belle arti avrebbe desiderato che tutti, come lui, le coltivassero, e però ingegnossi di appianarne altrui il cammino, e raccolse presso di sè numerosa gioventù, che, senza far segreto dell'arte, ammaestrò vivendo in una medesima scuola. Non sentì cupidigia di danaro, e quanto ne ebbe, spese in pro de' figli Giovanni e Giambatista, ai quali fu vivo esempio di virtù, e se salirono a tanta altezza nell' arte, si deve in molta parte a lui. Si cita un suo detto famigliare, *essere* cioè *pei figli vera paterna eredità il sapere.* Molte opere massime di scultura lasciò in Genova, dove morì nel 1613, e fu sepolto con onorata iscrizione in S. Francesco del Castelletto. Uscirono dalla sua scuola i luganesi Domenico Scorticoni, Francesco e Antonio Scolari e un Casella.

Giovanni e Giambatista nacquero a Taddeo mentre dimorava in Genova. Testimonio del loro valore pittorico è la Nunziata del Gustato, dove istoriarono tutte e tre le navi. « Non è facile, scrive il Lanzi, trovare opera ugualmente vasta, eseguita con tanto amore e diligenza; composizioni sì copiose e nuove, teste sì varie e animate; figure di contorni sì ben decisi e bene staccati da' loro campi; colori sì vaghi, lucidi, freschi ancora dopo tanti anni... La nitidezza con cui splendono que' colori, trasporta il pensiero or alle pitture in vetro, or a quelle che si eseguiscono a smalto; nè parmi aver veduta in altri pittori d'Italia arte di colorir sì nuova, sì vaga, sì lusinghiera ». Giambatista lasciò due figli Gianandrea o Andrea e Nicolò, bravi artisti, e più il primo, cui il Ratti numerò tra' Genovesi più illustri (32).

A tanti professori del disegno, che soli basterebbero ad illustrare qualunque città, noi ne abbiamo ancora molti da aggiungere. Giambatista Colombo di Arogno ebbe nome tanto nelle pitture a fresco che a olio. Luca Antonio figlio di lui fu caro al principe Eugenio, operò molto in Germania, e tornato in patria, portò seco il guadagno di dugento cinquantamila fiorini: non invidiabile fortuna, se la gloria non era pari. Cugino di quest'ultimo fu Innocenzo Colombo che oltremonti si segnalò nelle rappresentazioni di architetture, e che in Italia stette due anni alla corte del re di Sardegna. Arogno diede pur i natali a Stefano Consiglio che lasciò fama di buon pittore.

Bormio è patria di Abondio Canclino vissuto verso il 1600, e che lassù nella chiesa del Crocifisso *in Combo* dipinse a fresco con molta intelligenza i quattro evangelisti, che taluno credette non fossero lavoro di lui, perchè vi domina la maniera dei cinquecentisti. Contemporaneo e suo rivale è un Carlo Marni, pure di Bormio, il quale per figurare al vivo una battaglia s'invasò prima di bellico furore precipitandosi su di un ronzino colla sciabola alla mano in un orto, e quivi rotandola a cerchio sopra gli erbaggi e le ténere pianticelle che si finse fossero uomini. Sono sua fattura l'Assunta nella parrocchiale di Brusio, il S. Antonio Abate in Ponte, la deposizione della croce sulla palla dell'altar maggiore nella chiesa di S. Sebastiano di Bormio, e nella chiesa di S. Martino Seravalle un' immagine di N. D. Nel 1681 nacque a Carona il cav. Giuseppe Petrini, che quanto al colorito, volendo far meglio del suo maestro Bernardo Strozzi, trascorse più oltre, e le sue tinte tirano al verdastro.

Frate Emanuele da Como min. rif. di S. Francesco, avendo nella sua età fanciullesca osservati pittori che lavoravano nel duomo, s'invaghì dell'arte, e prese da sè a farvi qualche studio. Andato a Messina, corresse lo stile sotto la direzione di Agostino Silla, e colorì qualche buon quadro nelle chiese del suo ordine. « In Como sono due sue pitture presso i riformati, dice il Lanzi che le potè vedere; in refettorio una cattiva cena sul fare della scuola milanese cadente; in chiesa una pietà con varj santi di buono stile; tanto può l'esercizio e la riflessione e il buon indirizzo anche in età matura ». L'Orlandi gli dà lode, perchè quel poco che seppe, lo imparò senza maestro, ma non è a simile condizione, osserva il Ticozzi, che si dee dar lode o biasimo. Visse fino al 1701.

A Sondrio nel 1686 nacque Pietro Ligario, che in Roma studiò pittura sotto Lazzaro Baldi da Pistoia, e che poi in Venezia si erudì nella maniera tizianesca del colorito. In Ardenno avvi di lui un Cristo moribondo, che si reputa di qualche pregio. Un Girolamo Caprera di Torno si segnalò nei ritratti, che, secondo l'asserzione del Borsieri, pareva non solo avessero i contorni, ma anco lo spirito degli originali; e il cardinale Federico Borromeo si servì di lui a copiare le opere di Luini e di Leonardo; e conosciamo qualche sua madonna che tolse al Luini ed è bellissima (33). Nel 1700 visse un Maderno, che sul gusto dei Bassani figurò vasellame di cucina, generazioni varie di quadrupedi e di volatili, canestri di fiori e frutta, e che avrebbe tocca più gloriosa meta se più da vicino seguíta avesse la natura, quantunque ci affermi il Ticozzi, che senza sapere che imitava i Bassani, li uguagliò. Fece un allievo in Marco de' Crespini, che come fiorista lo ha superato, e il Crespini insegnò l'arte a un Romanatti figlio di un fabbro ferraio, che fu diligente nel ritrarre fiori e frutta. Carlo Cartosio loro contemporaneo, ebbe ingegno pronto, e molto si commendano per forza d'immaginazione certe sue bizzarrie, come l'abolizione del monistero di monache, le quali figurò in tanto e sì vario gavazzamento, perchè potevano alla fine dire addio alla loro prigione, che oltre al mettere nell'animo dei riguardanti una singolar gioia, mostrò quanto fosse egli fedele nell'effigiare il vero. Tenghiamo che avrebbe ottenuto maggior nome, se usato avesse di colorito più vivo e meno uniforme.

Varie parti d'Europa accolsero pittori nostri. Davide Fossati di Morcò appreso il disegno in Venezia dal Mariotti vide la Germania e l'Ungheria; a Vienna e a Presburgo eseguì pitture a fresco e d'intaglio, ed a Venezia ritrasse la vôlta del palazzo del Consiglio dei dieci, opera di Paolo veronese. Nei paesi Bassi si recò Gianantonio Caldelli di Brissago, e vi salì in riputazione non solo di abile pittore, ma anco di valente architetto. In Germania faticarono con lode Domenico Pozzi di Castello, Rusca Francesco di Lugano, eccellente nel fare ritratti e che dal re di Prussia fu creato marchese, Suà o Soave di Sagno che in Vienna si segnalò come pittore di architetture, e Carlo Biucchi franco e veloce nelle sue pennellate, che credesi morto di veleno in Pavia.

Bartolomeo Rusca di Rovio, cui si attribuisce molta grazia nella distribuzione dei colori, piacque alla regina Elisabetta Farnese che lo fece scegliere a pittore della corte di Spagna, dove morì nel 1745. Uno Scotti di Laino stette per anni sedici a Stuttgarda al servizio di quel duca, e nel 1784, gito a Pietroburgo e chiesto dall'imperatrice quale stipendio all'anno gli basterebbe, rispose: *ottocento zecchini;* e gli furono assegnati. Argomento che i buoni ingegni non solo portano seco le ricchezze come Simonide, ma rendono tributarj gli stessi potenti del secolo. Buon pennello ed allievo del Tiepolo, che dal conte Archinti era stato chiamato da Venezia a Milano, fu Felice Orelli di Locarno, che vi nacque nel 1700. Ignazio Valaperta e un Betoldi da Como conseguirono nome di abilissimi miniatori.

Dalla scuola di Giulio Quaglia uscì Carlo Carloni di Scaria. A Venezia strinse amicizia col Tiepolo, e per quattro anni studiò assiduamente il disegno, recossi a Roma e vi fu ammesso all'accademia francese. Cominciò oltremonti tra' Tedeschi la sua carriera pittorica, e tornato in Italia non tolse fede alla famà che di lui si era sparsa, e venne adoperato a gara in varie città, tutti applaudendo alla diligenza e magia del suo colorito. Grave di anni volle lasciare un pegno del suo amore alla terra natale, e vi ornò di bellissimi freschi la chiesa parrocchiale. Nè si deve passare sotto silenzio la morte di S. Giuseppe, opera parimenti a fresco, che dipinse in una cappelluccia vicino a Scaria, e fu da lui con tanta cura lavorata e con tanti avvertimenti, che l'acqua che vi è piovuta pel soffio dei venti per più di un mezzo secolo, non ha potuto impedire che i tocchi del pennello non serbino tutta la bontà loro. Aveva egli per un trastullo l'affaticarsi puramente sopra la calcina viva, che offende talvolta i giovani più vigorosi, se stanno di continuo a tale esercizio. In Como lavorò nelle chiese e nei palagi de' cittadini con dipinture di fregi, medaglie e storie sacre, nelle quali non meno che nelle profane era ammaestrato. Ebbe in oltre facile vena in poesia, toccò egregiamente l'arciliuto, le quali cose oltrechè gli erano di grande ornamento nella vita, lo resero caro ed amabile non meno che l'arte della pittura si facesse. Morì d'anni 89 nel 1775. Un Giambatista Rodriguez da Como studiò la sua maniera, ed ottenne lode non volgare.

Giambatista Ronchelli di Cabiaglio dedicato dai parenti alla mercatura, si trovava nella città d'Aquila nel regno di Napoli, allorchè gli nacque desío di essere pittore, e senza intermissione di tempo venuto a Roma, studiò il disegno sotto Andrea Mancini, quindi in patria sotto il cav. Pietro Magatti di Varese (34). L'austerità dei costumi lo ritenne dal colorire con bell'aria le teste delle donne, la quale stravaganza nocque assai a' suoi lavori, avvegnachè nel volto e corpo femminile è dove spicca maggior leggiadría, congiunta a maggiore bellezza.

Andrea Aglio di Arzo, andato in Germania, scarpellava marmi nella città di Dresda, quando udì raccontare che il principe napoletano di S. Severo aveva fatto rivivere il segreto d'imbevere di colori il marmo, e fors' anco esprimervi qualche pittura, e una voce fu quella che lo spinse a gittare la mazzuola e prendere la tavolozza, perocchè sperava di recare a perfezione l'artifizio usato dal principe. Lo migliorò veramente e conseguì che i colori fossero in sè tegnenti e non si spargessero l'uno sull'altro, e ritrasse alcuni buoni quadri; ma nel più bello di sue speranze fu nell'età di 50 anni rapito ai vivi nel 1786 da malattia, che aveva contratta esponendosi per le sperienze alle vampe di ardentissimo fuoco. Nella meccanica diè saggio d'ingegno creatore per la costruzione di un ordigno di cinque seghe a tagliare il marmo (35).

Se i pittori dei quali ragionammo sono molti, non è nemmeno scarso il numero dei professori di scultura, e dobbiamo senza dubbio essere unicamente grati al cav. Leopoldo Cicognara che di due antichi concittadini Guido da Como e Giacomo Porrata tenne discorso nell'opera che scrisse della scultura, e tra' primi li annoverò che quest'arte fecero rifiorire in Italia.

Guido da Como è tra gl'imitatori di Nicola Pisani. In Pistoia nel 1250 scolpì un pergamo nella chiesa di S. Bartolomeo, e vi lasciò la seguente iscrizione:

Sculptor laudatus qui doctus in arte probatus
Guidus de Como quem cunctis carmine promo
A. D. MCCL.
Est operi sanus superstas Turrisianus.

Il Cicognara vi aggiunge questa lode: « Il merito singolare di questa scuola (del Pisani), si fu singolarmente il cominciare a intendere il bello della natura, associandovi quelle bellezze che derivano dallo studio degli antichi monumenti, che è quanto dire imparando a scegliere il bello della natura e a conoscere la bellezza ideale. Questo fu un passo grandissimo per iscuotere gl'ingegni italiani dallo studio di una fredda e cattiva imitazione dei pessimi modelli ».

Giacomo Porrata da Como scolpì nel 1274 i profeti, che ornano la porta maggiore della cattedrale di Cremona, e l'architrave di essa, che è tutto messo a bassorilievi. Vi si legge la seguente iscrizione:

MCCLXXIIII.
Magister Iacobus Porrata de Cumis
fecit hanc portam.

Pensa il Cicognara, che non solamente questi lavori siano di sua mano, ma più altre sculture di quella età, che s'incontrano in Cremona (36).

Un bel monumento possediamo nel nostro duomo, ed è il deposito marmoreo del vescovo Bonifazio morto nel 1352. Sul coperchio dell'arca è figurato a giacere il vescovo con mitra in testa e con gli abiti pontificali in dosso, un guancialetto gli regge il capo, in un altro ferma i piedi, e tiene le mani composte in croce sul petto. L'iscrizione che vi è, ricorda di qual condizione fosse il vescovo. Le altre figure formano tre partimenti di rilievo, che si vedono nella parte, che è sul davanti dell' arca. Nel primo è Bonifazio che insegna. Il vestito e l' acconciatura della testa ci palesano che Bonifazio prima di essere vescovo apparteneva a qualche ordine religioso, e in quello leggeva a' novizj. Nel secondo partimento appare Bonifazio in abito da vescovo con mitra e pastorale, e sta esorcizzando; nell' ultimo è N. D. col bambino, e due angioletti che dietro lei tengono disteso un ricco drappo. Ci è ignoto il nome dello scultore.

Contemporaneo di costui è Bonino da Campione, che fece il sepolcro a Cansignorio di Verona morto nell'anno 1375. « Il tutto, dice il marchese Maffei, è così operosamente ornato e con tanta spesa lavorato, che di maniera gotica, come suol chiamarsi, difficilmente si troverà cosa più nobile e più bella (37) ». Verso il 1450 Lorenzo de Frixi da Como in compagnia di Meo di Checco, scolpì tutte le travate degli ordini nella fabbrica del duomo di Ferrara (38). Tra' migliori scalpelli, per giudizio del Cicognara, si deve tenere Andrea Fusina di Campione, che faticò molto per la Certosa di Pavia, e che in Milano fece il nobile monumento, che è posto a Daniele Birago nella chiesa della Passione. Nello zoccolo si legge: ANDREAE FUSINE OPUS MCCCCLXXXXV. « Le proporzioni generali, la grazia degli ornamenti, le parti prese ad una ad una, le modanature tutte sono della maggiore eleganza che mai, e desunte dalle purissime fonti della maestra antichità ». Così il Cicognara. Professò il Fusina anche l'architettura, e nell'anno 1503 fu consultato per la fabbrica del duomo di Milano, e nel 19 febbraio vi fu creato architetto (39). Morì nel dicembre 1525. Un altro Andrea Fusina visse in Roma ai tempi di Clemente undecimo, e si pregiarono le sue statue ed i ritratti in marmo. Nel 1497 il cardinale Caraffa a Tomaso Malvito comasco allogò molti lavori nella cappella di S. Gennaro di Napoli. Le statue della Vergine col bambino, degli apostoli Pietro e Paolo e dei sette protettori di Napoli si lodano per leggiadría di forme, morbidezza di contorni ed espressione degli affetti vivissima.

Riputazione di buoni artisti acquistarono Giovanni Gaspare e Cristoforo Pedoni di Lugano. Giovanni Gaspare fece i bellissimi e bizzarri capitelli della casa Raimondi, ora dei conti Crotti in Cremona. Vi si legge: *Jo. Gaspar de Lugano* 1499. « Questo famoso ornatista, dice il Cicognara, trattando il marmo come una cera molle, non cedeva ad alcuno di quei tanti, che contemporaneamente lavoravano in Venezia, in Firenze, in Milano, in Bologna, in Ferrara.... Vedesi anco di mano sua un ricchissimo cammino che era nella casa Raimondi, e fu trasportato nel palazzo pubblico; opera del più fino lavoro (40) ». Cristoforo, che dal Cicognara si stima probabilmente figlio di lui, lasciò varie opere a Brescia ed a Cremona.

I Bregni di Osteno nella valle Intelvi eseguirono molti lavori in Venezia, dove pare avessero scelta la loro dimora. Antonio Bregno verso il 1485 architettò la facciata interna del palazzo ducale, e la bellissima scala dei giganti. Valente non meno nelle opere di scalpello, fece dal 1471 al 1473 il magnifico monumento di Nicola Tron doge nella chiesa dei Frari. « Diciannove statue, scrive il Cicognara, un poco più grandi del vero dalla cima al fondo arricchiscono il mausoleo, senza contarvi i bassorilievi e gli ornati in gran copia... Moltissime però di queste statue sono condotte con bello stile specialmente nei panneggiamenti e nella mossa generale delle figure. Le pieghe vi sono finissime e gentili, come quelle di moltissime greche statue, le quali sembrano velate di vestimenti bagnati che si attacchino alle forme del nudo ». Discorre poscia di qualche difetto riguardo ad una maggiore finitezza, e soggiunge che « presa in totale questa mole non lascia di essere imponente ». Lorenzo Bregno, non si sa se fratello o figlio di Antonio, ma imitatore del suo stile, effigiò nel 1503 la statua di Benedetto Pesaro nella stessa chiesa dei Frari, ed altre statue nella chiesa di S. Maria *mater Domini* e de' santi Giovanni e Paolo. È Lorenzo uno scultore che non ha oltrepassata la mediocrità (41).

Scolaro del celebre Sansovino fu un Tomaso da Lugano, che nella libreria di S. Marco di

Venezia in concorrenza di altri scultori fece molte figure tenute assai belle. Una Vergine col bambino e un S. Giovanni Battista statue di lui, per la bellezza delle forme, per l'attitudine e per la maniera dal Vasari si giudicano degne di essere paragonate alle più ragionevoli statue che allora si avesse Venezia. Avrebbe finite in marmo altre figure, ma dilettandosi dei lavori di stucco, in questi consumò il tempo. Giambatista Turcone da Como attese in Pavia alla scultura verso il 1572, e fu pure uomo di lettere, perocchè mandò alle stampe una latina orazione per una vittoria dei Cristiani sui Turchi. Riputatissimo diventò in Roma Stefano Maderno luganese pe' suoi bassorilievi, dei quali venne alcuno gittato in bronzo. Il suo capo d'opera è la statua di S. Cecilia, intorno cui è bene ascoltare il giudizio del Cicognara. « Questa graziosa statua giacente rappresenta un corpo morto, come se allora fosse caduto mollemente sul terreno, colle estremità ben disposte e con tutta la decenza nell'affetto dei panneggiamenti, tenendo la testa rivolta all'ingiù e avviluppata in una benda, senza che inopportunamente si scorga l'irrigidire dei corpi freddi per morte.... Questa leggiadra statua può dirsi precisamente appartenere allo stile ingenuo della dolce imitazione del naturale ». Il falso gusto che dominava a' suoi tempi, e molto più la cupidigia del guadagno gli precisero il calle a maggior gloria. Un amico per benemerenza gli conferì un uffizio sopra le gabelle, ed egli depose la mazzuola e pensò a tesaurizzare. Morì d'anni 60 nel 1636.

Antonio Abondio, che dalla patria fu cognominato l'Ascona, ebbe fama di abile scultore, e il Lomazzo fa menzione di una Venere e di un Cupido che egli eseguì in Milano. Figli di Giuseppe Carloni e nipoti di Taddeo Carloni, cui si è dato luogo tra' pittori, sono un Bernardo ed un Tomaso, che in Vienna ed in Genova pervennero a grado onorato nella statuaria. Un Rezzi Martino di Lugano visse in Genova, e le statue da lui fatte ponno colle più belle venire in paragone, siccome è la Vergine che si custodisce nella chiesa di S. Brigida, e il simulacro di un signore genovese nello spedale. Nel 1657 la pestilenza uccise in Genova uno scultore concittadino, Giambatista Bianchi, che con una statua di Bacco si aveva acquistata fama di non volgare perizia.

Dobbiamo ora dire di uno scultore, che dee molta della sua celebrità a Filippo Baldinucci, che ne descrisse la vita, come da lui l'ebbe sentita raccontare. È questi Ercole Ferrata di Pelsotto in valle Intelvi. La debole complessione che sortì, fu in lui abbondevolmente compensata da mirabile prontezza di spirito e attitudine agli studj; ma il padre che disegnava averlo a sostegno della vecchiaia lo distolse dall'attendere ai primi rudimenti delle lettere, desideroso, benchè a danno dell'ingegno, di conservargli la sanità del corpo. Non ebbe lunga durata questo proposito, e dovette in fine piegarsi a più grave concessione, e acconsentire che il figlio, il quale dimostrava una naturale tendenza al disegno, si trasferisse a Genova per impararlo alla scuola di un Tomaso Orsolini statuario. Là condotto il figlio, si erudì nell'arte e nel far disegni e modelli, e presto passò a formare da sè piccole figure imitate dai lavori del maestro, le quali vendette a'mercanti, che le spacciarono oltremonti. Che nei lavori non si sviasse era diligentissimo operatore l'Orsolini, nel castigare le più leggiere mancanze piuttosto crudele che severo, ed alla cui scuola dimorò Ercole per sette anni, allorchè s'invogliò di veder Napoli, e senz'altro prese il viaggio a quella volta. A Napoli per lo spazio di un anno si occupò nell'intaglio di putti, di cherubini, di ornati e di somiglianti opere di decorazione, e riuscitovi non senza lode ricevette in assai numero le commissioni, e di sua mano uscirono statue di deità mitologiche per giardini e fontane, e statue di santi per ornar chiese. Uno scarpellino che aveva al suo servizio, s'innamorò delle lodi che udiva darsi a lui, e persuase fuori la gente, che egli, non il Ferrata, era lo scultore. La cosa allignò per qualche tempo, e se i furti all'ingegno fossero eguali ai furti in danaro, si può credere che non sarebbesi di leggieri scoperto l'inganno.

Coll'esercizio della scultura pratica si avvide il Ferrata, che molto gli mancava per arrivare alla perfezione e che era mestieri esaminasse i grandi modelli in fatto di belle arti, che formano il primo ornamento di Roma moderna. Venuto a Roma frequentò la compagnia del cav. Bernini che gli diede buoni precetti, e gli allogò vari lavori, tra' quali la medaglia nella chiesa di S. Francesca romana sotto l'altare. L'Algardi gli aprì parimenti la sua scuola, ed ebbe nel Ferrata un velocissimo esecutore de' suoi disegni. Da questo momento corresse la maniera, e notabilissima in lui fu soprattutto l'arte delle imitazioni, e ritraeva così bene di naturale le persone, che era una maraviglia. Del resto scarso nelle invenzioni operava volontieri su gli altrui modelli, e talvolta permise che gli scolari facessero sperimento di loro fantasia nelle invenzioni, perchè egli ne correggeva il difettoso e compiva come proprio il lavoro. Nel 1657 fu eletto accademico del disegno in Roma.

Il gran duca di Toscana Cosimo terzo trasportò verso questi tempi da Roma a Firenze le statue antiche dei due lottatori, dell' arotino e della Venere, e fu il Ferrata che assistè alla scassatura, e che le racconciò di alcuni pezzetti che loro mancavano. Il gran duca lo volle ad alloggiare in palazzo vecchio e gli affidò il rassettamento di altre statue e gruppi; ma impaziente il Ferrata di ritornare a Roma, chiese licenza e l'ebbe. Della quale risoluzione poscia si pentì, poichè il gran duca non lo volle più al suo servizio.

L'età grave non mai valse a distoglierlo dal faticoso maneggio dello scalpello, al che contribuiva la buona complessione che si aveva coll'esercizio formata, e forse più una non perdonabile avarizia che lo stimolava a sempre nuovi guadagni. Per sua disavventura nel 1685 diventarono scarsissime le commissioni, e ne prese doglia tale, che si ammalò e in quindici giorni finì d'anni 71 la vita. Fu sepolto con onorevole epitafio in S. Carlo al Corso. Lasciò al nipote un'eredità che fu stimata quindici mila scudi, riconobbe i famigliari, i discepoli e l'accademia di S. Luca, alla quale donò porzione dei modelli e gessi che aveva, al gran duca legò un modello di terra cotta di mano dell'Algardi. Nelle cose dell'arte era Ercole eloquentissimo; era pur facile all'ira, ma presto la frenava, ed amico dell'andare a caccia, passione che aveva seco portata dalla natia valle, dove la copia del selvaggiume invita a questo spasso. Certi uomini lo imbarcarono con esso loro nella seminagione di vasta campagna, e quando gli ebbero cavato molto danaro, lo lasciarono col danno e colle beffe. I valligiani d'Intelvi additano vicino a Pelsotto la chiesa di N. D. del Garello, come fabbrica innalzata dalla pietà del Ferrata.

Nell' anno che seguì alla morte del Ferrata cessò pur di vivere Antonio Raggi di Morcò, detto il *Lombardo*, che fu scolaro dell' Algardi e del Bernini. Le sue opere sono in Roma e gli fanno onore. Diventò molto ricco, *e più di quello che meritava*, scrive quella libera penna del Milizia. Ecci un altro Antonio Raggi di Vicomorcò, egregio scultore, che stette sempre in Roma, dove fu aggregato all' accademia di belle arti. Morì nel 1718. Contemporaneo a costoro è Giampietro Lironi di Vacallo, che fu diligente in lavori di legno, di marmo e di gesso. Due altri Lironi cioè Pietro e Giuseppe, si segnalarono, il primo in Como, in Roma il secondo, dove fece per comando di Benedetto decimoquarto, la bella statua della Vergine, che adorna la facciata di S. Maria maggiore.

La nostra patria non ha fonditori di bronzo, che siano degni di speciale menzione. Leone Leoni e Andrea Ricci, eccellentissimi in quest' arte, non appartengono a Como, ma il primo è da Arezzo (42) e il secondo da Padova (43). Ricorderemo però i fratelli Innocenzo e Francesco Guicciardi di Ponte che lavorarono un elegante tabernacolo di ottone con istatuette di bronzo, il quale si vede nella chiesa della loro patria, e vi si legge: *opus M. Innocentii et Francisci Fratr. de Guizardis de Ponte expensis Comunitatis ac solertia Io. Mariae Brugnii de Quadrio ecclesiae Curati erectum an.* 1578.

È pure scarso il numero degl'incisori. Lodovico Quadrio di Balerna benchè attendesse in Bologna all'architettura sotto i Bibiena, professò con lode l'incisione in rame. Riuscirono valenti Giacomo e Michelangelo Mercoli di Mugena, padre e figlio; Giorgio Fossati e qualche altro. Nei lavori di bronzo e d'incisione non abbiamo, chi possa pareggiarsi agli architetti Fontana e Borromini, ai pittori Mola e Colonna e agli scultori Fusina e Ferrata. Del resto ora ci gode l'animo di poter fermare la nostra attenzione sopra giovani di belle speranze in tutte le parti del disegno; e la nostra ammirazione raccogliere intorno a tale, che segue da presso il divino Canova.

NOTE AL LIBRO NONO.

(1) Il cav. Leopoldo Cicognara in più luoghi della classica storia della scultura fa onorata menzione degli artisti comaschi, in ispecie ticinesi. *In Italia* (egli dice parlando de' Tedeschi che introdussero lo stile gotico), *lungamente si è dato il nome di tedeschi agli abitanti sul confine delle Alpi nell' Italia superiore* (Tom. I. Lib. 3. cap. 2. p. 346. Venezia 1813-1818). E altrove più chiaramente: *Ma quanto poi all' arte di edificare egli è certissimo che assai noti furono in tutta l' Italia i Lombardi e i Luganesi in ispecie; e basta lo scorrere i libri di fabbrica ne' vecchi archivj per riscontrarvi ad ogni momento nomi di capi mastri e di tagliapietre venuti da Lugano o da molti circonvicini paesi di Lombardia, e fino dal decimoquarto e dal decimoquinto secolo già riconosciuti i più abili in quelli esercizj* (ivi p. 237. N. 1. Cf. p. 371 e 346). Si compiace anco di pareggiare i Luganesi ai Fiesolani di Toscana. *I Fiesolani in Toscana sono appunto*, scrive egli, *come quei di Lugano in Lombardia, e trovasi che da lunghissima età furono molto distinti nelle opere di scarpello, maneggiando il marmo, come se fosse una cera molle* (Tom. II. pag. 41). Nel decimoquinto secolo moltissimi artisti col nome di Lombardi, secondo testimonia lo stesso Cicognara, lavoravano per l' Italia. Sarebbero forse i nuovi maestri *comacini?*

(2) Vedi Storia e descrizione del duomo di Milano per Gaetano Franchetti. Milano, 1821. In quest' opera è pur menzione (p. 16) di un Nicolao *de Burmto* fabbro ferraio, che verso l' anno 1483 lavorò nello stesso tempio.

(3) Vite de' più eccellenti pittori ecc. Tom. IV. p. 267 ediz. mil. dei Classici. Nello stesso tomo a carte 235 si racconta che il Brunelleschi per voltare la sua maravigliosa cupola si servì in certa occasione di dieci muratori lombardi, che si trovavano a Firenze.

(4) L' Oldelli fece scolaro di Giacomo Sansovino il nostro Tomaso Rodari o Rodario, e non avvertì che il Sansovino nacque nel 1479, e che è assurdo il dire che il Rodari frequentasse la scuola di lui. Probabilmente lo confuse con Tomaso da Lugano, che veramente fu scolaro del Sansovino (Vasari Tom. XIII p. 448); ma come non si accorse dell' inganno avendo già a pag. 102 trascritta dal Giovio la vita di questo Tomaso luganese? Il Quadrio senza prove ci afferma che i due Rodari sono di Maroggia, casale nelle

parti di Ardenno. È uno dei soliti sogni di questo scrittore. A Maroggia sul lago di Lugano esiste tuttavia una famiglia detta dei Rodari.

(5) Negli ultimi fogli di stampa si legge questo titolo: *L'opera di Vitruvio... historiata e comentata a le spese e istantia del magnifico D. Agostino Gallo citadino comasco e regio referendario in epsa citate e del nobile D. Aluisio da Pirovano patricio milanese... e impressa nell'amena e delectevole citate de Como per magistro Gotardo da Ponte citadino milanese nell'anno del nostro Signore Gesù Cristo MDXXI. XV mensis Iulii regnante il cristianissimo re di Fransa Francisco duca de Milano...* Alla pag. 20 si ricorda un grande lavoro d'idraulica, cioè il diseccamento delle paludi Pontine, che sul cadere del decimoquinto secolo, o sul principiare del decimosesto fu condotto a fine da un concittadino. Ecco le proprie parole: *Queste pontine palude*, dice il Cesareano, *per uno frate di Como nostra etate sono sta' purgate et evacuate, cosa che mai i Romani il poteno fare.* È a deplorarsi, che d'impresa tanto stupenda ci sia pervenuta fama così oscura; possiamo del resto gloriarci, che innanzi fiorisse la scuola di Galileo, un comasco si segnalava nella difficilissima scienza delle acque.

(6) Lettere pittoriche Vol. V. pag. 100. ediz. mil. pel Silvestri 1822.

Il Tiraboschi (Storia della lett. Tom. VII. part. 2. lib. 2) attribuisce tal lettera a Pietro Lauro modanese, il cui epistolario fu stampato in Venezia nel 1553.

Non so se sia indicato il Giovio, il Ruscone o qualche altro concittadino tra' commentatori di Vitruvio in queste parole del Lomazzi: *Sono diversi i commentatori di Vitruvio, come Cesare Cesareani, il Comasco e il patriarca di Aquileia, di cui vien in luce la prospettiva* (Idea del tempio della pittura ecc. Milano per G. B. Pontio 1591 p. 18).

(7) Ha questo titolo: «Il tempio vaticano e sua origine con gli edifizj più cospicui antichi e moderni fatti dentro e fuori di esso, descritto dal cav. Carlo Fontana ecc. Roma 1694». Il Fontana ne mandò un esemplare in dono ai decurioni di Como e scrisse sul frontespizio: *io sottoscritto dico, che detto mio libro si ponga nella città di Como negli archivj.* Si conserva tuttavia nella biblioteca comunale. Regalò a noi altre opere; e i decurioni ringraziaronlo pubblicamente. A' nostri tempi un altro concittadino il ch. economista Giuseppe Velzi, o come egli si chiama de-Welz, stampata in Napoli l'opera *su la magia del credito pubblico*, dove dimostra

come nasca e si mantenga la potenza delle civili nazioni, si promova il commercio e si possa da uno stato di estrema miseria pervenire a somma ricchezza; ne spedì parimenti una copia in dono alla patria biblioteca. Egli continua co' suoi studj ad onorare sè e la sua Como, ed abbiamo adesso con piacere udito che il regno napoletano dee in parte alle sue cure la costruzione di buone strade, utilissime al commercio.

(8) Nel frontespizio dell'opera l'autore si professa nativo di Pontetresa, ma nella pagina che segue, nota sopra il suo ritratto queste parole: *Augustinus de Ramellis de Mesanzana aetatis suae an. LVII.* Sappiamo che Mesanzana è nella valle Travaglia, diocesi milanese; e perciò egli sarebbe milanese e non comasco. Il Tiraboschi in fatto lo annovera tra gli architetti milanesi. Forse Mesanzana era il sito di origine de' suoi antenati. Trovo nella biografia universale che Ramelli aveva composto un Trattato di fortificazioni, *di cui il MS. gli fu rubato, e che divisava di rifare; ma che ne fu impedito da immatura morte avvenuta verso il* 1590 (Tom. XLVII. Venezia 1828).

(9) Sul sepolcro è questa iscrizione, che io pubblico come mi fu mandata.

SIMONI · CANTONI
ARCHITECTO
EX · REP · TICIN · DOMO · MENDRISIO
VIRTVTE · ANTIQVA
PERITIAQVE · IN · ARTE · SINGVLARI · PRAEDITO
OB · QVAM
TVM · ALIO · QVVM . MEDIOLANVM
AEDES · SERBELLONIAS . CONSTRVCTVM
ET · AB · REIP · LIGVR · SENATV
AVLAM · A · CONSILIIS · ERECTVM
GENVAM · ACCITVS
QVI · VIXIT · AN · LXXIX
HIC · DECESSIT
V · NON · MART · ANN · MDCCCXVIII
VBI · ECCLESIAM · ET . COEMETERIVM · ISTVD
INSCIVS · ET · SIBI · CONDITVRVM · EXTRVXIT
ALOISIA · SERBELLONI · BVSCA
VIRO · BENEMERENTI
POSVIT.

Nella villa Crivelli ad Albese è un busto al Cantoni, sotto cui si legge questa memoria:

SIMONI · CANTONI . ARCHITECTO · INCOMPARABILI
AMICO · DVLCISSIMO · HERMAM
ANTONIVS · CRIVELLI · VISCONTI
FRANCISCO · CARABELLI · VTRIVSQVE · AMICISSIMO
SCVLPENDAM · IVSSIT · MDCCXVIC.

(10) L'arciprete don Domenico Ceresola prefetto del ginnasio diocesano ecc. ecc. pubblicò parimenti nel 1821 una compendiosa storia della nostra Cattedrale.

Mi dispiace che Seroux d'Agincourt nella storia dell'Arte dal quinto secolo fino al suo risorgimento nel decimosesto secolo, in quel modo che trasandò di parlare delle chiese di S. Abondio, di S. Fedele e degl'insigni monumenti di Gravedona, abbia pure taciuto del duomo, che oltre a molti lavori particolari, gli avrebbe offerti in un campo solo esempj rilevantissimi del successivo perfezionamento dell'architettura, tramutandosi dallo stile gotico nel romano. Del pari l'ottimo Cicognara se avesse per tempo visitata questa patria, culla di tanti artisti, che egli nella filosofica storia della scultura meritamente celebra, avrebbe molte cose trovate degne di specialissima menzione. Forse credette scusarsi dicendo che *lungo sarebbe il voler scorrere, particolarmente in Italia, la storia di tutte le chiese, che hanno diritto alla celebrità per la loro antica edificazione e per le preziosità che contengono* (Op. c. Tom. I. p. 196). E noi consoliamoci pure dell'essere la nostra comune patria l'Italia tanto piena di monumenti, che senza danno della comune gloria si possano trascurare quei che in particolare appartengono a noi, quantunque per la loro eccellenza sieno tra' primi.

(11) Qualcuno dei nostri scrittori asserì essere stato Enrico da Sessa il vescovo che ottenne nel 1386 la licenza di riaprire l'antica Cattedrale di S. Maria maggiore, ma s'inganna perchè Enrico morì nel 1380. Forse fu Enrico il primo cui venne in capo di farne la domanda, o la chiesa si riaperse in età più remota.

(12) Senza dubbio doveva essere grande il guasto dell'antica chiesa, e per la sua antichità, e perchè fu convertita, secondo ci pare, ad uso di cittadella. Se ne mantiene memoria nella lapida, che è nell'esterior parte del coro, e che qui trascrivo, perchè nessuno finora l'ha pubblicata colla dovuta esattezza.

CVM . HOC · TEMPLVM · VETVSTATE · CON
FECTVM · ESSET · A · POPVLO · COMENSI
RENOVARI · CEPTVM · EST · MCCCLXXXXVI
HVIVS·VERO·POSTERIORIS·PARTIS·IACTA·SVNT
FVNDAMENTA · MDXIII · XXII · DECEMBRIS
FRONTIS·ET·LATER · IAM · OPERE · PERFECTO
THOMAS · DE · RODARIIS · FACIEBAT

Quasi le stesse parole sono ripetute da B. Giovio nelle storie (Lib. 2. pag. 188). Era l'antica chiesa di minore ampiezza, che non è al presente, ed è verosimile, che fosse in quello spazio contenuta, il quale giace tra le due sagrestie fino al quarto pilone (Ciceri pag. 7). Il Broletto occupava porzione della navata che gli è contigua. Il duca Massimiliano Sforza nel 13 marzo 1514, concesse che ne fosse demolita una parte. Nella convenzione stipulata coi Milanesi nel 1447 è notato: *quod comunitas Cumarum possit et valeat in alto et lato edificari et reformari facere ecclesiam suam cathedralem, prout designata et ordinata fuerat, et est per ingenerios.* Nel 1450 domandammo al duca Francesco Sforza la stessa licenza.

(13) G. B. Giovio nel discorso sulla pittura a cart. 27 asserì che nel 1452 mancato per buona sorte il marmo nero di Olcio si continuò l'impresa in marmo bianco di Musso. Non è credibile che fosse di quei tempi mancata quell' inesauribile cava di Olcio. Racconta B. Giovio, che fu uno scoscendimento di essa, che obbligò abbandonarla e servirsi in vece dei marmi bianchi di Musso. Ecco le sue parole: *opus ipsum* (ecclesiae cathedralis)... *e marmore nigro apud Mandellum effosso* (*ut videre est*) *partim instauratum fuit. Sed cum lapidicina corruisset, aliam inquirere opus fuit, quae apud Mussium, et quidem candidi marmoris, reperta est. Itaque per annum Domini 1452, albicantis lapidis fabrica, primum introducta est* (ib. p. 188). Si scavarono marmi neri a Olcio anche nell'anno 1564, e a Musso per il duomo se ne cavava già fino dal 1407, come più sotto accenneremo. I quattro piloni tra le porte laterali verso le braccia di croce, innalzati quando si usava della cava di Olcio, sono in marmi neri. Le pareti interne della muraglia che vi corrisponde, sono ricoperte di uno strato di calcina colorita in maniera da rassomigliare il marmo di Musso, del quale è costrutto pressochè tutto il tempio.

(14) Il cav. Cicognara (Op. c. Tom. I. p. 222) fa di passaggio

menzione di Lorenzo degli Spazj, e lo chiama architetto della Cattedrale di Como. Di qual patria fosse, non sappiamo (*Cf.* Giulini Cont. delle Mem. Part. II. p. 447).

(15) Sopra il secondo pilone alla sinistra entrando dalla porta maggiore si legge questa iscrizione:

VIRGINI · SS. · PIVONVS · FVIT · INGENERIVS ·
· DOMVS · MCCCCVII · XXIII · MARTII.

È in bianco marmo di Musso il pilone; dunque prima del 1452 si era trascurata la cava di Olcio, qualunque ne fosse il motivo, o si usava dei marmi d'ambedue le cave, secondo tornava in acconcio.

(16) I primi danari, che ricevemmo per la fabbrica del duomo, furono cento scudi d'oro, che Giangaleazzo Visconti l'anno 1396 ci offerse in regalo, aggiungendo la concessione di qualche privilegio. Nel 1492 il duca Giangaleazzo Sforza permise che si potessero vendere a benefizio della stessa fabbrica tutti i beni, che questa possedeva entro i confini del suo dominio. Lo spagnuolo governatore dello stato di Milano Giovanni de Mendozza le fece pure qualche tenue regalo. Nel resto l'edifizio fu eretto colle nostre elemosine.

Il podestà cedette il dazio della misura dei grani. La curia vescovile e i gabellieri donarono i frutti di non so quali tasse, che erano soliti riscuotere. Le pene leggieri, cui era taluno condannato, si mutarono in lavori al tempio; i collegi d'arti e mestieri si obbligarono a spontanee oblazioni; i mugnai offrirono un balzello, aggiunto il patto che potessero girare la macina anco nei dì festivi. Qualsivoglia persona, che avesse acquistata la cittadinanza comasca, doveva pagare lire 16 al tempio. Il privilegio di esservi seppellito si otteneva con lire 26 in contanti. Nè bastando di avere a questo modo lusingato l'amor proprio di qualcheduno, si ricorse alle grazie spirituali, poichè potendovi tutti partecipare, se ne ritraesse più vantaggio. Il pontefice Pio quinto accordò indulgenza amplissima a chiunque avesse per la fabbrica lavorato; i vescovi nostri altre indulgenze pubblicarono per coloro, che vi avessero contribuito con danari. Lazaro Scarampi vescovo concesse indulgenza di 40 giorni al notaio e a qualsivoglia persona, che avesse indotti i testatori a legare qualche somma alla fabbrica. Nel duomo si raccoglievano pubbliche elemosine due volte all'anno, e nelle chiese parrocchiali tutte le domeniche. Lunga età durò la costumanza di offerire nel dì della Circoncisione 60 carra di sabbia, di calce e di mattoni. Sappiamo che in cinque anni si ricevettero soltanto in danari 25245 lire; e dal 1594 al 1625 se ne riscossero meglio di 219928. Giovanna Peverelli lasciò un' eredità di 10350 lire. Il canonico Muralto fece a proprie spese edificare una cappella; il canonico Raimondi fondato l' altare di S. Girolamo, chiamò a sue spese Bernardino Luini a dipingervi l'ancona; e ai canonici Vitudono e Bossi si devono altre opere. Per l'ancona della cappella del Crocifisso il canonico Carcano donò mille talleri; un Giambatista Benzi pagò la doratura dell'abside. L'abate di S. Abondio monsignore Marco Gallio, se morte non lo toglieva, edificava a sue spese la cappella dell'Assunta; ciò non pertanto vi consumò del suo un 82713 lire. Il duca Francesco Gallio regalò due candelieri d' argento; ancora si conserva la gran lampada d'argento, altro dono dei Gallii, e porta lo stemma dell' illustre famiglia (Vedi pure la giudiziosa storia della Cattedrale scritta da D. Ceresola, a carte 43, e 56-61).

Nella Selva del Ciceri si leggono bellissimi particolari sul prezzo delle derrate ecc. nei tempi della fabbrica. Ne soggiungo un catalogo che comprende lo spazio trascorso dal 1426 al 1485.

	Prezzo in lire mil.			
Cento libbre di calcina	*L.*	—.	10.	—
Un braccio di assi di abete.	»	—.	6.	—
Cento braccia di lastre per tetti	»	15.	10.	—
Cento libbre piccole di piombo	»	10.	—.	—
Una trave di rovere lunga circa braccia 22. . . .	»	6.	8.	—
Una libbra piccola di acciaio	»	—.	2.	8
Un canapo del peso di 80 libbre	»	36.	—.	—
Olio di ulivo, allo staio	»	3.	12.	—
Segale, al moggio	»	4.	4.	—
Frumento, *id.*	»	6.	8.	—
Vino, alla brenta	»	4.	1.	—
Sale, allo staio	»	9.	—.	—
Una libbra piccola di sapone molle	»	—.	2.	—

Nel 1485 era di soldi 34 lo stipendio quotidiano che si dava all' architetto Luchino da Milano. Nel 1457 si spesero 35 soldi per imbandire un pranzo a due maestri di muro e sette manovali.

(17) Nel 1503 il Solari fu consultato pel duomo di Milano, e nel 2 marzo 1506 ne fu creato architetto col patto che non abbandonasse l' esercizio della scultura. L' ultima memoria di lui è del 7 novembre 1519 (Franchetti pag. 143). Allorchè fu esposta in S. Pietro di Roma la Pietà del Bonarroti, i Milanesi che la videro, pretesero fosse un lavoro del Solari, e Michelangelo stimò

bene di scolpirvi il proprio nome. Il Cicognara ne tesse questo elogio: *a tutto egli* (il Solari) *attese come peritissimo e nell' intaglio dei legnami e nella scultura e nelle architettoniche dottrine... Egli merita di essere collocato tra' migliori artisti del secolo* (Op. c. tom. II. p. 180). Ma perchè il Cicognara tace del suo illustre rivale Tomaso Rodari di Maroggia?

(18) Elenco cronologico degli architetti stipendiati, o consultati per la fabbrica del duomo dall'anno 1396 al 1770.

1396. Lorenzo degli Spazj.
1407. . . . Pivoni.
1439. Pietro da Bregia. Dopo costui passano molti anni, e non si sa chi fosse l'ingegnere.
1485. Luchino da Milano.
1487. Tomaso Rodari di Maroggia. Durò in uffizio fino al 1526.
1501. Abondio Campestro, luganese.
1519. Cristoforo Solari, milanese.
1526. Franchino della Torre, cernobiese.
1569. Pietro da Castello.
1614. Giuseppe Bianchi di Moltrasio.
1621. Nicola Sebregondi venne da Milano a visitare la fabbrica.
1628. Francesco Righino, milanese. Fu chiamato perchè esaminasse i fondamenti della cappella dell'Assunta. Immaginò il disegno dell'altare che vi è nel mezzo.
1653. Carlo Buzzi, milanese. Venne tra noi per la fondazione della cappella del Crocifisso.
1666. Girolamo Quadri.
1683. Andrea Biffi, milanese. Diede il disegno di un ponte per la costruzione della cupola.
1684. Francesco Castello, milanese. Fece un disegno della cupola.
1699. Carlo Fontana di Bruciato. Stese il disegno di tutto il duomo insieme alla cupola, ed esaminò i fondamenti, che la dovevano reggere.
1725. Giampietro Magno.
1731. Filippo Ivarra, messinese. Disegnò la cupola, che nel suo interno è circolare, e doveva essere ottagona, perchè non fosse troppo diversa dalla forma delle cappelle.
1734. *Lo stesso*. Corresse il suo primo disegno rendendo più leggera la fabbrica.
1762. Felice Soave, luganese. Propose di fare il pavimento, che costrutto in marmo di Musso con pezzi di un braccio per lato resisterebbe ottimamente ai danni, che pare si temano per le inondazioni del lago.

1769. Giulio Galliori, milanese. Esaminò per due volte la cupola per rimediarvi ai danni causati dalla pioggia.

1770. Carlo Giuseppe Merlo, milanese. Sopra suo disegno si fabbricò un piedritto nell'esterna parte della cupola, che sostenesse l'armatura della vôlta.

Scrive il Rovelli, che *sia per timore che i fondamenti non bastassero alla mole da erigersi, sia per risparmio di spesa, non diedesi* (alla cupola) *la fòrma e la elevazione corrispondente alla grandezza del tempio, nè confòrme al disegno fattosi dal celebre cav. Vanvitelli romano.* Il Ciceri non fa la minima parola del Vanvitelli, nè so dove il primo abbia pescata questa notizia. Non l'avrebbe ei forse confuso con Filippo Ivarra? Nel 1730 non toccava il Vanvitelli che il sesto lustro, nè godeva ancora tal fama, che importasse consultarlo per la nostra cupola; in vece l'Ivarra era al colmo della gloria, fu maestro del Vanvitelli e morì nel 1735. Soltanto trovo che nel 1744 Vanvitelli fece un disegno per la facciata del duomo di Milano. Aggiungo agli architetti l'elenco de'più antichi scultori e lavoratori dei marmi per la fabbrica del Duomo dal 1500 al 1515. Tomaso di Maroggia; Giacomo e Giampietro e Donato pure di Maroggia; Tomaso di Righezia; Martino di Annone; Abondio di S. Abondio, e il di lui figlio Francesco; Bartolomeo da Sala, Gianantonio di Zezio; Giampietro d'Annone; Pierino di Breccia; Nicolò e Francesco di Marprate; Girolamo da Rezzano; Francesco de' Ventretti; Giacomo di monte Olimpino; Giacomo di Valsolda; Bernardo di Grandate; Donato di Cernobio; Francesco Rominino; Giangiacomo Albrici; Battistino da Sala; e Bernardino quondam Musgrolo. Soprastavano ai lavori della cava di Musso, Antonio di Garzeno; Giovanni di Ramponio; Gregorio di Zanicco; Contanino de'Melli; Zanino di Musso, e Pietro figlio di lui; Beltranto di Geróla; Oldrino di Brenno; Giovanni Majólis; Trollio di Geróla; Francesco Dentuti, Tomaso di Nesso ecc. ecc.

(19) La lunghezza maggiore del tempio è braccia mil. 146; la larghezza braccia 97, once 10; l'altezza braccia 118.

(20) Forse anche si fece più sfogato il terzo arco per comprendervi le porte laterali, già esistenti. Ma non sarebbe stato meglio rifarle nel mezzo del campo? Sulla porta che guarda S. Stefano si legge: *hec porta cepta fuit die* 6 *mensis junii* 1491. Credo si debbano queste parole interpetrare quanto all'aggiunta degli ornamenti nella ristaurazione dell'antica porta. Gli archi più stretti si costrussero di tal forma per necessità, giudicandosi troppo lunga la corda per un solo, ed essendo circoscritto lo spazio dalla

linea di facciata del Broletto, cui aveva da consuonare la facciata del duomo.

(21) Il ch. prof. Francesco Mocchetti, essendo un quattro anni fa capitato a Como il cav. Cicognara lo condusse a visitare i principali nostri monumenti d'arte. Piacquero all' illustre viaggiatore gli ornati delle porte laterali del duomo, e palesò il desiderio che qualche valente incisore si pigliasse la cura di pubblicarli. Lodò parimenti il disegno dei tre emicicli che formano le braccia e la testa di croce nell' interno del tempio.

(22) L' organo, che è dirimpetto nell' altro intercolonnio, fu fabbricato nel 1650 dal gesuita Guglielmo Hermann, che ebbe a compagni nel lavoro un tal Giorgio Birgher e Francesco Olgiati. Ho voluto dir questo, perchè quantunque buoni ambedue gli organi, sembra che esso si apprezzi molto più per dolcezza e profondità di suono. Nelle memorie Ms. di Basilio Paravicino si legge: *L' anno 1608 nel mese di dicembre cavandosi per fare un fondamento sotto l' organo della chiesa maggiore, furono trovate alcune mura, che mostravano di essere cinte di antichi edifici d' idolatri con un piedestallo grande con l' epitafio di* C. Obruino. Maximino. V ... Aug. *e di suo figliuolo.* Non so intendere, come non siasi fatta questa scoperta quando si posero le fondamenta ai piloni del vôlto.

(23) Nel 1596 essendo guasto l' antico fonte battesimale del duomo, si diè principio alla costruzione del presente con *bello, ricco ed ornato disegno* (Epis. Archinti decret. visit. 1596). Perchè dunque ripetere ancora l' opinione volgare di qualche scrittore, che il battistero è disegno di Bramante d' Urbino che morì nel 1514? Non era nel 1596 appena mancato ai vivi Pellegrino Pellegrini, celebratissimo architetto, oriondo di Valsolda? Non vivevano allora un Martino Bassi, un Fabio Mangoni, molto eccellenti architetti, che servivano al duomo di Milano? Non era forse costume d' invitare gli architetti di questo duomo a visitare il nostro, ed a formarne secondo l' occasione nuovi disegni? Infinita lode si dee certo a Bramante, chè fu tra' principali restauratori dell' architettura; ma tutto quanto vi ha di buono, si giudicherà, per questa sola ragione, parto del suo ingegno? È pur falsa l' asserzione che il Bramante s' impacciasse nei disegni del Rodari. Nelle questioni che questi ebbe con Cristoforo Solari, non si fece mai parola dell' Urbinate. E con che fronte, se non Rodari, ma Bramante avesse dato il disegno, poteva il primo scolpire nel 1513 su pubblica lapida, *Thomas de Rodariis faciebat?* Si cessi una volta di ripetere senza esame,

ciò che hanno detto posteriori scrittori e di spacciarlo, facendo frode al vero.

(24) Giulini *Mem.* ecc. tom. 7. p. 249. Il cav. Cicognara così ne parla: *pare che nella pittura avessero i Lombardi più fortunati successi di quello che nella scultura; e volendo essere giusti e imparziali in favore degli artisti di quella nazione, conviene riflettere che una gran parte della loro celebrità non è diffusa, perchè meno sollecitudine vi è stata, che non altrove di magnificarla cogli scritti e colle memorie biografiche* (Op. c. tom. I. p. 238.) Cf. Maffei Verona ill. part. 3. c. 6.

(25) Le pitture sul vetro non si credono più antiche del secolo decimosesto, e il Vasari ne attribuisce tutto il merito a Guglielmo da Marcilla pittore francese: la qual cosa è ripetuta da recenti scrittori. Ma l'arte di dipingere sul vetro è antichissima. Nelle vite che Anastasio scrisse de' romani pontefici (Rer. Ital. Scrip. tom. III. pars I. p. 196) si legge che Leone terzo eletto papa nel 795 fece pitturare più finestre di vetro a vari colori. Primo esempio, che forse si trova di simili pitture, come si è già osservato dal Tiraboschi. Il monaco Teofilo (Praef. ad tract. de omni scientia artis pingendi etc.) loda molto la Francia, perchè a' suoi tempi vi fiorissero abili professori di tal arte. Al rinascimento delle lettere vi partecipò (Angeli, descr. della Basilica d'Assisi) anche l'Italia. Il Ticozzi nel dizionario menziona un Francesco monaco cassinese, che sapeva colorire i vetri, e che molto prima del Marcilla aprì in Perugia nel 1440 scuola della sua arte. Vero è che siamo in dubbio, se questi vetri fossero dipinti a fuoco immedesimandovi le tinte, o semplicemente coll' applicazione di queste sulla loro superficie. L'Amati (Ricerche ecc. tom. I. p. 87.) prova però con certi monumenti, che il dipingere a fuoco sul vetro si praticava in Francia verso il decimo secolo, e che del pari vi si esercitavano i nostri avi innanzi la comparsa del Marcilla. Alcune delle ragioni da lui addotte erano già state riferite dal Franchetti. Tra gli artisti dei quali fanno memoria, è appunto Paolino da Montorfano, ma non si sa quali lavori eseguisse; doveva pur essere un buon architetto, perchè nel dì 21 novembre 1406 è annoverato tra gl' ingegneri del duomo di Milano. Nel 1488 gli amministratori della nostra Cattedrale pagarono 224 lire ad un Guglielmo maestro delle invetriate, che fece l'occhio o rosone della facciata; e al pittore Andrea Passeri, che v'impresse le dorature, diedero lire 28 (Ciceri Op. c. p. 81.). Il prof. F. Mocchetti possiede una vetriata di vivacissime tinte a fuoco, che prima del 1810 era nel

convento dei domenicani di S. Giovanni pedemonte. Rappresenta un S. Martino a cavallo, che divide col povero il suo mantello; in un lato della vetriata è coi colori segnato l'anno 1447 (V. Giornale di Chimica ecc. Pavia, terzo bimestre, 1819 p. 214). Non sarebbe un lavoro di Paolino da Montorfano? Nelle finestre del coro dell'antica cattedrale di S. Abondio, era a fuoco sul vetro un bellissimo S. Abondio cogli abiti pontificali, e in atto di dare la benedizione. Non so come, ma fu rotto in mille pezzi. I pochi vetri coloriti della facciata del duomo pensiamo vi siano stati messi dal 1454 al 1485, chè in tal corso di tempo fu eretta la facciata. Forse sono opera di Andrea Passeri, o di maestro Guglielmo, sopra citati. Nel palazzo del conte F. Giovio ho veduto un vaghissimo dipinto sul vetro, che appartiene all'anno 1562, e merita di essere esaminato. A Brienno vi hanno pitture sul vetro nella chiesa parrocchiale, e le quali, si crede fossero prima nella vetustissima chiesetta di S. Vittore.

Quest'arte di dipingere a fuoco sul vetro, che ai nostri tempi si era smarrita, fu richiamata a nuova vita dai pittori Giovanni Bertini, Luigi Brenta e Raimondo Zabagli (Bibl. Ital. Milano 1828 trimestre di gennaio ecc. Cf Antologia di Firenze tom. 40. p. 70). Il dotto A. Fabroni lesse all'accademia aretina nell'adunanza 31 maggio 1830 una memoria su l'arte di dipingere a fuoco i vetri delle finestre con figure trasparenti, e ci dispiace che egli difenda ancora questa sentenza: *che la pittura a fuoco su.... vetrate fu introdotta in Italia sul principio del secolo decimosesto*... Si è di recente fondata a Sèvres un officina per dipingere i vetri delle finestre (Ann. di Chim. e Fisica, Parigi, giugno 1830).

(26) Lo stesso scrittore annovera tra' pittori valtellinesi, che vissero verso il 1420, un tal Girolamo Mazzoni. Non so dove abbia desunta questa notizia. È vero che cita il Vasari, ma il Vasari (tom. 6. pag. 43, e 325) ricordando il Mazzoni serba il silenzio quanto alla patria; così il p. Pellegrino Orlandi nel suo Abecedario. Questo pittore fu chiamato ora Girolamo Mazzoni o Morzoni, ora Giacomo Marzone o Girolamo Morzone. Il proprio suo nome è Giacomo Morazzone, che gli venne da Morazzone sua patria nelle vicinanze di Varese (V. Amati Op. c. tom. I. p. 187. Ticozzi dizion. pittor. tom. 2. p. 66). Non si confonda col cav. Mazzuchelli, detto pure il Morazzone, e vissuto in età posteriore. Tra le pittoriche (tom. I. p. 549-553) è una lettera che l'abate Quadrio scrive a Pietro Ligario su gli artisti valtellinesi del decimoquinto e decimosesto secolo. Raccolse il nome di dieci artisti,

ma con sua buona pace, otto non sono di Valtellina. Tolse a Morazzone il Mazzoni, i due Rodari al cantone Ticino, il Ricci detto Brusasorci a Verona, l'Andrea Fusina a Campione, Francesco e Valerio Zuccati a Venezia e Fermo Stella a Caravaggio, benchè di quest'ultimo si confessi. Perchè Stefano Ticozzi dando luogo tra le pittoriche a detta lettera, non l'ha fornita di una nota a disinganno dei semplici? *Mi spiace*, dice il Tiraboschi, *che il conte Giovio siasi a lui* (al Quadrio) *troppo fidato... in alcuni... articoli del suo dizionario degli illustri Comaschi* (Storia della lett. tom. 7. part. I. p. 558 ediz. dei Class.). Con più apparenza di ragione poteva bene il Quadrio disputare a Cremona Tomaso Amici e Francesco Mabila di Mazzo, che nel 1495 lavorarono nel duomo di detta città l'altare di S. Nicolò, come si deduce dall'iscrizione che vi è posta: MCCCCLXXXXV. *Tho. Amico. Et F. Mabila de Mazo. Fec.*

Narra il Baldinucci, che Domizio e Giovanleo Rainaldi milanesi, e buoni professori di architettura *fecero più fabbriche e fortezze in essa città* (Milano), *e per lo stato e nella Valtellina* (Op. vol. XIII. p. 356. ediz. mil dei Classici). Non so indicare questi lavori dei Rainaldi tra di noi. Mi è pure oscuro un brano di lettera, che il pittore Salvatore Rosa scrive a Giambatista Ricciardi lettore di filosofia nell'università di Pisa, ed in cui è menzione della Valtellina. Eccone le parole: *Quella vostra particolarità così vi fussimo noi*, *parlando della Valtellina, mi ha pieno di amaritudine, avendomi fatto ricordare della divina solitudine di Strozzavolpe, ch' ogni abitato luogo è nemico mortale degli occhi miei* (Lett. pitt. tom. 1. p. 464). La lettera è in data del 21 ottobre 1665.

(27) Il Giovio nel dizionario rammenta un Giulio Quaglia di Locarno, che fece l'affresco del coro nella chiesa de' miracoli in Brescia, e che nel 1760 dipinse nel teatro elettorale di Manheim. Parmi, che sia tutt'altra persona che il Quaglia di Laíno, col quale sarebbe facile confonderlo.

(28) Nella pinacoteca milanese di Brera è un quadro di Antonio Maria, che figura la Circoncisione di Gesù Cristo. Un valente professore ne dà questo giudizio. *Buona è la composizione* (del quadro) *ed animata da un interesse generale e variato, che si scorge in tutte le figure. Il chiaroscuro trattato con arte produce molto effetto. La facilità del tocco con cui è condotto il dipinto, i caratteri scelti e accordati delle teste, e massime di quella del vecchio Simeone costituiscono altri notabili pregi del quadro.* E nella nota si soggiunge: « il successo favorevole che (Antonio Maria) ottenne

presso i contemporanei non si smenti nei secoli posteriori » (Pinacoteca di Brera, Distrib. 43. n. 54. della scuola milanese).

(29) *Tra i pittori che in quest'epoca* (del decadimento della pittura milanese) *ancora seguirono in alcune opere la buona maniera, vuol essere con lode rammentato Giambatista Discepoli*... (Pinacoteca di Brera, Distrib. 6. n. 5. della scuola milanese).

(30) Tra le pittoriche si leggono due lettere (tom. 3. p. 361-369) del nostro artista. Merita di essere citato un brano della prima. «...Le dico adunque, così il David a certi signori di Roma, d'aver dipinto in Venezia un quadro nella chiesa del Carmine, un altro nella cappella di S. Carlo in quella dei frati, uno in S. Aponale, un altro in S. Cassano, due in S. Silvestro, de'quali uno accompagna la famosa adorazione dei magi di Paolo veronese, l'altro si è la tavola dell' altare di S. Alessandro della nazione bergamasca; due tavole in S. Mattia di Murano, un gran quadro sopra le scale del monastero di S. Giorgio maggiore; un gran soffitto del patriarca Morosino nella sala del patriarcato e nella madonna della salute in tre gran tele, ed in altri spazj minori tutto l'organo, ed altre opere in altre chiese, *presso a* magistrati e *in* privati palazzi. Feci altresì molti anni sono una tavola di un Cristo in croce, con diversi santi e sante, per una chiesa di monache di Gandino pel signor conte Carlo Giovanelli. In Parma ho dipinto una tavola in S. Maria bianca; e finalmente giunto in Roma cinque anni sono (nel 1686), dipinsi una gran tavola colla storia dell'Assunta... nella nuova cappella del collegio clementino, un'altra in S. Dionigi areopagita e tre quadri... pel sig. principe Panfilio, in una cappella che doveva fare Ciro Ferri, entro la chiesa di S. Andrea di monte Cavallo al noviziato de'padri gesuiti, al confronto delle più stimate tavole de'primi pittori moderni di Roma cioè Guglielmo Borgognone, Jacinto Brandi, Carlo Maratta e Baciccio... »

(31) Il Passeri lo dice nato a Milano nel 1612, e morto di 56 anni nel 1668. L'error suo quanto al sito della nascita, è certo, essendogli contrarie tutte le testimonianze. A Coldrerio nella pieve di Balerna, dura tuttavia la sua famiglia, ed ivi il nostro pittore ebbe il battesimo, come è manifesto dai registri parrocchiali. Con maggiore esattezza ne parlano il Pascoli, il Gedonyn e il Mariette. G. B. Giovio nel dizionario ci racconta che il Mola ha dipinto a Como nella chiesa del Gesù per la cappella dei Ravenna la liberazione di S. Pietro e la conversione di S. Paolo, e nella chiesa di S. Marco un S. Michele che abbatte Lucifero. Nessuno cerchi queste pitture tra noi, perchè in vece di Como doveva porre

Roma (V. Elogi de' celebri artisti. Firenze, 1775 tom. XI. p. 61). In più quadrerie sono opere del Mola, ma è inutile quì farne rassegna. Dirò solo che nell' arciducale quadreria di Firenze havvi il suo ritratto, eseguito da lui stesso. Celebri bulinisti, come Spierre Coelemans e Pietro Santi Bartoli intagliarono qualche sua pittura.

(32) G. B. Giovio, e dopo lui l' Oldelli stamparono nei loro dizionarj, che Giovanni Andrea Carloni fu figlio di Taddeo, e che imparò da Pietro Sorri, splendore della scuola sanese; e non si accorsero che Giovanni Andrea nacque nel 1626 (altri diconlo nato nel 1639), e che il Sorri era già morto nel 1622. Il Giovio fu tratto in inganno dall' abecedario del p. Orlandi. Giovanni Andrea si confuse pure con suo zio Giovanni figlio di Taddeo. L' abate Lanzi aveva detto: *non lascerò di avvertire che il Pascoli e l' Orlandi hanno scritto di questa famiglia poco esattamente.* Il Bianconi ci avvisa del pari, che *troppo avrebbe che fare chi volesse avvertire tutti gli errori sfuggiti a quel buon ecclesiastico nel suo abecedario* (Lett. pitt. tom. 7. p. 360).

(33) È opinione del ch. prof. F. Mocchetti, che molti quadri, i quali dagli oltramontani in ispecie si comperano come di Luini, non siano che copie fatte dal Caprera su le opere del sommo pittore. Narra il Malvasía (Felsina pittrice tom. 2. p. 390. Bologna 1678), che il Caprera fece ricopiare di colori una madonna del Luini ad Angiolo Michele Colonna, mentre era fanciullo.

(34) Il cav. Pietro Magatti, che dal Giovio e dall' Oldelli si annovera tra i nostri artisti e si afferma di Vacallo nella pieve di Balerna è nato a Varese. I Magatti nel principio del decimosesto secolo vivevano numerosi a Brunate, donde si diffusero a Canturio e nel borgo di S. Agostino di Como. Da questo borgo nel 1680 Pietro Nicola Magatti si trapiantò colla sua famiglia in Varese, dove a' dì 20 giugno 1691 (come si raccoglie dalla fede di battesimo che è presso di me), gli nacque da Onesta Orrigoni il figlio Pietro, che per le sue virtù venne poscia eletto cavaliere dal pontefice Clemente duodecimo. Il Giovio s' ingannò, perchè la famiglia dei Magatti di Varese ebbe poderi in Vacallo, dove conserva tuttora certo diritto.

Qui secondo il Giovio G. B., si dovrebbe pur descrivere la vita della dipintrice Angelica Kauffmann, la quale collo stesso suo esempio dimostrò, che

Le donne son venute in eccellenza
Di ciascun arte ov' hanno posto cura;

ma non è nata a Morbegno, come leggo nel dizionario di esso Giovio, bensì a Coira (V. Gherardo de' Rossi, Vita di Angelica Kauffmann, Firenze 1810).

(35) Nell'agro comasco si conservano varie dipinture di buoni artisti. Il Morazzone ci lasciò molte delle sue opere. Più amico dello stile grandioso che del delicato sfoggia, in quello copia d'invenzione, franchezza di disegno, varietà d'espressione. All'usanza dei Veneti è ricchissimo nei panneggiamenti, e per soverchio amore al Tintoretto trapassa talora nelle proporzioni delle membra, effigiando braccia e gambe che peccano in lunghezza. È celebrato il suo S. Michele che trionfa degli angeli ribelli, che insieme al S. Michele del Pánfilo si è trasportato dalla chiesa di S. Giovanni pedemonte, che nell'età nostra fu uguagliata al suolo, alla guardaroba del Liceo, fornita di altri buoni lavori. Di lui è il quadro della Trinità nella chiesetta del seminario teologico, e sono suoi i vaghissimi freschi che abbelliscono il vôlto della sagrestia dei mansionarj in duomo. Lo colorì nel 1611, e per prezzo ricevette dagli amministratori della fabbrica 1800 lire. Nel 1608 per altre dipinture stipulò un contratto colla compagnia del Sacramento in duomo (Ciceri p. 142). La chiesa di S. Agostino nel borgo di questo nôme, conserva di lui nella cappella della B. V. bellissimi quadri. Operò molto nella spaziosa sala della Gallia in Borgovico, e piacciono assai quei vispi angioletti che ritrasse su gli architravi delle porte. In una vôlta della casa Cernezzi in città dipinse il trionfo di un guerriero, il cui carro è tirato da bianchi cavalli. Qui convien dire che il Morazzone abbia molto superato sè stesso; e per la forza dell'espressione, il calor delle tinte e l'evidenza delle mosse si giudicherebbe un Giulio romano, di quel valore che a tutti è noto nella rappresentazione di fatti marziali. La fascia che cinge sì pregevole dipinto, è composta di attrezzi militari, forse più vicini l'un l'altro che non conveniva. So bene che G. B. Giovio attribuisce questa dipintura a'nostri Recchi (Como e il Lario p. 27-28); ma i più intelligenti non sono di questo parere, e il pittore Giuseppe Bossi, che vi fu insieme al ch. prof. Fr. Mocchetti a vederla, l'aggiudicò senza esitanza al Morazzone; la qual sentenza, mi pare, non ammette replica di sorta. Del Morazzone possiede pure il detto ch. professore una tela assai grande, in cui è N. D. col bambino in grembo, S. Maria Maddalena, S. Anna e S. Nicola Tolentino; e che prima era nella famosa quadreria dei conti Turconi. La quadreria del prof. F. Mocchetti è ricca, e vanta varj capolavori delle scuole italiane.

Il duomo è arricchito di molti lavori di quell'oltramirabile pennello di Bernardino Luini. Nell'altare di S. Girolamo figurò per commissione del buon canonico Girolamo Raimondi sopra una tavola la Vergine col bambino, alcuni santi e lo stesso canonico con abito purpureo; sotto la tavola sono altre medagliette parimenti di sua mano. L'anno 1729 si pagarono 169 lire a un Pietro Rasina, perchè aveva ritocco co' suoi colori il quadro di S. Girolamo. Due altri quadri da lui fatti a tempera ornano le vicine pareti e rappresentano la natività di Cristo e l'adorazione dei magi; un S. Cristoforo e un S. Sebastiano si vedono nella guardaroba della fabbrica. Gaudenzio Ferrari, uno dei migliori aiuti di Rafaello, vi colorì in concorrenza del Luini lo sposalizio della Vergine e la fuga in Egitto. Un Giulio della Chiesa, perchè gli fosse fatta comodità di cavarne copia, pagò 240 lire alla fabbrica.

Vaghi affreschi che figurano il mistero dell'Incarnazione, stanno attorno l'altare della Vergine in S. Fedele in città. Si credono fattura di Camillo Procaccini, tranne la medaglia dello Sposalizio, che gl'intelligenti pensano si possa attribuire allo stesso Gaudenzio Ferrari.

In sul lago vi hanno buone dipinture a fresco del cav. Isidoro Bianchi, e del Fiammenghino nelle chiese di Brenzio e di Peglio, ambedue nei monti di Gravedona.

Il coro della chiesa di Brenzio è tutto istoriato dal cav. Isidoro. Nella parete a sinistra dipinse il miracolo della moltiplicazione dei pani. Voleva Cristo allorchè satollò le cinquemila persone con cinque pani d'orzo e due pesci, che tutti i circostanti, onde si risvegliasse la fede loro, conoscessero, prima che si operasse, la necessità del miracolo. L'artista che penetrò la divina mente, bene l'espresse nel suo quadro: Filippo l'apostolo dubita tuttavia del miracolo, un garzoncello depone a' piedi di Cristo i pochi pani e i due pesci e lo scuote pel lembo della veste, perchè miri quanto scarso è il pane e il companatico che tenevano, altri apostoli s'intrattengono tra loro ragionando, e di loro qual mostra diffidenza, quale fiducia, e accennano Cristo che sta per benedire i pani; i cinquemila sedenti sull'erba guardano se alla fine si viene a ministrar loro il cibo. Nè questo benchè principalissimo è il solo merito dell'artista. In tanto numero di figure non vi ha confusione, e tu le potresti contare una per una, e lasciano largo campo sparso di rupi, di selve, e di paesi, sui quali si spazia la vista. I colori più vivi in sul davanti vanno di mano in mano degradando, e si forma un'illusione di prospettiva, bellissima; e non vi è gruppo che non serva all'unità di azione.

In sulla parete che sta di fronte è figurato il popolo d'Israele, che nel deserto raccoglie la manna. Per ancona dell'altare è la pittura di David fuggiasco, che riceve i pani della proposizione da Achimelecco; ai lati sono in due medaglie il sacrifizio d'Isacco, ed Elia che dorme sotto il ginepro, cui si accosta l'angelo e dice: *sorgi e mangia, chè ti resta molto cammino.* Nè troviamo parole convenienti a descrivere il paradiso, che è effigiato nell'abside dello stesso coro. Che numero infinito, e senza confusione, di angeli e di santi? Che varietà ne' vestiti, nelle positure, ma molto più nelle espressioni dell'animo? Il cav. Isidoro ha senza dubbio in Brenzio mostrato di che fosse capace quel suo franco e facondissimo pennello. Ben ci maravigliamo come taluno imprenda lunghi viaggi per ammirare le opere dei grandi artisti in lontani paesi, e non cerchi prima le opere non meno belle, che ha in propria casa. Aveva ragione di dire il vecchio Plinio nel trigesimo quinto della storia, che talora si ha a vile una tal cosa, perchè domestica. La qual sentenza è più largamente ripetuta dal nipote nell'epistola decima dell'ottavo libro: che certe cose per averle sotto gli occhi si trascurano o si disprezzano, che del resto se fossero lontane, si farebbe per vederle un viaggio. I popoli convicini sogliono motteggiare quei di Brenzio dicendo loro: *prima Roma, poi Brenzio;* quasi non fosse che in Roma altra dipintura da compararsi a quelle di Brenzio, massime al paradiso. Si narra di un dotto viaggiatore, che, ammirate le leggiadre forme di corpo dei Brenziesi, abbia asserito: *avere certo molta virtù sull'immaginazione delle madri le bellissime forme umane, che sono dipinte in chiesa.* Lo stesso cav. Isidoro volle in Brenzio provarsi nelle dipinture a olio, e sul tabernacolo colorì con molta grazia due quadretti; l'uno sul rame, ed è l'ultima cena degli apostoli; l'altro sul legno, ed è Gesù Cristo che dall'altare comunica coll'ostia consacrata un sacerdote, vestito dei sacri arredi; immagine contraria alla verità storica. Ho letto nel Vasari di un altro dipintore che cadde nello stesso fallo. Paolo veronese collocò un nunzio del papa nel suo quadro delle nozze di Canna Galilea. E fu un tale, che fece accompagnare il cadavere d'Ettore dal vescovo di Troia insieme a' suoi canonici, in cotta e piviale.

Nella stessa chiesa è una cappella dedicata a S. Gio. Battista, tutta dipinta dal Fiammenghino, che vi scrisse questa memoria: *Jo. Maurus. de. Robore. dictus. Fiamenghinus. pinxit. anno.* 1628. *mense septembris.* Aveva vicino le pitture di un valentissimo emulo, (le quali quantunque non portino data si credono anteriori di qualche anno), pure non abbandonò la sua maniera di pennelleggiare con soverchia velocità. Eccellenti, perchè più studiate, si devono tenere le tre medaglie che figurano i discepoli di S. Giovanni che vanno ad interrogare Cristo, se egli è il Messia; poi S. Giovanni che è nelle carceri di Erode, ed è sì finamente lavorato, che lo diresti lontano dalla grata di ferro cui si affaccia, finalmente lo stesso S. Giovanni che discende al limbo.

Ma è a Peglio dove il Fiammenghino verso il 1615 finì più grandi lavori. Nelle pareti laterali dell'altar maggiore rappresentò a fresco l'inferno e il giudizio universale. Aveva molto fuoco pittorico, ma non seppe contenersi; diede in istravaganze, espresse le idee materiali del volgo ed offese enormemente le leggi del decoro. Se avesse più amata la correzione, quanto non avrebbe potuto col forte ingegno? Alcuni suoi quadri a olio, che stanno nella stessa chiesa sono buoni, e specialmente David che balla avanti l'arca, e S. Carlo Borromeo che porta in processione il santo chiodo. Nella sagrestia è una figura di N. D. col bambino in collo, ed altre, che non si teme di attribuirle a Bernardino Luini.

A Dongo nella chiesa di S. Maria a Martinico, a Garzeno, a Stazzona e a Montemezzo ha pur faticato il velocissimo e immaginoso Fiammenghino. Un pittor goffo osò ritoccare nella chiesa di Garzeno la caduta di Simon mago, che non è a dirsi quanto l'abbia guastata. A Gravedona nella chiesa de' santi Gusmeo e Matteo è all'altar maggiore il martirio di questi santi, che taluno vuole sia opera del Guercino, e che per vero è tutta degna di lui. L'abside del coro venne dipinto dal cremonese Pánfilo, detto il Nuvolone.

Lavoro di Paolo veronese è l'insigne tavola di S. Michele nella chiesa di Cremia. Sorge l'arcangelo e tra' suoi piedi sta atterrato Lucifero. Colla sinistra l'angelo buono alquanto curvandosi calca la testa del rubello, che si sforza di rilevarsi; colla tesa destra tiene alto la bilancia, suo distintivo. Guardalo con occhio, il cui sereno non è alterato da ira. Ali di aquila ha al fianco tese, indosso corazza con gonna che pel moto svolazza, e vela parte delle cosce, manto sugli omeri, gambiere; e nel resto è ignudo. Sommamente delicate sono le carni, la fortezza appare dalle nervose gambe e braccia, e dal collo di cui è manifesto lo sforzo; la bellezza del volto è celestiale, su cui appena mostrasi qualche ombra di sdegno, che non lo turba punto. La bellezza è sparsa in tutte le parti dell' angelico corpo, e si associa mirabilmente coll'idea della forza che spirano. Le chiome ondeggiano sciolte pel collo e su gli omeri, adornano la fronte, e sono di un' estrema finezza. Lucifero ha membra umane, volto mezzo tra la bestia e l'uomo, feroce e orrido; corna caprine in testa, mani e piedi unghiuti. In atto sconcio spalanca le cosce, mentre solleva contro l'angelo la diritta gamba, e l'altra sta rannicchiata in terra. Colla mano dritta abbranca il braccio sinistro di Michele, e colla sinistra atterrata tiene stretto un tridente uncinato. Ha l'ali di pipistrello. Il contorno del quadro è sparso di negri nugoli, e il mezzo di un pallido chiarore che pare prodotto da vulcani che sotto gettano grandi fiamme. La grandezza di ambe le figure è quanto la naturale dell'uomo. Quale precisamente sia la favola, che il pittore volle rappresentare, non so dire. Mi avviso che, prescindendo dalle immagini scritturali o mitologiche, abbia espresso nient' altro che una sua fantasia, cioè l'Arcangelo che incontrato l'angelo delle tenebre, lo ricaccia nell'abisso. Sotto di lui si vedono ritratti molti gioghi di un' arsa montagna, donde sboccano vampe di fuoco, e la quale è forse l'Etna, che secondo la sciocca credenza di alcuni cattolici, è una delle porte dell' inferno. In questo quadro quanto alla bellezza e forza de' colori, e alla opportunità dei contorni, nulla sembra si possa desiderare; ma vorremmo che maggior aria di grandezza e terribilità spirasse dalla figura di Lucifero. Quella sua sozza faccia, quelle corna, e unghie di avoltoio non gli convengono. La sua impresa, benchè empia, lo mostra capace di altissimi concetti, e d' un' immensa forza. È cosa che offende le nostre idee del verosimile e del decoro il far antagonista di Dio un mostro così vile. In simile colpa cade l'Alighieri nel 34 dell'inferno. Ma il Milton concepì nel suo vero punto la immagine, rappresentandoci tale Lucifero fra le sue schiere, che pur anche conserva le maestose reliquie di quello che fu, e la sublime sua bellezza offuscata non distrutta.

Luigi Rados ha egregiamente inciso in rame questa tavola. Un Pizzetti oriondo di Cremia, che viveva a Vicenza, fu colui che la donò a quella chiesa. Il monaco olivetano Francesco Gallarati ne fece, dice G. B.ª Giovio, una copia pel conte di Firmian, che invano si era adoperato presso a' Cremiesi per averne l'originale.

La Valtellina è povera di monumenti di belle arti. Si crede che Gaudenzio Ferrari dipingesse in Morbegno la lunetta che è sulla porta del convento dei domenicani. I colori hanno adesso molto patito per le ingiurie del tempo. Bernardino Luini pitturò in una lunetta sopra la porta del maggior tempio di Ponte la Vergine col bambino, che benedice la palma del martirio presentata da S. Maurizio. Il colorito è tuttavia freschissimo. È fama che il Luini, ucciso nel territorio milanese un prevosto, si ricoverasse a Ponte, e vi lasciasse questo prezioso lavoro. Va ora per le bocche del volgo questo detto: *perchè Bernardino non ammazzò dodici prevosti, chè si avrebbero dodici tali pitture?*

Lo stesso Luini nella chiesa degli Angeli in Lugano ritrasse la Crocifissione, che è uno de' suoi stupendi lavori. È condotta sopra una grande parete che scendendo dimezza e attraversa pel largo la navata della chiesa. Entrandovi ti si affaccia subito quella grande scena, e la prima figura che ferisce il tuo occhio è quella del Crocifisso, che in mezzo vi grandeggia; di mano in mano poi ti richiamano a loro tutte le numerose figure, e i gruppi delle varie scene. Al lato sinistro appare l'apostolo Giovanni, atteggiato di profondo dolore, guardante la croce, e con tal volto che ben gli traspare la sua innocenza e bontà. Al destro sta genuflessa la Maddalena; immota contempla l'ucciso; sul suo volto sembra espresso il rimorso di essere pur essa stata cagione della morte di quel amabile e innocente profeta. Presso le è Maria che sviene, già le si chiudono gli occhi, la testa ricade indietro sul collo, e un dolce pallore offusca la divina bellezza di quel suo volto. Tre pie donne sorreggonla, e hanno vive le lagrime sulle gote. Più lontana sta col suo bimbo una donna di assai ragguardevole bellezza, ma nessun senso di affetto, nessuna grazia è su quel suo volto, e fu un assai forte contrapposto al compassionevole atteggiamento delle altre. Forse il pittore volle in essa ritrarre quelle stupide bellezze, che sono prive del più umano affetto, il sentire. Al sinistro sono notabili i fieri volti di tre robusti manigoldi, che dividono impazienti la veste inconsutile, tirandola colle mani. Longino, che ha ferito il costato di Cristo colla lancia, dà segno di pentimento asciugandosi l'occhio, e nel suo aspetto fa un bel contrasto la prima sua fierezza, colla nuova pietà. A sinistra il reo ladrone si distingue perciò, che dispettoso torce la faccia dal Salvatore, e spirando l'anima, questa è in cima della sua croce ghermita da un diavolo. Sonovi soldati, molto popolo in varie positure, due magistrati sovra generosi cavalli, e insigni per la maestà dell'aspetto e la pompa dell'abito. Il Luini ha istoriato sulla stessa parete in varj gruppi, altre parti della passione. Al sommo e alla sinistra di chi vi guarda, è la incoronazione di spine. Poi l'angelo che presenta a Cristo il calice nell'orto, e vicini gli apostoli dormienti. Vedesi Cristo cadente sotto la croce, e i due ladri che colle mani legate a tergo lo precedono. Alla destra è la deposizione della croce, e' spicca assai la figura di Maria, che sostiene sui ginocchi l'estinto corpo del figlio; di faccia le sta una donna, che colle braccia alzate, e come attonita la guarda; un' altra pel dolore preme colla faccia una gamba di Cristo. Questo gruppo è tra gli altri commoventissimo. Dietro è un ricco che gli si appressa con vasi d'unguento, e due altri recano la sindone. Non discosto, Cristo già risuscitato sta nel mezzo degli apostoli, e Tomaso timido e sospettoso toccagli il costato. In alto è effigiata la città di Gerusalemme, vicino si vede l'Oliveto, e l'ascensione di Cristo. Le figure della crocifissione sono secondo il vero, le altre di varia grandezza secondo le diverse distanze, che il pittore intese di mostrare.

Appiccato a questa chiesa degli Angeli, è un convento di francescani. Sulla porta del loro refettorio è una madonna, opera pure di Luini. Uno di quei frati mi affermò che il Luini valse più di Rafaello nel dipingere le madonne, per questo che le madonne dell'Urbinate sono oltremodo bellissime sì, ma di bellezza lusinghiera; e per contrario le madonne del Luini hanno esimia bellezza, ma senza lusinghiere attrattive, e conciliansi riverenza. Nel refettorio è la famosa imitazione del cenacolo del Vinci, pur opera di Luini.

L'animo dello spettatore già agitato da queste varie e sublimi scene, nella muta solitudine di quel convento è fortemente commosso alla vista di que' francescani, che umili e in silenzio si vedono a quando a quando attraversare i corridori, e che vivono, come ne sembra, in santa fratellanza. Ma quella loro estrema abbiezione ci lascia in fine un'impressione dolorosa, vedendo l'uomo, quest' essere sì grande, ivi quasi esinanito.

Giudico di non accennare tutti i lavori di pregio che sono proprietà del pubblico, perchè sarei troppo minuto, e per la stessa ragione non cito quelli che si custodiscono nelle guardarobe dei privati cittadini. Chi potrebbe descrivere degnamente la villa Sommariva in Tremezzina, che direi volontieri palazzo delle belle arti? Gli artisti Marchesi, Migliara, Landi, Appiani, Thorwaldsen, Canova vi hanno loro opere. Dopo la distruzione del museo di Paolo Giovio non ha più viste il Lario tante ricchezze insieme accolte.

(36) Op. c. tom. I. lib. 3. cap. 2. p. 318. È strano che i Cremonesi pretendano essere il Porrata loro concittadino, quasi non fosse abbastanza chiara l'iscrizione.

(37) Verona illustrata, tom. 4. pag. 128 ediz. milan. de'Classici. Forse questo Bonino da Campione o Campiglione è quello stesso che nell'anno 1393 si rammemora dal conte Giulini, come capomaestro nella costruzione del duomo di Milano. Alcune carte del 1393 citate dal Franchetti (p. 139) ci apprendono che Bonino era della famiglia Fusina, che ha dati molti artefici di merito, tra' quali un Andrea scultore ed architetto. Ho già notato l'errore del Quadrio, che passò pure nel Giovio, il quale credette fossero i Fusina nati nel sito di questo nome, che è in Valtellina. Il Lomazzo e l'Orlandi chiamarono milanesi i Fusina, appunto perchè nati a Campione, diocesi di Milano. Si avverta però che in una carta del 30 novembre 1244 si legge: *Anselmus de Campilione episcopatus Cumani.*

In Campione fu una famiglia detta dei Buoni, che esercitò l'arte scultoria nella Certosa di Pavia dall'anno 1600 fino al 1730. In Milano lasciò le due statue colossali dei profeti Isaia e Geremia, che si vedono nella cappella della madonna dell'Albero nella metropolitana, e le due grandiose colonne coi loro ornati, che abbelliscono la parte interna della maggior porta dello stesso tempio. Un architetto di nome *Buono* eresse la torre di S. Marco di Venezia nel 1148 (Rer. Ital. Script. vol. 22. p. 283, e 495). Pensiamo, almeno dei primi, che fossero del casato di Bonino.

(38) Desumo questa notizia dal Cicognara, che ricorda in proposito un Ms. del Baruffaldi. Op. c. tom. 2. lib. 4. cap. 7. p. 196 col. 2.

(39) Ibid. p. 182. Nel libro delle ordinazioni del duomo milanese si trova che il Fusina fu scelto *socium et collegam magistri Jo. Ant. Omodei in offitio architecturae.* Le cause dell'elezione sono per lui onorevoli, perchè vi si dice: *cujus doctrina in architectura, ingenio, experientia, practica et mensura eam concipiunt opinionem, quæ de viro probo et in arte praedicta peritissimo concipi potest* (Franchetti p. 143, e 144).

(40) Op. c. tom. 2. lib. 4. cap. 7. p. 186. Su questo cammino scolpì la seguente iscrizione: *Jhoes Gaspar. Eupedon. f.* IHII; difficile a leggersi, e in cui le ultime cifre, si crede significhino l'anno 1502.

(41) Cicognara Op. c. tom. 2. lib. 4. cap. 6. p. 151-154. Nel 1777 Federico Foscari fece intagliare in rame il deposito del doge Francesco Foscari, posto nella chiesa de' Frari. Vi si legge scritto: « Opera di Paulo architetto e Antonio scultore fratelli Bregno da Como ». Non sa dire il Cicognara donde siasi tolta questa

notizia. In un libro intitolato: *Monumentorum Italiae, quae hoc nostro saeculo a christianis posita sunt Lib. IV. editi a Laurentio Schradero Halberstadien Saxone*, si legge (p. 155) di un Andrea Bregno dell' istesso casato. Tanto si raccoglie da un' iscrizione di questo tenore, che è in Roma:

Andrae Bregno

Ex. Osten. Agri. Comens. Statuario. Celeberrimo. Cognomento. Policleto. Qui. Primus. Celandi. Artem. Abolitam. Ad. Exemplar. Majorum. In. Usum. Exercitationemque. Revocavit. Vixit. Annos. LXXV. Menses V. Dies. VI. Barptolomaeus Bollis Registri. Pont. Mag. Executor. Et. Catherina. Uxor. Posuerunt. MDVI. Ha già osservato il Cicognara, che questa lode tiene dell' iperbolico. Del resto è chiaro che i Bregni sono Comaschi, e non Veneziani come ha taluno sospettato.

(42) Leone Leoni, detto il cav. Aretino, si credette fino al 1803 nativo di Arezzo in Toscana, allorchè in tale anno il conte G. B. Giovio, pubblicate le lettere lariane, ci avvisò nella settima, che Leone Leoni non era di Arezzo, ma di Menaggio sul nostro lago. Fu seguito dal Rovelli, e poi da tutti gli altri scrittori che trattarono delle cose nostre.

Il Giovio convalida la sua asserzione con due luoghi di Paolo Morigia, il quale nella storia di Milano (Lib. I. cap. 36) chiama *Leone Aretino cittadino milanese e statuario eccellentissimo*; e che nel libro della Nobiltà di Milano (Milano per Pacifico Pontio 1595 p. 284) dice apertamente, che Leone è nativo di Menaggio, con queste parole: *adesso dirò qualche cosa di Leone Leoni detto il cavagliero aretino: questo fu dello stato di Milano, e nacque nella terra di Menaso sopra il lago di Como, e il cavagliero Pompeo suo figliuolo nacque in Milano.* Il primo luogo del Morigia prova niente, poichè l'avere la cittadinanza in un paese, non è argomento che taluno vi sia nato, e tutta la prova si riduce al secondo luogo, che anche per essere di autore contemporaneo merita attenzione.

Giampaolo Lomazzo, altro autore contemporaneo, nella sua *Idea* del tempio della pittura (Milano per Gottardo Ponzio, 1591. pag. 152) ricorda come aretino, non come menagiese il Leoni. Nel libro secondo dei Grotteschi (Milano 1587, pag. 130) ha un sonetto in lode di Leone aretino, dove tra le altre cose ci canta, benchè alquanto oscuramente, che il divino spirito di Leone,

. . . . . ch' a tutto il mondo è noto,
Non solo ha fatto sè, ma ancora Arezzo.

E nella stessa opera (p. 400) così ragiona di lui e di un tal Pietro statuaro

. . . . sì come i rari
Pietro e Leon statuaro ambi d'Arezzo.

A quale dei due, al Morigia o al Lomazzo, presteremo noi fede? *La storia di Milano ed altre somiglianti opere del buon gesuato F. Paolo Morigia*, dice il Tiraboschi, *sono ugualmente conosciute e per le favole di cui sono piene, ove trattano de' tempi antichi, e per la sincera semplicità, che in esse si vede, ove parlano dei più recenti* (Stor. Lett. tom. 7. part. 3. lib. 3). Quanto al Lomazzo, tutti ne ammirano l'erudizione e la diligenza. Non dirò mai, che a bella posta il buon Morigia ci volesse ingannare, e nemmeno anderò indovinando come la *sincera semplicità* sua potè essere ingannata, ma sembrami si debba stare al Lomazzo. Ma non ci mancano altre testimonianze di contemporanei.

In Arezzo era numerosa stirpe degli artisti del cognome Leoni. Il Cellini nella vita che di sè scrisse, riferisce di un certo Leone aretino orefice e suo gran nemico, che messo su da altri volle avvelenarlo, ma, come poverissimo, invece di pestare un diamante che ricevè all'uopo e mescerlo nei cibi, pestò una pietra tenera, la quale non gli nocque, mangiandone. Il Porcacchi di patria anch'esso aretino, parlando di Menaggio (Op. c. pag. 106-107) rammenta tra gli uomini illustri di questa terra un Minucio libraio, un Menegaldo, un Francesco Calvo, un Paolo Paoli, il quale era ancora vivente, ma tace del Leoni, che pur ne sarebbe stato il principale ornamento. Il Missaglia, nella vita di Giangiacomo Medici, dice che le statue del mausoleo di costui nel duomo di Milano furono fuse *per mano dell'eccellente cavalier Leone d'Arezzo scultore rarissimo de'nostri tempi* (Milano Locarni e Bordoni 1605). Il Vasari chiama sempre scultore aretino il Leoni, e non mostra mai il minimo sospetto che si potesse dubitare della sua patria. Ma apriamo le lettere di quel Pietro aretino, che è notissimo nella storia letteraria del decimoquinto secolo, e vi leggeremo che Leone Leoni era suo parente, e dell'istessa patria; cioè di Arezzo. *Voi, figliuolo, non sareste* (così Pietro al Leoni) *nè d'Arezzo nè virtuoso, non avendo lo spirito bizzarro; bisogna vedere il fin delle cose, e poi lodarle o biasimarle con dovere* (Lett. pittoriche tom. 3. pag. 85). In un'altra Pietro fa questi lamenti al Leoni: *Se aveste mai dubitato, che io non vi tenessi per figliuolo, lo sdegno e l'ira, che in vero vi ho dimostrato da padre, essendovi tale, perchè a me siete sì fatto, non si debbe più stare in forse. Vi pareva egli che si convenisse all'amore che vi porto sì per essere di una patria stessa, sì perchè non avete pari in gl' intagli* ecc. (ib. p. 155). Poco poscia lo chiama *figliuolo non che parente* (ib. p. 182). Altri lamenti ripete altrove, perchè non fosse ito ad Arezzo, chè all'accoglienza che gli era preparata, avrebbe *compreso d' esserle legittimamente figliuolo* (ib. p. 185). Lo raccomanda al duca di Ferrara, cui egli scrive. *Ora per dire della medaglia, io non ve la mandai, perchè un così fatto signore avesse a degnarci gli occhi, ma perchè si maravigliasse dell' artificio mirabile di Lione suo servo, il quale debbo aiutare per l' innocenza, e perchè egli è della patria mia* (ib. p. 540).

Interroghiamo lo stesso Leoni di qual patria fosse, ed egli ci risponderà di Arezzo, perocchè in due lettere sue a Pietro Aretino, che sono nella stessa raccolta, si sottoscrive sempre *Leoni d'Arezzo.* (Dissi due lettere e non tre, perchè nell'appendice al primo volume p. 525 si trova una delle lettere, che poi è ristampata nel quinto volume p. 251; sbaglio non unico in quella per altro pregevolissima raccolta). Leoni scolpì il suo nome in una cornice del mausoleo del Medici, e s' intitolò Aretino.

LEO ARRETIN
EQUES. F.

Sempre si chiamò il cav. Aretino, e di tale appellazione si compiacque, che quasi è più con essa conosciuto, che col suo primo nome. E il medesimo buon Morigia, che intese di significare, quando lo disse *aretino?* Non è in manifesta contraddizione con sè stesso? Conchiudiamo adunque ad onore della verità, che Leone Leoni è aretino, e non menagiese.

(43) Vedi l'opera del Cicognara (tom. I. p. 216-217; e tom. II. p. 132-149) dove è vittoriosamente dimostrato essere padovano il Ricci.

IL FINE

DELLA I. PARTE DEL VOLUME II.

ERRATA			CORRIGE
198	» 30.	federale dell'Elvezia	della confederazione svizzera
204	» 9.	federale	della confederazione
205	» 6.	federazione . . .	confederazione
211	» 1.	Dieta federale . .	Dieta.

In alcune copie

117	» 19.	qullo	quello
327	» 7.	nè cano	nè mancano
347	» 2.	alielvi	allievi,

Lightning Source UK Ltd.
Milton Keynes UK
UKHW030805200721
387465UK00009B/1467

9 781277 868432